Sebastian Matthias
Gefühlter Groove

TanzScripte | Band 49

Editorial

Tanzwissenschaft ist ein junges akademisches Fach, das sich interdisziplinär im Feld von Sozial- und Kulturwissenschaft, Medien- und Kunstwissenschaften positioniert. Die Reihe **TanzScripte** verfolgt das Ziel, die Entfaltung dieser neuen Disziplin zu begleiten und zu dokumentieren: Sie will ein Forum bereitstellen für Schriften zum Tanz – ob Bühnentanz, klassisches Ballett, populäre oder ethnische Tänze –, und damit einen Diskussionsraum öffnen für Beiträge zur theoretischen und methodischen Fundierung der Tanz- und Bewegungsforschung.

Mit der Reihe **TanzScripte** wird der gesellschaftlichen Bedeutung des Tanzes als einer performativen Kunst und Kulturpraxis Rechnung getragen. Sie will Tanz ins Verhältnis zu Medien wie Film und elektronische Medien und zu Körperpraktiken wie dem Sport stellen, die im 20. Jahrhundert in starkem Maße die Wahrnehmung von Bewegung und Dynamik geprägt haben. Tanz wird als eine Bewegungskultur vorgestellt, in der sich Praktiken der Formung des Körpers, seiner Inszenierung und seiner Repräsentation in besonderer Weise zeigen. Die Reihe **TanzScripte** will diese Besonderheit des Tanzes dokumentieren: mit Beiträgen zur historischen Erforschung und zur theoretischen Reflexion der sozialen, der ästhetischen und der medialen Dimension des Tanzes. Zugleich wird der Horizont für Publikationen geöffnet, die sich mit dem Tanz als einem Feld gesellschaftlicher und künstlerischer Transformationen befassen.

Die Reihe wird herausgegeben von Gabriele Brandstetter und Gabriele Klein.

Sebastian Matthias, geb. 1980, arbeitet international als Choreograph an freien Produktionshäusern und an etablierten Institutionen wie dem Luzerner Theater, Festival Tokyo oder dem Corpus/Royal Danish Ballet. Der Tanzwissenschaftler promovierte an der HafenCity Universität Hamburg. Im Graduiertenkolleg »Versammlung und Teilhabe« entwickelte er als assoziierter Künstler am K3 – Zentrum für Choreographie seine künstlerisch-wissenschaftliche Forschungspraxis.

Sebastian Matthias

Gefühlter Groove

Kollektivität zwischen Dancefloor und Bühne

[transcript]

Diese Arbeit wurde 2016 als Dissertationsschrift an der HafenCity Universität Hamburg vorgelegt. Gefördert durch ein Stipendium des Graduiertenkollegs »Versammlung und Teilhabe – Urbane Öffentlichkeiten und performative Künste«, getragen von der Behörde für Wissenschaft und Forschung der Freien und Hansestadt Hamburg.

Bibliografische Information der Deutschen Nationalbibliothek

Die Deutsche Nationalbibliothek verzeichnet diese Publikation in der Deutschen Nationalbibliografie; detaillierte bibliografische Daten sind im Internet über http://dnb.d-nb.de abrufbar.

Umschlagkonzept: Kordula Röckenhaus, Bielefeld
Umschlagabbildung: Aufnahme aus der Performance *x / groove space* im Rahmen des Festivals Tokyo im Metropolitan Theatre, Tokyo 2016. Performer: Jubal Battisti, Lisanne Goodhue, Deborah Hofstetter, Oskar Landström, Harumi Terayama und ein anonymer Zuschauer. Photograph: Ryosuke Kikuchi.
Lektorat: Sabine Bayerl
Druck: Majuskel Medienproduktion GmbH, Wetzlar
Print-ISBN 978-3-8376-4088-5
PDF-ISBN 978-3-8394-4088-9

Gedruckt auf alterungsbeständigem Papier mit chlorfrei gebleichtem Zellstoff.

Besuchen Sie uns im Internet: *http://www.transcript-verlag.de*

Bitte fordern Sie unser Gesamtverzeichnis und andere Broschüren an unter: *info@transcript-verlag.de*

Inhaltsverzeichnis

»in the Groove« […] He lost himself in his improvisations, and felt inventiveness and spontaneity take possession of his mind and flow through his arms and fingers.
PAUL 1953: 17

Einleitung

Turn around, Just move it
With your feet on the ground, You'll prove it
When you hear the sound,
We'll both lose it
Then we'll make the rounds to dance forever
ALLSTAR WEEKEND, *DANCE FOREVER*, 2010[1]

Ich schwinge meinen Oberkörper, beuge meine Beine und übertrage mein Gewicht zum Rhythmus der Musik. In einer Umdrehung richtet sich mein Tanz in einem Feld von Bewegungen anderer Tanzender aus. Vom Groove der Bässe und den Impulsen der mich umgebenden Bewegungen getragen, werden meine eigenen Bewegungen moduliert. Ich bin kontinuierlich in Bewegung, und mein Tanz ergießt sich aus dem Körper wie aus einer unstillbaren Quelle von Bewegungsmotiven. In der Gruppe von Tanzenden fallen mir nur Fragmente von Armen, Oberkörpern, Köpfen und Beinen ins Auge, die an meinem visuellen Wahrnehmungsfeld vorbeiziehen, ohne dass mein Fokus sie festzuhalten versucht. Der gleichzeitige Schub der kollektiven Tanzbewegung treibt mich weiter. Unsere Bahnen gleichen sich an und drehen mich in eine neue Richtung. Ebbt der Schub eines Bewegungsimpulses ab, fungiert die Bewegung des nächsten als treibende Kraft. Der Anschluss an die Bewegungen ist kurzweilig, zerstreut und unverbindlich, und trotzdem bringt die Versammlung von Tanzbewegungen ein kollektives Erlebnis hervor, einen Groove, durch den ich mich mit den anderen Teilnehmenden verbunden fühle.

Die Erfahrung der Leichtigkeit von Bewegung – des Gefühls, mitgerissen zu werden – wird als Groove zunächst mit dem Bedürfnis, zu rhythmischer Musik zu wippen oder zu tanzen, in Verbindung gebracht. Der gefühlte Groove ist der

1 Allstar Weekend, *Dance Forever*, erschienen 2010 auf dem Album *Suddenly* beim Label Hollywood Records.

Hauptgrund, warum allwöchentlich Besucher[2] in Clubs, in denen elektronische Tanzmusik gespielt wird, strömen: Es geht vor allem darum, an einer Rhythmuserfahrung als kollektivem Erlebnis teilzuhaben. Die Performance des DJs und die von ihm gespielten Beats scheinen für die Party das ausschlaggebende Element zu sein, das die Freude und Ausgelassenheit des gemeinsamen Tanzes hervorbringt und es ermöglicht, die Nacht durchzutanzen. So laut die Bässe wummern, so glaubwürdig scheint die Dominanz der Musik über den Tanz. Die zaghaften Versuche, die Tanzfläche zu Beginn einer Party zu eröffnen, die Schwere, die aufkommt, wenn einige Mittänzer die Tanzfläche verlassen – all dies deutet jedoch auf die grundlegende Notwendigkeit eines funktionierenden Zusammenspiels im gemeinsamen Tanz hin und rückt die Choreographie der Körper in das Zentrum der Groove-Erfahrung: Wenn es einfacher erscheint, gemeinsam zu tanzen als allein, dann deshalb, weil – so die Hypothese dieser Studie – eine Organisation in der Versammlung von Körperbewegungen diesen Groove überhaupt erst erzeugt und die zerstreuten Interaktionen von Bewegungen zwischen Tanzenden sich wechselseitig mitreißen und die Improvisation unterstützen.

Die zerstreute Interaktion einer Groove-Erfahrung, wie sie hier beschrieben wird, ist nicht nur im Clubkontext relevant, sondern kann auch im zeitgenössischen Tanz nachgewiesen werden. Ohne einschlägige Beats interagieren dort Tanzende in improvisativen, choreographischen Formaten. Gemeinsam können sie in einer Art Groove eine Leichtigkeit der Bewegung hervorbringen und sich gegenseitig auf unterschiedliche Art beeinflussen. In Aufführungen oder Proben können zeitgenössische Tänzer und Tänzerinnen die Zeitvorgaben der improvisierten Choreographie dann um ein Mehrfaches überziehen, und ihre freudigen Gesichter geben Zeugnis von einem positiven Kollektiverlebnis. Dabei organisiert sich die Gruppe produktiv im gemeinsamen Fluss. Die zeitliche, kreative und muskuläre Kapazität jedes Einzelnen wird in der Interaktion mit, aber auch ohne Musik gesteigert. Groove materialisiert sich dabei vor allem im eigenen Körper; es ist das subjektive Körpergefühl, das bei der Groove-Erfahrung im Zentrum steht. Ausgehend von der Körperperspektive lässt sich eine Ähnlichkeit der Gruppendynamik im Club und im Probenstudio erkennen, die auf einen übergeordneten choreographischen Kommunikationsprozess neben der Musikrezeption verweist, der im Kontext von Club und Tanzkunst Kollektivität und Bewegung miterzeugt. Groove in der Versammlung von Körperbewegungen er-

2 Mit Nennung der männlichen Funktionsbezeichnung ist in diesem Buch, sofern nicht anders gekennzeichnet, immer auch die weibliche Form mitgemeint.

leichtert die Bewegung im Tanz und intensiviert das Erleben von Bewegung, das sich ungeplant und scheinbar unerschöpflich weiter fortschreibt.

Versucht man, die Organisation dieses übergeordneten Kommunikationsprozesses von Bewegungen zu erkunden – um ein zentrales Element unserer heutigen Gesellschaftstanzpraxis zu verstehen bzw. als Choreograph den Kommunikationsprozess tänzerisch weiterzuentwickeln –, so liegt es zunächst nahe, den gemeinsamen Tanz im Club zu elektronischer Musik einer choreographischen Analyse zu unterziehen. Doch der analytische Blick auf das Phänomen Groove stößt im Tanz bereits im individuellen Körper auf einander überlagernde, impulsgebende und resultierende Bewegungen, die sich in der Gruppe zu einem scheinbar undurchdringlichen Gewirr von Armen und Beinen, Richtungen, Motiven, Intentionen und Reaktionen verdichten. Im Club sind die Kommunikationsstränge zu flüchtig und überlagert, als dass sich Bewegungsrelationen und deren Organisation allein aus einer beobachtenden Außenperspektive klar fassen ließen. Die Bewegungsrelationen verschwimmen hier im Gewirr der Improvisation. Die bisherigen Forschungen zum Clubtanz sparen deshalb eine genaue Analyse der Bewegungsinteraktion aus. Sie basieren meist auf Interviews mit Clubbesuchern im Rahmen teilnehmender Beobachtungen, deren subjektive Perspektive eine übergeordnete Struktur jedoch nicht zu fassen vermag. Hier klafft eine Forschungslücke, welche die vorliegende Arbeit, die 2016 als Dissertation an der HafenCity Universität Hamburg eingereicht wurde, durch einen künstlerisch-wissenschaftlichen Forschungsansatz zu schließen versucht. Um das Phänomen Groove im Tanz zu untersuchen, bezieht diese Studie, Gesellschaftstanz und Tanzkunst produktiv und ergänzend aufeinander. Im Rahmen des künstlerischen Teils der Forschungsarbeit möchte ich aus der Position des Tanzwissenschaftlers, Tänzers und Choreographen einen wechselseitigen Transfer künstlerischer und wissenschaftlicher Erkenntnisse ermöglichen. Aus der Perspektive der performativen Kunst kann die Erforschung von Clubtanz als kulturelle Praxis neue Impulse erfahren. Künstlerische Forschung bedeutet für mich, wissenschaftliche Denkansätze sowie künstlerische Gestaltungsweisen für die beteiligten Handlungsprozesse von kollektiven Tanzimprovisationen zu präsentieren, die für meine eigene choreographische Arbeit und die wissenschaftliche Theorie fruchtbar gemacht werden können. Ich werde in dieser Untersuchung das bisherige Verständnis von kollektiven Tanzpraktiken erweitern, indem ich ihm eine tanzwissenschaftliche und choreographische Perspektive hinzufüge.

Anliegen dieser Studie ist es, Bewegungsübertragungsphänomene im Clubtanz zu erforschen und die dabei relevanten Handlungsdynamiken zu beschreiben und zu analysieren. Die künstlerische Position fungiert hierbei als Methode, mit deren Hilfe Kategorien der Beschreibung und Erfassung von Bewegungsrelationen entwickelt und auf die konkrete Situation im Club angewandt werden können. Beschreibungen von Übertragungsphänomenen in meiner künstlerischen Arbeit sowie der anderer Choreographen und Choreographinnen rahmen die Analyse von experimenteller Feldforschung formal und inhaltlich ein. Durch den oszillierenden Blick zwischen künstlerischer Arbeit und Feldforschung lässt sich eine choreographische Perspektive entwickeln, die sich der Bedeutung von Tanz für die Cluberfahrung widmet. Dieser Ansatz geht über den bestehenden Forschungsstand hinaus, da er sich nicht mit bisher zu einseitig betonten Aspekten wie Musikwirkung, Sozialverhalten und Drogenkonsum zufrieden gibt und diesen ein weiteres maßgebliches Erklärungsmotiv hinzufügt. Im Gegensatz zur Verwendung von Metaphern wie ›kollektive Energie‹, ›Flow‹ oder ›*connectedness*‹ zur Beschreibung der Gruppendynamik oder eines rituellen Zugangs zum Phänomen Groove möchte ich ein Denkmodell von gemeinsamem Tanz entwickeln, das von der Bewegung ausgeht. In den Blick genommen werden die Effekte, die Bewegungen von Tanzenden auf andere Tanzende haben, und es wird versucht, die Gleichzeitigkeit dieser Effekte zu fassen. Groove als Bewegungsphänomen organisiert sich aus einander überlagernden und synchronisierenden Bewegungsstrukturen, die aufgrund eines konkreten musikalischen, aber auch kulturellen Bezugsrahmens zueinander passen. Die folgenden sieben Kapitel sollen zeigen, wie sich Tanz plural organisiert und die Improvisierenden – wie in den eingangs zitierten Lyrics von Allstar Weekend hervorgehoben – potenziell endlos weitertanzen lassen kann: »*Then we'll make the rounds to dance forever.*«

Um Groove im Feld von Verlaufseffekten und die Übertragung der Bewegung zwischen Tanzenden zu erforschen, arbeite ich mit systematischen Beobachtungen, Feldstudien und theoretischen Analysen von Bewegungsrelationen als Ausgangsmaterial. Ich beziehe mich hierbei auf ein Verständnis von Bewegungsübertragung, das die Übertragung weniger als einen konkreten wiederhol- und planbaren Bewegungsablauf denkt, sondern als etwas, das im eigenen Körpererleben und als Bewegungsgenerierung wirksam ist. Um diesen performativen Verlaufseffekt analytisch fassen zu können, folge ich dem methodischen Ansatz einer Bewegungshandlungsanalyse, die die Bewegungsproduktion sowohl aus der Innensicht als auch aus der Außenperspektive beobachtet. Bewegungsbeschreibungen aus Clubs und aus dem Studio werden mit Erfahrungsberichten von Tänzern und Tänzerinnen in Gestalt von Fragebögen bzw. Probengesprächen zusammengebracht. Im Kontext der performativen Kunst findet dieser Abgleich unter Einbeziehung meiner künstlerischen Arbeiten *Danserye* (2013), *synekism / groove space* (2014), *chorus / groove space* (2015) und *x / groove space* (2016) mit professionellen Tänzern und Tänzerinnen statt, die

Ausgangs- und Fluchtpunkt der vorliegenden Forschungsarbeit bilden.[3] Diese Choreographien wurden explizit dafür entwickelt, eine neue Perspektive auf den Untersuchungsgegenstand Clubtanz zu bieten. Die erarbeiteten Erkenntnisse werden in drei Exkursen auf Meg Stuarts *Violet* (2011), Frédéric Gies' *Seven Thirty in Tights* (2013) sowie Ari Benjamin Meyers' und Tino Sehgals *Symphony X* (*installation version*, 2012) transferiert, um Groove als übergeordnetes Übertragungsphänomen außerhalb meiner eigenen künstlerischen Arbeit zu beleuchten. Die drei genannten Choreographien basieren auf rhythmischen und andauernden Bewegungsstrukturen, die sich auf Improvisationen im Club rückbeziehen lassen. Im Kontext der Feldforschung werde ich die Verknüpfung von Bewegung und Wahrnehmung in einem Abgleich von Bewegungsbeobachtung und subjektiver Bewegungserfahrung in einer Reihe von experimentellen Feldstudien und Laborsituationen[4] untersuchen, die mit Studenten der Freien Universität Berlin durchgeführt wurden. Die unübersichtliche Zahl sozialer Dynamiken in Clubs konnte so im Tanzstudio künstlich entzerrt werden und pointiert die Feldstudien im Berliner Clubkontext (Berghain, ://about blank, Chesters Music Inn), um aussagekräftige Ergebnisse zu erhalten. Als einer der weltweit bekanntesten Clubs ist das Berliner Berghain repräsentativ für eine globalisierte Clubkultur. Dank einer Kooperation mit den Veranstaltern konnte das ://about blank wiederholt mit Tanzenden bzw. Studierenden als weiterer Analyseort besucht werden. Als dritter Ort bietet das Chesters Music Inn gute Voraussetzungen für eine Analyse von Groove, da dieser Club aufgrund seiner begrenzten räumlichen Größe ein überschaubares Untersuchungsfeld darstellt. Zudem kann das Chesters Music Inn als ein Inkubator der deutschen Clubszene angesehen werden, denn hier feierten deutsche DJ-Pioniere schon Ende der 1980er-Jahre erste Partys. Zur

3 Im Rahmen dieser Dissertation sind durch die Eingliederung in das Graduiertenkolleg »Versammlung und Teilhabe« mehrere Formate und künstlerische Arbeiten entstanden. Die für vorliegende Studie relevanten Stücke *Danserye*, *synekism / groove space*, *chorus / groove space* und *x / groove space* können auf meiner Homepage unter http://www.sebastianmatthias.com/forschung/gefuehlter-groove-ergaenzende-materialien/ eingesehen werden. Die Dokumentationen des Kreationsprozesses der *groove-space*-Serie (*Update Videos 1–14*) sind unter http://www.sebastianmatthias.com/forschung/video-updates-2015/ einsehbar und die Trailer von *maneuvers / groove space* (2014) sowie *volution / groove space* (2015) unter http://www.sebastianmatthias.com/produktionen-uebersicht/.

4 Die Videoaufzeichnung der Laborexperimente ist ebenfalls auf meiner Website unter http://www.sebastianmatthias.com/forschung/gefuehlter-groove-ergaenzende-materialien/ einsehbar.

Einführung in die Bedeutung der individuellen Dimension von Clubtanzpraxis und Groove wird zudem auf die Beobachtungen vorliegender Forschungsarbeiten zurückgegriffen, die neben dem Berghain auch Clubtanzpraktiken bei Raves (Piknic Électronik, Montreal) oder von routinierten Housetänzern (Funkboxparty im Sullivan Room, New York) thematisieren. Die systematische Beobachtung und Analyse der rhythmisch-qualitativen Tanzinteraktionen stützt sich auf Bewegungsprotokolle, Videos, Gespräche und Fragebögen. Die Ergebnisse aus diesen Materialien werden jeweils mit theoretischen Konzepten aus unterschiedlichen Disziplinen interpretiert, an die das Phänomen angrenzt. Da die Tanzwissenschaft noch eine junge Wissenschaft ist, greift die vorliegende Untersuchung auch auf Diskurse anderer Forschungsdisziplinen wie Musikwissenschaft, Kulturwissenschaft, Soziologie, Wahrnehmungsphysiologie, Philosophie, Theaterwissenschaft, Psychologie und Kommunikationstheorie zurück. Herauszuheben ist an dieser Stelle die Studie *Kunst des Kollektiven* des Theaterwissenschaftlers Kai van Eikels (van Eikels 2013), an dessen Überlegungen zu Improvisation, Synchronisierungen und Kollektivität meine Studie anschließt. Die anthropologischen und kulturwissenschaftlichen Forschungsarbeiten von Fiona Buckland (Buckland 2002), Ben Malbon (Malbon 1999) und Phil Jackson (Jackson 2004) bilden den Rahmen der Untersuchung des Clubtanzkontextes. Diesen Sichtweisen füge ich meine tanzwissenschaftliche Perspektive hinzu.

Zwischen Feldforschung, theoretischen Überlegungen und künstlerischer Arbeit wird Groove hier als Modus von Wahrnehmung und Handlung in einem Feld von Bewegungsreferenzen untersucht. In ihren Verkettungen werden die Improvisierenden im Anschluss an die Musik und den gemeinsamen Tanz gleichzeitig in eine veränderte Gegenwart und eine differente Subjektivität verschoben. Es wird herausgearbeitet, dass Groove im Tanz über seine Bindung an ein synchronisierbares Bewegungsumfeld nicht nur einen dialogisch angelegten Austausch von Bewegungsinformationen darstellt, sondern plurale Kommunikationspraktiken der Angleichung in einem vielschichtigen System von Endlosschleifen umfasst.

Die vorliegende Untersuchung ist inhaltlich in drei Teile untergliedert: Im ersten Teil (Kapitel 1 und 2) wird im Rahmen einer begrifflichen Analyse von Groove als tänzerisches, im individuellen Körper verankertes Rhythmusphänomen in den Untersuchungsgegenstand eingeführt. Dabei wird die tänzerische Improvisation im zeitgenössischen Tanz mit Clubtanzpraktiken und dem kollektiven Aspekt von Groove verknüpft. Ausgehend von der Beobachtung und Analyse der Choreographie *Danserye* (2013) wird die zentrale These dieser Arbeit eines choreographischen Grooves formuliert und es werden Untersuchungskategorien entworfen, auf die sich die eingehende Analyse von Handlungsdynamiken in Tanzimprovisationen im Clubtanz im zweiten Teil der Arbeit berufen kann.

Der zweite Teil (Kapitel 3, 4 und 5) folgt formal der Struktur von Bewegungsbeschreibungen, Laborstudien, Feldstudien, theoretischer Interpretation und einem Exkurs mit Beispielen aus der künstlerischen Praxis. Hier wird das vorgeschlagene Denkmodell in drei Stufen zur Anwendung gebracht: Zunächst wird Groove als relationales Bewegungsphänomen beschrieben. Daraufhin werden Prozesse lokaler Angleichung in den Bewegungen von Tanzenden vorgestellt, die die spezifische Leichtigkeit der Improvisation in Groove-Feldern hervorbringen. Im letzten Schritt wird aus der Überlagerung von Bewegungsfeldern ein Modell der Organisationsstruktur von Clubtanz entwickelt. Die Auseinandersetzung mit den Befunden der Club-Feldforschung und dem zweiten künstlerischen Teil dieser Forschungsarbeit – die Performancereihe */ groove space* (2014–2016) – trägt dazu bei, die Bedeutung von Groove für den Kunstkontext zu fassen (Kapitel 6), und bildet zugleich den Übergang zur Schlussbetrachtung im dritten Teil des Forschungsdesigns (Kapitel 7). Gemäß meinem Verständnis von künstlerischer Forschung versucht die vorliegende Studie, das oszillierende Verhältnis zwischen wissenschaftlicher Theorie und künstlerischer Praxis auch formal widerzuspiegeln.

1. Groove als tänzerische Praxis in der Clubkultur[1]

> In the beginning, there was Jack, and Jack had a Groove.
> And from this Groove came the Groove of all Grooves.
> And while one day viciously throwing down on his box, Jack boldly declared,
> »Let there be HOUSE« – and house music was born. […] You see, house is a feeling that no one can understand really unless you're deep into the vibe of house. House is an uncontrollable desire to jack your body. […] Jack is the one who gives you the power to do the snake.
> Jack is the one who gives you the key to the wiggly worm.
> Jack is the one who learns you how to whop your body!
> CHUCK ROBERTS, *MY HOUSE*, 1987[2]

Seit den Anfängen der elektronischen Tanzmusik im Chicago House der 1980er-Jahre bis heute spielt der Begriff ›Groove‹ eine verbindende Rolle zwischen der Rezeption populärer elektronischer Tanzmusik und den mit dieser Musikszene verbundenen Performancepraktiken wie dem DJ-ing, den musikalischen Kompositionsmustern der Tracks oder den Bewegungsrepertoires der Tanzenden (vgl. Butler 2006: 5; Broughton/Brewster 2002: 41; Buckland 2002: 100). In den ein-

1 Dieses Kapitel ist in Ausschnitten im Sammelband *Sound und Performance* erschienen (Matthias 2015).

2 Rhythm Control, *My House*, erschienen 1987 beim Label Catch a beat records.

gangs zitierten Vocals von Chuck Roberts, die zuerst auf dem Track *My House* von Rhythm Control 1987 erschienen sind, wird die enge Verknüpfung von Groove, Rhythmusmuster und körperlichem Gefühl bei der Teilnahme am Rhythmusgeschehen besonders deutlich. In dem spezifischen musikalischen Kontext, aus dem der Ausdruck ›Groove‹ stammt, verweist die Verwendung des Begriffs in verschiedenen Rhythmuskulturen wie Jazz, populärer Musik oder elektronischer Tanzmusik auf unterschiedliche Bedeutungsaspekte, die sich genreübergreifend in zwei Denkmotiven verorten lassen: Groove als musikalisch-rhythmisch erfahrbare Qualität kann von Groove als prägnantem, festgelegtem Rhythmusmuster unterschieden werden. Wie in den Vocals von Chuck Roberts deutlich wird, beziehen sich beide Verständnisweisen aufeinander und verweisen so auf ihre gegenseitige Bedingtheit. Als akustisches Phänomen bleibt Groove immer an rhythmische Muster gebunden. So spricht Musikethnologe Guy Madison von einer Groove-Erfahrung, wenn rhythmische Musik es vermag, den Zuhörer in Bewegung zu versetzen (Madison 2006: 201). Madison beschreibt Groove auf der Basis empirischer Forschungen als eine performative, interindividuelle und stilübergreifende Kategorie von Musik (ebd.), deren Qualität oder deren Sound die Hörerfahrung in Bewegung setzt. Beim Mitwippen und Mittanzen zum Groove verknüpfen sich Bewegung und Musik zu einer speziellen Rhythmuserfahrung. Ungeachtet unterschiedlicher Definitionsversuche[3] und eines breiten semantischen Spektrums kann man Groove übergreifend als ein rhythmisches Phänomen beschreiben und auf diese Weise eine Verbindung zwischen seiner musikalischen Dimension und seiner Ausformung in der Bewegung herstellen. Der Musikwissenschaftler Ekkehard Jost versteht Groove neben anderen Verwendungsarten des Begriffs als kurzes prägnantes Rhythmusmuster (Pat-

---

3 Beim Vergleich der einzelnen Rhythmuskulturen besteht die Schwierigkeit, dass durch das breite Bedeutungsspektrum Autoren je nach Argumentationsweise den Groove-Begriff unterschiedlich verwenden. Zbikowski macht zum Beispiel darauf aufmerksam, dass ein Unterschied zwischen der Erfahrung von Groove produzierenden Musikern und der des konsumierenden Publikums besteht. »*One Groove, two models*: […] we should not expect an audience's model of a *Groove* to be the same as that of the musicians producing that *Groove*; we should, however, expect there to be correlations between the two if we imagine them to be part of the same overall body of cultural knowledge« (Zbikowski 2004: 287). Ich werde versuchen, etwaige Definitionsunterschiede ausreichend kenntlich zu machen und mich gegebenenfalls auf das für die Rezeptionsperspektive des Tänzers wichtige Publikumsmodell zu beschränken.

tern)[4] eines bestimmten Instruments im Rahmen einer komplexen rhythmischen Struktur, die durch das Zusammenwirken mehrerer Instrumente zustande kommt und für den Gesamtcharakter eines Stückes essenziell ist (vgl. Jost 2003: 617–619). Im engeren Sinne kann hier von Rhythmus als »Gliederung einer Zeitstrecke«[5] durch akustische Ereignisse gesprochen werden. Der Musikwissenschaftler Martin Pfleiderer definiert Rhythmus in der Musiktheorie in Bezug auf Groove als geordnete Ereignisfolge; rhythmische Klangfolgen oder auch Körperbewegungen werden nach diesem Verständnis mit »irgendwie geordneten Richtungs- und Geschwindigkeitsänderungen« strukturiert und beruhen vielfach auf Wiederholungen bestimmter Ereignismuster (Pfleiderer 2003: 353). Dabei sind diese Ereignisfolgen intermodal. Sie sind als »zeitliches Ereignis an ein Erkennen eines akustischen, visuellen oder haptischen Musters gebunden und können von allen Sinnen« (Brüstle et al. 2005: 16) wahrgenommen werden. Daraus lässt sich schließen, dass Groove als rhythmische temporäre Erscheinung in verschiedenen Modalitäten auftreten kann. Lawrence Zbikowski folgert aus musikwissenschaftlicher Perspektive:

»[...] we need to think of musical knowledge as involving a network of information that includes assessments about bodily states or the possibilities for bodily motion, knowledge about the basis of musical interaction, and abstract concepts. [...] When musical events summon the concepts of regularity, differentiation, and cyclicity, knowledge about both music and bodily motion is activated.« (Zbikowski 2004: 273, 279)

Neben einer Verknüpfung von verschiedenen Wissensmodalitäten erkennt die Soziologin und Tanzwissenschaftlerin Gabriele Klein in der elektronischen Tanzmusikkultur ein produktives Verhältnis zwischen wahrgenommenen Rhythmen und Körperfunktionen: »Durch Rhythmus und Bässe kommen die Tänzer_innen in einen tranceähnlichen Zustand. [...] Ekstatisches Körpererleben im Tanz der Raver beruht auf dieser energetischen Spannung von Rhythmus, Basslinien, Raum und Körper.« (Klein 2004: 164) Im Kontext elektronischer Tanzmusikkultur wird dieses Körpererleben auch mit Groove in Verbindung gebracht, sodass er als eine körperliche Erfahrung von Musik verstanden werden

4 » ›Pattern‹ (engl. ›Muster, Modell‹) ist eine Bezeichnung für eine kurze, meist ein-, zwei- oder viertaktige ostinate (prägnante und ständig wiederholende [ital. ›hartnäckig‹]) Figur, die mehrfach, mitunter über ein ganzes Stück hinweg wiederholt wird« (Jost 2003: 659).

5 Zu näheren Erläuterungen zu Rhythmuswahrnehmung und Timing siehe Wolfgang Auhagen (vgl. Auhagen 2008: 437).

muss. Die physiologische, psychologische und kognitive Responsivität ist jedoch nicht kontextunabhängig. »Zur Affektivität von temporalen Strukturen, Rhythmen, Dauernproportionen der Bewegungsordnungen tragen daher auch die situativen Rahmenbedingungen bei.« (Brüstle et al. 2005: 21)

Eine Verbindung zwischen körperlichen Bewegungen und Begriffsbedeutung kann auch etymologisch nachvollzogen werden. Die deutsche Übersetzung des englischen Wortes *groove* lautet seit dem 14. Jahrhundert »Grube, Mine, Schacht« und entwickelte sich im 19. Jahrhundert zu »Rinne, Rille, Furche« (Widmaier 2004: 1). Daraus entstand eine negative Bedeutungskonnotation, nach der Groove auch »settled in habit« (ebd.) bedeuten kann. Dieser Konnotation entsprechend bezeichnet der Begriff einen eingeschliffenen Trott, eine Gewohnheit oder Routine, also eine Wiederholung; als *groovy* galt deshalb eine Person, die gewohnheitsmäßig handelte und eher ›geistig beschränkt‹ war.[6]

Ausgehend von dieser Überlegung ist es meines Erachtens möglich, sich der tänzerischen Rhythmuserfahrung im improvisierten Gesellschaftstanz in seinen verschiedenen Dimensionen über den Groove-Begriff zu nähern und diesen zunächst als individuelle tänzerische Praxis zu beschreiben. Aus tanzwissenschaftlicher Perspektive lässt sich so herausarbeiten, welche Charakteristika von Groove sich auch im Clubtanz wiederfinden. Im folgenden Kapitel wird in die Rhythmuserfahrung von Clubtanz als Groove zwischen individuellem Erleben und sozialer Interaktion eingeführt und das Forschungsfeld analytisch und künstlerisch umrissen.

1.1 GROOVE ALS PATTERN IN DER MUSIK

> Jack had a Groove. And from this Groove came the Groove of all Grooves[7]

In der elektronischen Tanzmusik werden Grooves als Rhythmusmuster verwendet, die auf Rhythmuscomputern, den *groove boxes*, oder in Form von speziellen Vinyl-Schallplatten mit geschlossenen Rillen oder Furchen (engl. *grooves*) die Grundlage für die Beatstruktur der Musik bilden. Dabei basieren diese Grooves

6 Es ist hier nicht meine Absicht, körperbezogene Aktivitäten getrennt von geistigen zu verstehen. Ich versuche lediglich herauszustellen, dass der Groove-Begriff sich im Kern von rational gesteuerten Aktivitäten abgrenzt (vgl. Widmaier 2004: 1).

7 Die oben zitierten Lyrics von *My House* werden auf die folgenden Unterkapitel einstimmen.

auf Fragmenten aus der afroamerikanischen Musiktradition (vgl. Butler 2006: 40), die während der Performance von DJs – dem DJ-Set – in einem ungebrochenen Fluss zusammengefügt werden. In der eingangs zitierten Textpassage aus dem Track *My House* wird die Verwurzelung der Housemusik im Jazz anhand der Basslinien evident: In den Vocals von Chuck Roberts zeigt sich stilistisch die Abstammung vom Gospel. Schon seit den 1960er-Jahren wird Groove als musikalischer Fachbegriff in der Popmusik und der populären Tanzmusikkultur aus dem Jazzslang entlehnt und als festgelegtes Rhythmusmuster verwendet. Vorwiegend wird er in der Popmusik als Bezeichnung für eine »kennzeichnende Struktur ostinater rhythmischer und rhythmisch-melodischer Patterns« (Widmaier 2004: 2) in leicht tanzbaren Musikstilen verwendet. So beschreibt der Musikethnologe Jeff Pressing Groove in der afroamerikanischen Musik als »cognitive temporal phenomenon emerging from one or more carefully aligned concurrent rhythmic patterns that is characterized by [...] its effectiveness in engaging synchronizing body responses (e.g., dance, foot-tapping)« (Pressing 2002: 288). Pressing sieht in den zeitlichen Charakteristika des »Black Atlantik Rhythm« (ebd.: 285) eine Verbindung zwischen Musikstilen aus Westafrika[8] und den von dort stammenden lateinamerikanischen Musikstilen, die zugleich die Grundlage der afroamerikanischen Musikkultur bildet. Die rhythmische Anordnung von westafrikanischen Musikstilen – sei es in Blues, Gospel, Jazz, Reggae, Rock, Funk oder Hip-Hop – basiert auf einer fest strukturierten zeitlichen Matrix, die in der Regel als Groove bezeichnet wird (vgl. ebd.: 287). Groove wird auch als Begriff für die rhythmische Besonderheit eines zeitlich oder regional gebundenen Stils verwendet und mit Klang- und Performancevorstellungen wie Latin-Groove oder Westcoast-Groove in Beziehung gesetzt (vgl. Jost 2003: 619). Die Grundlage, auf die sich die spezifische Struktur eines Grooves bezieht, verortet Martin Pfleiderer in seiner Analyse von King Floyds *Groove Me* in einem hörbaren Grundschlag. Dieser kann als grundlegende Orientierung des Zyklus sowie des Tempos verstanden werden, während die anderen Instrumente mit Off-Beats[9] Spannungen erzeugen. Diese Akzentuierungen generieren einen spannungsreichen Bewegungscharakter des Zögerns und Beschleunigens neben zusätzlichen Impulsen (vgl. Pfleiderer 2003: 348). In der Zusammenstellung der Rhythmusebenen der einzelnen Instrumente formt sich ein individueller Groove, der mit einer spezifischen Klangvorstellung verbunden ist. Nach Jeff Pressing in-

---

8 Zu Ausführungen über afrikanische Musikkultur und zu dem mit dieser Musikkultur verbundenen Tanzverständnis siehe Kubik 1988.

9 Als Off-Beats werden alle Akzentuierungen bezeichnet, die nicht mit dem Grundschlag zusammenfallen (vgl. Pfleiderer 2005: 347).

tensiviert die ständige Wiederholung des gleichen Motivs die Beschäftigung mit diesen Patterns sowie die Aufmerksamkeit dafür und unterstützt das Hervorbringen und die Synchronisierung von Bewegung (vgl. Pressing 2002: 289).

Der Musikwissenschaftler Mark J. Butler erklärt in seiner Studie *Unlocking the Groove,* wie Grooves als kurze wiederkehrende Patterns in House oder Techno, zusammengeführt und übereinandergelegt, musikalisch mehrdeutige Metrumwahrnehmungen erzeugen. Neben den scheinbar eintönigen und simplen Patterns bietet diese Musik eine überraschende, sich stets verändernde rhythmische Vielfalt, welche mehrere Interpretationsmöglichkeiten eröffnet.

»Rather than hearing a dissonant layer in conflict with a dominant one, we are more likely to hear two clearly incommensurate layers of relatively equal importance; instead of immediately favoring one of the layers as dominant, we suspend judgment for a while, waiting to see which one will emerge as regulative.« (Butler 2006: 136)

Die Tanzenden folgen nicht monoton der Beatvorlage, sondern wechseln fließend von einer Interpretation in die andere und entwickeln im Moment des Tanzens ihre eigene, sich ständig wandelnde Improvisation. Grooves im Rock oder in der elektronischen Tanzmusik bestehen aus einem Geflecht von Rhythmusebenen, das eine Vielzahl von Möglichkeiten bereitstellt, auf die sich jeweils einzelne Tanzbewegungen beziehen können. Die individuellen und multiplen Interpretationsmöglichkeiten bringen so eine aktive Partizipation hervor. Der aktive und motionale Rezeptionsmodus von grooviger Musik bedingt die erfahrbare Qualität von Grooves. Hierbei weitet sich das Verständnis des Begriffs auch auf eine emotionale Hochstimmung von allen am Musikprozess beteiligten Akteuren aus, die schon seit der Swing-Ära[10] durch ausgelassenes Tanzen und eine positiv empfundene körperliche Teilnahme charakterisiert wird (vgl. Widmaier 2004: 7).

---

10 Als Swing-Ära gilt der Zeitraum 1930–1945 in den Vereinigten Staaten, in dem die von Big Bands gespielte Swingmusik die populäre Musik dominierte (vgl. Schuller 1989).

1.2 GROOVE ALS ERFAHRBARE MUSIKALISCH-RHYTHMISCHE QUALITÄT

> house is a feeling that no one can understand
> really unless you're deep into the vibe of house

Groove umschreibt also eine musikalisch-rhythmische Qualität, die auch in der Housemusik präsent ist. Chuck Roberts definiert Housemusik über ein Gefühl, das nur nachvollzogen werden kann, wenn Hörer und Tänzer im *vibe*, im Rhythmus mit der Musik sind. Mit dem Ausdruck *jacking* als körperliche Bewegung mit sexueller Konnotation (vgl. Rietveld 1998: 19) wird hervorgehoben, dass das Groove-Gefühl mit einer Lust an rhythmischen, pulsierenden Bewegungen verbunden wird und eine Beziehung zum sexuellen Akt seit der Entstehung des Begriffs beibehalten hat. Nicht nur in der Housemusik, auch in anderen Rhythmuskulturen wie Rock oder Jazz wird Groove verwendet, um die positiv empfundene Qualität von Musik zu umschreiben. Das Attribut *groovy* bedeutet im Jazz-Milieu ›ausgezeichnet‹, ›hervorragend‹, ›wundervoll‹ (vgl. Jost 2003: 617).

Die erste nachweisbare musikbezogene Verwendung des Begriffs findet sich nach Tobias Widmaier in einem Rückblick von 1933 auf die Entwicklung in den späten 1920er-Jahren, eine Zeit, in der arrangierte Tanzmusik im Jazz vorherrschend war. »Playing in the Groove« galt dort als eine Anerkennung der Musiker und Musikerinnen, aufgrund »ihrer Leidenschaft ›hot‹ zu spielen« (Widmeier 2004: 1). Wie in der Verbindung zu *to jack* als sexuell konnotierte Bewegung immer noch präsent, spielt *to get in the groove* im afroamerikanischen Slang unterschwellig »auf wiederholende und pulsierende Bewegungen an, welche von entsprechender Musik stimuliert und mit jenen während des Liebesaktes assoziiert werden« (ebd.).

In der Swing-Ära wandelt sich die Bedeutung des Begriffs dahingehend, dass sie im Rahmen der Jazzästhetik ein mitreißendes Ensemblespiel in einer gelungenen Improvisation beschreibt. Aus diesem Kontext heraus etabliert sich der Groove-Begriff als Synonym für Swing[11] bzw. als »gesteigertes Swing-Feeling«

11 ›Swing‹ als rhythmische Qualität gründet nach Ekkehard Jost auf dem Prinzip der Konflikt- und Spannungsbildung. Die musikalische Strukturanalyse definiert Swing durch Off-Beat-Akzentuierungen, mikrorhythmische Nuancen und polyrhythmische Überlagerungen und ähnelt den Erklärungsversuchen des Groove-Phänomens. Doch Joost folgert aus den theoretischen Einkreisungen, dass es *den* Swing nicht gibt, »sondern vielmehr eine im Rahmen seiner Merkmalskonfigurationen unendlich große Zahl

(Jost 2003: 618). Weitere synonym mit Groove verwendete Begriffe verweisen auf ein undeutliches semantisches Bedeutungsspektrum. So werden etwa die Begriffe »feel« (Pressing 2002: 288; Zbikowski 2004: 272) oder auch »feel, feeling oder beat« (Pfleiderer 2006: 344), »process«, »swing« und »vital drive« (Keil/Feld 1994: 96) gebraucht. Im Jazz hat sich seine musikbezogene Bedeutung bis heute soweit verfestigt, dass Groove als ein »spezifischer Bezugsrahmen einer rhythmischen Matrix« (Widmeier 2004: 1) verstanden wird, der die Improvisation und Interaktion im Zusammenspiel von Musikern und Musikerinnen strukturiert. Es ist die Aufgabe von Drummer und Bassist, den Beat in ihrer Musik deutlich zu verankern, um den Partnern im Zusammenspiel die Freiheit zu geben, die Komposition improvisatorisch auszuformen (vgl. Berliner 1994: 353).

Für den Musikwissenschaftler Matthew Butterfield werden »varying qualities of motional energy in relation to phrase structure« (Butterfield 2010: 173) durch Mikroverschiebungen im Ensemblezusammenspiel erzeugt. Mit ähnlicher Intention verwendet die Jazztheoretikerin Ingrid Monson »a forward flow« (Monson 1996: 201) als qualitative Metapher für Groove. Ein gefühlter Fluss in der Musik wird hier zu einem ästhetischen Ideal, an dem sich die Musiker im Ensemblespiel orientieren. Jazzmusiker interagieren, um die für Groove charakteristische flüssige und treibende Qualität zu erzeugen, und nutzen dies als Grundlage für ihr Ensemblespiel. Damit deutet die Verwendung des Ausdrucks auf eine soziale Dimension, in der Groove kollektiv generiert oder erlebt werden kann. Groove entsteht im Jazz immer durch die Interaktion sich gegenseitig beeinflussender Partner.

Dieser interpersonelle Charakter der Groove-Erfahrung bleibt auch in elektronisch generierter Tanzmusik erhalten. Die Performance der DJs kann so als ei-

möglicher Arten zu swingen«. Daneben stellt er heraus, dass Swing als historische Kategorie eine begrenzte Reichweite habe und für viele andere Musikformen nicht gelte (Jost 2003: 676). Für weiterführende Ausführungen siehe auch Schickhaus 1989: 190–198. Da der Ausdruck ›Swing‹ im für diese Argumentation wichtigen Kontext von elektronischer Musik keine Verwendung findet, versuche ich, stilspezifische Vermischungen zu vermeiden und beschränke mich möglichst – trotz eindeutiger Überschneidungen zwischen beiden Phänomenen – ausschließlich auf den Groove-Begriff. Auch beim Vergleich von Swing-Tanzbewegungen und der Verwendung von Schwung in den Bewegungsmustern der rhythmischen Improvisationen im Clubkontext zeigen sich Überschneidungen, doch die Konzentration in den festgelegten Tanzschritten mit einem Partner, bei denen gemeinsam virtuose Hebungen hervorgebracht werden, unterscheidet sich grundlegend vom Tanz in zeitgenössischen Tanzclubs, wo alleine und improvisativ getanzt wird.

ne Form der Improvisation verstanden werden. Ein DJ-Set richtet sich nach der ›Stimmung‹ des Publikums, um eine bestimmte Atmosphäre, einen *vibe* oder eine Groove-Erfahrung in Interaktion mit den Tanzenden zu generieren. Kai Fikentscher beschreibt, wie im Club eine Feedback-Schleife zwischen DJ und Tanzenden entsteht: Die vom DJ-Pult aus strukturierte Musik gelangt als akustische Information über das Sound-System zur Tanzfläche. Diese Information wird von jedem Tänzer und jeder Tänzerin auf dem Dancefloor individuell in ein physisches Phänomen übertragen. Zu einem einzigen Stimmungsbild zusammengeführt, werden die Tänzerbewegungen als von der Musik generierte kollektive Dynamik visuell zurück zum DJ kommuniziert und beeinflussen wiederum dessen musikalische Entscheidungen (vgl. Fikentscher 2000: 81). Mark Butler geht noch weiter und sieht Pfiffe, rhythmische Rufe, aber auch Tanzbewegungen der Rezipienten von elektronischer Tanzmusik als Beteiligung am Entstehen dieser Musik. Der Rezipient partizipiert, vergleichbar mit der Interaktion im Jazz, durch Tanz am musikalischen Prozess. Mark Butler argumentiert, dass der improvisierte Tanz in Clubs als kreative musikalische Performance verstanden werden müsse. Die Tänzer und Tänzerinnen bringen eine weitere, motionale Ebene in das musikalische Geschehen ein. Diese beeinflusst wie bei einer einzelnen Musikstimme im Jazz die anderen und komplementiert diese nicht bloß (vgl. Butler 2006: 72). Die Kulturwissenschaftlerin Hillegonda Rietveld macht ebenfalls darauf aufmerksam, dass Housemusik nur in der Interaktion des DJs mit einer tanzenden Masse vollständig erfasst werden könne (vgl. Rietveld 1998: 107). Das bedeutet, dass auch der Sound eines DJs in der interaktiven Performance des DJ-Sets und nicht in einer festgelegten Komposition entsteht. Zusammen generieren DJ und Tänzer Groove (vgl. Wicke 2001: 276) als eine kollektive Erfahrung.

Nach Martin Pfleiderer »bietet der Ausdruck [Groove] die Möglichkeit, die enge, unauflösliche Verbindung zwischen der musikalischen Strukturbeschreibung und anderen Dimensionen der Musik- bzw. Rhythmuserfahrung zu betonen« (Pfleiderer 2006: 301). Das Groove-Phänomen, das nach Pfleiderers Begriffsverständnis musikalisch-strukturelle, tänzerische, emotionale und soziale Dimensionen verbindet, kann so zum Ausgangspunkt für eine differenzierte und vielschichtige Rhythmuserfahrung werden, die nicht auf die akustische Ebene beschränkt ist.

Aus der musiktheoretischen Literatur lassen sich nun folgende Charakteristika ableiten, die für eine systematische Beobachtung von Groove in Tanzbewegungen sinnvoll erscheinen:

- Groove setzt sich aus repetitiven musikalischen und/oder Bewegungs-Patterns zusammen, die sich überlagern und beeinflussen.
- Groove benötigt einen strukturierenden Grundbeat als Bezugsrahmen.
- Groove ist durch eine flüssige und treibende Qualität charakterisiert.
- Groove entsteht durch die relationalen Beziehungen der am musikalischen bzw. tänzerischen Geschehen Beteiligten.

1.3 GROOVE BEIM TANZEN IM INDIVIDUELLEN KÖRPER

> House is an uncontrollable desire to jack your body

In drei Feldstudien im Berghain (Berlin), im Piknic Électronik (Montreal) und auf der Funkboxparty im Sullivan Room (New York) konnte ich 2010 zur Bestimmung von Groove innerhalb von Bewegung Überschneidungen zwischen musikalischen und tänzerischen Ausprägungen von Groove aufzeigen.[12] Dabei haben sich vier Merkmale als Darstellungsweisen von Groove in der individuellen Bewegung herauskristallisiert.[13] Hierbei ist es wichtig anzumerken, dass nicht ein *einziger* Groove in der Bewegung existiert. Es gibt unzählige Arten zu grooven, welche sich im Spektrum der folgenden Merkmale ausgestalten: (1) wiederholende, improvisierte und sich überlagernde Bewegungsmotive, (2) Kon-

---

12 Diese Untersuchungen sind im Rahmen meiner Masterarbeit am Institut für Tanzwissenschaft an der Freien Universität Berlin entstanden und wurden unter meinem Geburtsnamen publiziert (vgl. Gehrke 2010). Die Bewegungsprotokolle dieser Untersuchung finden sich auf meiner Homepage unter http://www.sebastianmatthias.com/forschung/gefuehlter-groove-ergaenzende-materialien/.

13 An dieser Stelle möchte ich anmerken, dass Tanzbewegungen in Clubs sowie auch die dort gespielte Musik sehr temporäre Phänomene darstellen und stilistischen Veränderungen unterliegen. In dieser Studie versuche ich, über die Untersuchung von Groove eine stilübergreifende Dynamik und Struktur sichtbar zu machen, die ich bei Tanzbeobachtungen in einem Zeitraum von neun Jahren im musikalischen Musikgenre von House bzw. Techno wahrgenommen habe. Durch das weite Spektrum zwischen Clubtanz und zeitgenössischem Tanz sind für mich hierbei andere Clubtanzstile potentiell mit eingeschlossen. Dies müsste an anderer Stelle weiter untersucht werden. Breakdance als eine spezifische Tanzkultur mit seinen Mustern wie *popping* und *locking* grenze ich hier von Clubtanz als Tanzpraxis ab.

flikt- bzw. Spannungsbildung, (3) spontanes flüssiges Bewegungsspiel, (4) spezifische Grundspannung.

1.3.1 Sich wiederholende, improvisierte und sich überlagernde Bewegungsmotive

Tänzer und Tänzerinnen im Club synchronisieren ihre Bewegungen zu den sich überlagernden Rhythmuspatterns, indem sie ganz oder partiell der musikalischen Struktur folgen. Als Beispiel für diesen Prozess kann das ›Step-Touch-Motiv‹ angeführt werden:

Im Step-Touch werden zwei Schritte auf je einen Grundbeat zur Seite gesetzt, wobei die Knie auf dem Beat in einem Bounce elastisch einknicken. Mit dem dritten und vierten Schritt wechselt die Richtung, während der Oberkörper mit jeder Richtungsveränderung seitlich nachschwingt. Die Rhythmuslinie der Bass-Drum im Grundbeat wird nicht nur von den Beinen ausgeformt. Oberkörperpulsierungen oder Verschiebungen der Hüfte übernehmen die stützende und strukturierende Funktion der Schritte, sodass der Bewegungsimpuls der Knie in den Oberkörper weitergeleitet wird. Wenn zu langsameren Beatintervallen getanzt wird, stellt sich heraus, dass das Step-Touch-Motiv erst in dieser Übertragung auf den Oberkörper seine Vollständigkeit erfährt. So wie der Schritt den Körper seitlich mitschwingen lässt, bringt der Bewegungsimpuls im Knie den Oberkörper wellenartig in Bewegung, sodass der Kopf leicht verzögert mitnickt.[14]

Im Step-Touch-Motiv kommt es scheinbar nicht auf die korrekte Bewegung der Beine im Raum an, sondern auf die wellenartigen Übertragungen, die den Körper in Schwingung versetzen. Diese aus dem Impuls der Kniebewegung resultierenden Bewegungen – wie das Kopfnicken – sind grundlegend für den Clubtanz, da in den komplizierten Improvisationen souveräner Tänzer und Tänzerinnen dieses Nachschwingen als resultierende Bewegung oder Bewegungsresultat durch den elastischen Körper auch außerhalb des Step-Touch-Motivs immer sichtbar bleibt. Neben Schwüngen sind funktionelle Bewegungen wie Springen oder Schlagen in unterschiedliche Richtungen in der vorderen Kinesphäre[15] sichtbar. Aus deren Impuls können auch andere Bewegungen resultie-

---

14 Hier und im Folgenden werde ich Bewegungsbeschreibungen durch Kursivsetzungen kennzeichnen.

15 Die Kinesphäre bezeichnet nach Rudolf von Laban den »Raum in der Reichweite des Körpers, […] die Raumkugel um den Körper, deren Peripherie mit locker gestreckten Gliedmaßen erreicht werden kann« und sich mit den Tänzern mitbewegt (von Laban, 1991: 21).

ren. So zeigt sich Groove in improvisierten, wiederholten und sich überlagernden Bewegungsmotiven, die oft (aber nicht notwendigerweise) als Bounce in den Knien zum Grundbeat, als schwingende oder geworfene Körperteile sowie als Armkreise getanzt werden. In dieses Zusammenspiel sind mehrere Körperteile improvisativ involviert. Bei jedem Bewegungsimpuls werden wiederum weitere Gliedmaßen mitbewegt. Überlagern sich die Übertragungsimpulse, sind Motive schwer zu erkennen. Der ganze Körper befindet sich in einer konstanten Veränderung, in der die Körperteile sich gleichberechtigt und unabhängig voneinander bewegen. Tänzer und Tänzerinnen entwickeln eine Bewegungskomplexität, die Beobachter an die Grenzen ihrer visuellen Wahrnehmungskapazität bringt. Beim Betrachten können einzelne Bewegungen kaum isoliert erfasst werden, was auch die Frage aufwirft, wie diese Motive zu verstehen sind. Nur nach längerer Beobachtung werden in der ununterbrochenen, gelösten und freien Koordination der Bewegungen einzelne Versatzstücke als Motive sichtbar, die in der konstanten flüssigen Veränderung als solche jedoch stark verzerrt werden. Ein wiederholtes Versatzstück – wie ein Step-Touch-Motiv – kommt im Gegensatz zu einem repetitiven musikalischen Pattern jedoch nicht öfter als achtmal vor, wobei der Bounce als qualitativer Aspekt eines Motivs mit seiner wellenartigen Übertragung in andere Bewegungsstrukturen als deren Konsequenz im Körper überführt wird. In den virtuosen[16] Improvisationen greifen Tänzer und Tänzerinnen auf ein vertrautes Bewegungsrepertoire[17] zurück, welches durch die neuen Konstellationen mit anderen Bewegungen immer wieder variiert und erweitert wird.[18]

16 ›Virtuos‹ ist hier nicht als Werturteil gemeint, sondern wird im tanzwissenschaftlichen Sinne verwendet, hier markiert der Virtuose ein Feld des Wissens und der Wahrnehmung, das »auf das Staunen und Erstaunliche gerichtet« ist (Brandstetter 2017a: 23–56, hier 29).

17 Unter ›Bewegungsrepertoire‹ verstehe ich hier einfache Bewegungsabläufe, welche Tänzer und Tänzerinnen in der Vergangenheit aktiv ausgeführt haben und die sich so ›in den Körper einschreiben‹ konnten.

18 Tanzbewegungsmotive wie *locking* oder *popping* können natürlich auch in Clubtanzimprovisationen integriert werden. Aufgrund der staccato-artigen isolierten Qualität dieser Bewegungsmodi werden diese Versatzstücke jedoch nicht in wellenartigen Übertragungen auf andere Körperteile überführt. Da sie nur vereinzelt und speziell verwendet werden, klammere ich sie in meiner Argumentation aus.

1.3.2 Konflikt und Spannungsbildung

Im Clubtanz erzeugt das Zusammenspiel dieser qualitativ unterschiedlichen Bewegungsmotive eine Konflikt- bzw. Spannungsbildung im Körper der Tanzenden. Neben der Übertragung von Bewegungsimpulsen ist im Step-Touch-Motiv noch ein weiteres übergreifendes Merkmal erkennbar, das bei den komplexeren Improvisationen der Tänzer und Tänzerinnen deutlich wird. Der Schritt und die Kniebewegung können als zwei unabhängige Bewegungseinheiten angesehen werden. Beide haben ihre eigene Zeitlichkeit und ihre eigene räumliche Aufteilung in ihrem wiederholten Auf und Ab bzw. Hin und Her. Den Intervallen des Beats folgend, werden sie jeweils zum Auslöser für eine eigene wellenartige Übertragung von resultierender Bewegung. Wenn ein Tanzender diese unterschiedlichen Impulse ›durch sich hindurchfließen‹ lässt, stehen diese Übertragungswellen und die aus ihnen resultierenden Bewegungen in Konflikt miteinander. Dies hat zur Folge, dass die Gelenke an diesen Übergangsstellen, vom rhythmischen Geschehen entkoppelt, schnell hin und her gerissen werden können. Zum Beispiel wirkt der Kopf durch die Bewegung des Arms in Konflikt mit der Oberkörperbewegung wie durchgerüttelt. In der Bewegung des Atlasgelenks zwischen Wirbelsäule und Kopf kann ein neues rhythmisches Element mit einer spezifischen Körperlichkeit entstehen, die zur weiteren Komplexität des Zusammenspiels beiträgt. Die Bewegung wird weder geführt noch koordiniert, sondern allein durch die anderen körperlichen Impulse angetrieben. Dieser Vorgang kann als eine extreme Differenzierung der resultierenden Bewegung verstanden werden.[19]

> »Every child very well knows that by whirling rapidly he reaches a centrifugal state of flight from which he regains bodily stability and clarity of perception only with difficulty. [...] Various physical activities also provoke these sensations, such as [...] falling or being projected into space, rapid rotation, sliding, speeding, and acceleration of vertilinear movement, separately or in combination with gyrating movement.« (Caillois 1961: 24)

Meine Beschreibungen des schwingenden Körpers in den Improvisationen des Clubtanzes erinnern stark an Roger Caillois' Charakterisierung der Ilinx. Griechisch für Schwindel, bezeichnet Ilinx eine der vier soziologischen Kategorien menschlicher Spiele – neben Wettbewerb (*agôn*), Glück (*alea*) und Simulation (*mimicry*). Unter Verweis auf die divergierende innere Einstellung der Spieler grenzt Caillois den Gemütszustand eines Kindes auf einem Karussell von der

19 Vgl. Bewegungsprotokoll 2010, Piknic Électronik, Montreal.

Freude an einem Geschicklichkeitsspiel ab. Die Bewegung des Karussells, an dem sich ein Kind erfreut, zählt Caillois wie den Rausch des Walzers und andere ›verrückte‹ dynamische Tänze zur Kategorie der Ilinx (vgl. ebd.: 25). Beides, Karussell und bestimmte Tänze, störe nicht nur die korrekte Funktion des Gleichgewichtsorgans im Innenohr, sondern der ganze Körper werde von Aktivitäten der Ilinx beeinträchtigt (vgl. ebd.). Nach Caillois zielt der Schwindel des Karussells in den Spielen der Ilinx in unserer modernen Welt auf eine Verwirrung, die einzig und allein auf die Provokation einer extremen inneren Empfindung, auf das Erleben unserer ›Eingeweide‹[20] ausgerichtet ist. Wenngleich in begrenzter Form, befinden sich die Tanzenden in der Konflikt- und Spannungsbildung durch die Überlagerung von Bewegungsimpulsen auch in einer Art Ilinx. Folgt man Caillois, provozieren die Tänzer und Tänzerinnen mit den Schwingungen der resultierenden Bewegung eine Art Verschiebung der Perzeption. Dabei erleben sie verstärkt ihre eigene Körperlichkeit, indem sie den impulsgebenden Bewegungen nachspüren und nachgeben. Resultierende Bewegungen können ein inneres – taktiles – Empfinden mit hervorbringen.

Während die Beinbewegungen meist der dumpfen Bass-Drum folgen, werden die Arme mit anderen Rhythmuslinien – wie den von Beckenklängen gebildeten – synchronisiert. Vergleichbar der Bass-Drum als Grundlage im musikalischen Gewebe, strukturiert dieses Wippen auch ohne den hörbaren Beat die Improvisation nach einem etablierten Puls.

Der Tanz im Clubkontext wird also, ähnlich wie Überlagerungen einzelner Rhythmuslinien in der Musik, aus unterschiedlichen Ebenen zusammengefügt. Durch die unabhängig voneinander ablaufenden Bewegungsmotive wirkt der Körper wie in unterschiedliche Ebenen gespalten, diese Spaltung wird jedoch durch die sich kreuzenden Übertragungen der Bewegungsimpulse überbrückt. Manche der besonders expressiv Tanzenden fügen noch weitere Bewegungsebenen etwa in einem Vor- und Rückbewegen der Schultern oder Hände hinzu, die sich alle gegenseitig beeinflussen. Da zum Beispiel schüttelnde und flatternde Hände in ihrer Frequenz keiner hörbaren Rhythmuslinie folgen, können sie als autonome Bewegungsschichten im musikalischen Gewebe verstanden werden. In solchen komplementierenden Ebenen partizipieren die Tänzer, Musikern gleich, am musikalischen Geschehen, anstatt lediglich mitwippend dem Beat zu folgen. In ihrer ausgelassenen Improvisation entsteht bei Tanzenden im Club oft der Eindruck eines höchst komplexen Bewegungsgebildes.[21] Die Tatsache, dass

20 Caillois verwendet im Original den Begriff »sensations viscerales«, welcher auch mit ›Eingeweide‹ übersetzt werden kann (Caillois 1958: 260).

21 Vgl. Bewegungsprotokoll 2010: Berghain.

diese Amateur-Tänzer und -Tänzerinnen solch komplexe Bewegungsmuster hervorbringen, erinnert an Paul F. Berliners Analyse des Grooves im Jazz: Er konstatiert, dass die intellektuellen und kreativen Fähigkeiten der Musiker durch Groove übertroffen würden (vgl. Berliner 1994: 391).

1.3.3 Bewegungsfluss

»Within the Groove, improvisers experience a great sense of relaxation, which increases their powers of expression and imagination. They handle their instruments with athletic finesse, able to respond to every impulse.« (Berliner 1994: 389)

Obwohl der Musikwissenschaftler Berliner in diesem Zitat über Jazzmusiker spricht, passt seine Umschreibung des Grooves sehr genau auf die Improvisation im Clubtanz. Alle Körperteile sind in jedem Moment in die Improvisation involviert und werden mit jedem Impuls in Bezug zur Musik durch eine Übertragung mitbewegt. Groove wird so in einem improvisierten, losgelösten und dialogischen Bewegungsspiel mit der gehörten Musik sichtbar. Die Bewegungen werden im Einklang mit den Gegebenheiten der Körperanatomie zwischen die Beatvorlage des musikalischen Netzes gesetzt und entwickeln dadurch sich differenzierende rhythmische Ebenen. Als einfachstes Beispiel kann hierfür wieder die einknickende Kniebewegung im Step-Touch-Motiv herangezogen werden: Trotz einer musikalisch genauen Korrelation von Kniebewegung und Grundbeat, weisen die Oberkörper der Tanzenden eine sehr unterschiedliche Rhythmik und eben kein Unisono auf. Schon bei unterschiedlicher Länge der Wirbelsäule und divergierendem Entspannungsgrad der Rückenmuskeln dauern die Impulsübertragungen von den Knien zum Kopf unterschiedlich lange. Die akzentuierte Kopfbewegung durch die Kniebewegung findet dann zwischen den einzelnen Beats statt und etabliert eine neue – ebenfalls sichtbare[22] – Rhythmusebene, die zwischen dem Grundmuster des Beats liegt.

Trotz des einschlägigen Beats entsteht im Clubtanz ein rhythmisch heterogenes Bild von der Menge der Tanzenden, da sich ihre individuellen Übertragungswellen in jeweils unterschiedlichen Dauern vollziehen. Wenn sich die zeitlichen Intervalle zwischen den Beats verkleinern, wird auch die Bewegung schneller. Doch dürfen die Intervalle eine gewisse Zeitspanne nicht unterschreiten, denn zu schnelle Beats sind nicht mehr tanzbar. Die Körper können nicht

22 Die Kniebewegungen werden meist durch die Anzahl der Tanzenden und die Enge auf der Tanzfläche verdeckt, sodass die Köpfe und Oberkörper die Hauptreferenz der Tanzenden bilden.

mehr schwingen. In den Übertragungswellen findet Ingrid Monsons Umschreibung »forward flow« (Monson 1996: 201) aus dem Jazz und den isochronen Schlagfolgen von Grooves eine spezifisch flüssige Verwirklichung im Körper. Die abgehackten elektronischen Beats werden durch Körperbewegungen fließend miteinander verbunden.

Im Dialog mit der Musik setzen Tanzende mit ihren Gliedern auch gezielt neue Akzente durch ein Spiel mit dem Bewegungsfluss. Wenn die Dauer der einzelnen Beatmuster nicht mit der zeitlichen Ausdehnung der Bewegungsmuster übereinstimmt, entstehen auf zwei Arten weitere Rhythmusebenen: Zum einen kann der Bewegungsfluss in Abhängigkeit von Anatomie und Schwerkraft im Vordergrund stehen, sodass zum Beispiel der Endpunkt oder Umkehrmoment eines Armschwungs zwischen die Betonungen der Musik fällt und auf diese Weise einen Off-Beat erzeugt. Zum anderen können die Tanzenden Bewegungsfragmente im Bewegungsfluss verändern. Mit ein wenig mehr Energie kann ein Arm beschleunigt werden, um am Endpunkt seiner Bewegung auf den akustischen Schlag zu treffen. Die Beschleunigung im Schwung bekommt so eine Akzentuierung, die wiederum ein neues qualitativ differenzierbares geschlagenes Motiv hervorbringt. In diesem Wechselspiel zwischen der Synchronisierung mit dem Beatmuster und den physiologisch begründeten Notwendigkeiten bei der Ausführung ineinanderfließender Bewegungen bringen die Tänzer und Tänzerinnen neue motionale Rhythmuslinien in die musikalische Struktur und erweitern diese durch den Tanz.

Die einzelnen Bewegungen im Bewegungsspiel sind zudem sehr effizient. Sie erfordern gerade ausreichend Kraft, um den Körper in Schwingung und im Fluss zu halten. Selten ist im Clubkontext das Bemühen zu erkennen, den Fluss der Bewegungen zu stoppen oder eine bestimmte Bewegung zu forcieren. Die Koordination weist mit keinem ausgleichenden Kraftaufwand auf einen Fehler hin. Jede Bewegung scheint in dem Moment, in dem sie stattfindet, angemessen. Jeder Verlust der Balance wird integriert und Ausgangspunkt der nächsten Bewegung. Statt mit Kraft eine virtuose Figur zu erzwingen, nutzen Tanzende den vorherigen Schwung, um zum Beispiel Drehungen zu erzeugen. In der Improvisation beeinflusst jede Bewegung die nächste. Es scheint keine Planung und keinen Aufbau zu einem besonderen Teil der Musik zu geben. Alles wird situativ koordiniert und verarbeitet: Schwung, Körperstellung, Gewicht und Bewegungsspielraum werden analog zur Musik abgeglichen, um im nächsten Moment mit wieder anderen Parametern den Tanz weiterzuführen. So nehmen die Tanzenden jederzeit spontan die Veränderungen in der Musik wahr und gehen gezielt auf sie ein, während der Schwung der Bewegung ihren Tanz weiter bestimmt. Sie begeben sich im Tanz in ein Zwischenstadium von intendierter Aktion und von

Schwung bzw. Bewegungsimpuls bestimmten resultierenden Bewegungen. Oszillierend zwischen einer aktiven Ausformung und einem Zulassen von Bewegung, begeben sich Tanzende im Groove in den Fluss der Bewegung und akzentuieren in ihrem Spiel aufmerksam bestimmte Momente der Musik. Eine elastische Grundspannung im Bounce, welche grundlegend für den effizienten Kraftaufwand des besonderen Bewegungsrepertoires wird, scheint dabei maßgeblich für Groove.

1.3.4 Spezifische Grundspannung

Um dieses fließende Bewegungsspiel und die flüssigen Impulsübertragungen tanzen zu können, muss der Körper in einer spezifischen Grundspannung gehalten werden, welche die Gelenke in eine mittlere, nicht ganz gebeugte und nicht ganz gestreckte elastische Haltung bringt. Aus einer völlig gestreckten oder gebeugten Position heraus ist kein Wippen in der Kniebewegung möglich. Während in der aufrechten Haltung das Körpergewicht vom Skelett mit wenig Hilfe der Muskelpaare gestützt wird, erhöht sich der Muskeltonus im Kniegelenk in der mittleren Position. Die Oberschenkelmuskeln benötigen eine leichte Spannung, um die Beine entgegen der Schwerkraft halb gestreckt zu halten. In dieser leichten Spannung sind die Muskeln dehnbar und elastisch. Gibt ein Tänzer der Schwerkraft für einen Moment nach, spannen sich die elastischen Muskeln an, bis sich die Spannung in einem Auftrieb wieder entlädt. So wird ein Wippen oder ein Bounce im Körper erst möglich. Doch sind im Tanz nicht nur die Knie in einer elastischen Position angewinkelt, sondern der gesamte Körper wird immer wieder in eine leicht gebeugte Haltung gebracht. Viele Tänzer und Tänzerinnen verschieben auch den Brustkorb in eine leicht konkave Position, sodass sich der Kopf etwas nach vorn verlagert, was die wippende Nickbewegung erleichtert. Ähnlich der Beuge in den Knien hängen die Arme nicht schlaff an den Seiten, sondern werden in einem 45-Grad-Winkel seitlich am Körper gehalten. Hierbei fallen die Ellbogen nicht von den Schultern im Lot nach unten, sondern sind ein wenig nach hinten verschoben. Beides lässt auf eine leicht gehaltene Grundspannung in Armen und Schultern schließen. In dieser Grundspannung können alle Gelenke durch den kleinen Fall in den Knien beeinflusst werden und mit minimalem Aufwand den ganzen Körper in Schwingung bringen. Die kleine Bewegung der Knie resoniert im ganzen Körper und verteilt den Bewegungsimpuls; durch sie und ihre Resonanz im Körper im Bounce verschiebt sich nicht nur eine Vielzahl der Gelenke räumlich und auch relativ zueinander, sondern es ergibt sich zudem eine Veränderung in der somatischen[23] Empfindung der Glieder. Diese stellt – dem Philosophen Brian O'Shaughnessy zufolge – die Grundlage für Propriozeption dar (vgl. O'Shaughnessy 1995). Als Propriozeption versteht er in seiner Studie *Proprioception and the Body Image* das unmittelbare Wissen um den Ort und die Beziehung der Körperteile zueinander. Nach O'Shaughnessy ist Propriozeption eine Wahrnehmungsweise, welche sich von allen anderen Sinnen durch ihre räumlichen Eigenschaften unterscheidet (vgl. ebd.: 177). O'Shaughnessy schlägt eine Theorie vor, in der Propriozeption in Bezug auf räumliches Körperwissen durch die Empfindungen der Haltung und der Kinesphäre (»postural/kinesthetic sensations«, ebd.: 194)[24] eine Wahrnehmung des Körpers und seiner Glieder im Raum ermöglicht. Nervenenden, die in Haut und Muskeln eingebettet sind, liefern hierfür die notwendigen Informationen.

»Thus sensations always require a principle or framework of differentiation, and even in the case of sight it is the body that satisfies this need through providing directional differentia, while it is certainly the body that provides the framework in the case of bodily sensations. It follows that the spatial properties of bodily sensations cannot be the epistemological foundations of the spatial content of proprioception, [...].« (Ebd.: 191)

Die Propriozeption ist hierbei keine kognitive Vorstellung vom Körper im Raum. Sie ist eine Form sinnlicher Wahrnehmung, eine Information, die stets bereitsteht, wenn sich das Bewusstsein darauf richtet. Da der Mensch (bzw. sein Körper), wenn nötig, immer spontan auf dieses Wissen zurückgreifen kann – etwa um blitzschnell einem Ball auszuweichen –, kommt O'Shaughnessy zu dem Schluss, dass dieses ›Körperwissen‹ durch die Empfindungen um die Körperoberfläche zwar dauernd präsent ist, jedoch nicht permanent in unser Bewusstsein tritt (vgl. ebd.: 183). Er betont hierbei die Menge an von uns abrufbaren propriozeptiven Informationen in drei unterschiedlichen Körperbildern, den »short-term body images« (ebd.: 191): erstens das räumliche Bild, das der Kör-

23 Während der Duden ›somatisch‹ nach dem griechischen ›*soma*‹ (σῶμα) für Körper als »den Körper betreffend« definiert und ›somatisch‹ von Geist, Seele, Gemüt abgrenzt, meint der Begriff ›*somatics*‹ im Diskurs von somatischen Tanzpraktiken die Gesamtheit des lebenden Körpers: Körper, Geist, Seele und seine Umgebung. Thomas Hanna etablierte im Tanz ein Verständnis von ›*somatics*‹ als innere individuelle Erfahrung: »the body as perceived from within by first person perception« (Hanna 1995: 341). Siehe auch den Eintrag ›somatisch‹ im *Duden – Fremdwörterbuch* (1997: 756).

24 ›*Postural*‹ kommt hier von ›*posture*‹, englisch für ›Haltung‹.

per aus den Informationen der Haltungsempfindungen in einem Moment tatsächlich hat; zweitens das Bild des ganzen Körpers, das zur Verfügung stünde, aber nicht in der Aufmerksamkeit liegt; und drittens das Wissen um die Summe sämtlicher potenziellen räumlichen Ausbreitungen des Körpers. Durch eine Verschiebung aller Gelenke und deren Beziehungen zueinander entstehen im Bounce Differenzen der Haltungsempfindungen im ganzen Körper, welche ihn als Ganzes mit all seinen bewegten Körperteilen von dem zur Verfügung stehenden Wissen (räumliches *body image* zwei) in unsere tatsächlich wahrgenommene Propriozeption (räumliches *body image* eins) verlagert.

Durch den synchronisierenden Bounce im Groove wie auch durch die flüssigen Konfliktbildungen verschiedener Bewegungsmuster schiebt sich ein breitflächiges somatisches Erleben über unsere Wahrnehmungsschwelle in die gerichtete Rhythmuswahrnehmung. In den komplexen Tanzbewegungen im Clubtanz kann diese Haltungsverschiebung gut beobachtet werden, aber auch im *headbobbing* ist bereits auf der Mikroebene eine Differenz der Haltungsverschiebungen erkennbar. Groove manifestiert sich dabei als somatische Empfindung, welche sich aus den rhythmischen Informationen des propriozeptiven Sinnes zusammensetzt.

Zusammenfassend stellen Tanzende über die Interaktion von Sound und Bewegungsdynamik die Rhythmuserfahrung selbst her und machen diese für sich somatisch spürbar. Dieser Rezeptionsmodus speist sich zwar aus physiologischen Mechanismen, die durch die tänzerische Partizipation[25] an der Musik auftreten, seine Herstellung bleibt jedoch kulturell determiniert. Mitbouncen und Musikproduktion von kontinuierlichen Patterns in einem bestimmten zeitlichen Rahmen bedingen sich im Kontext von elektronischer Tanzmusik gegenseitig und generieren den hierbei spezifischen Rezeptionsmodus. Durch die Synchronisierung mit rhythmischer Musik bringen die Rezipienten den Groove aus der Musik somatisch hervor und machen seine treibende Qualität und die spezifische Groove-Erfahrung für sich erlebbar. Legt man den Fokus auf den individuell Tanzenden und seinen Umgang mit elektronisch generierter Musik, so sind wiederkehrende Bewegungsmotive festzustellen, die überlagert und spielerisch in die Musik eingebettet werden. Im Tanz entsteht eine erweiterte Bewegungsebe-

25 Bei Partizipation kann zwischen dem aktiven »Teil-Nehmen« und dem passiven »Teil-Haben« unterschieden werden. Im Gegensatz zu »Teilhabe« bringt »Teilnahme« einen Grad von Mitbestimmung zum Ausdruck (Fuchs 2004: 197). Im Club *nehmen* Tanzende in ihrer Interpretation aktiv teil an der Musik, *haben* jedoch durch die Verlaufseffekte auf der Tanzfläche auch teil an der Erfahrung der anderen Tanzenden. Clubtanz beinhaltet demnach beide Aspekte von Partizipation.

ne, die ins Musikgeflecht eingebunden wird. Propriozeption und Schwindel verstärken die Wahrnehmung des eigenen Körpers und das taktile Empfinden.

Alkohol- und Drogenkonsum sind ein wichtiger Teil der Clubkultur. Auch sie können Schwindel und ein verstärktes Körpererleben hervorbringen. Die Tanzerfahrung und die Einnahme von Drogen implizieren gleichermaßen eine Verschiebung der Wahrnehmung hin zu einer taktilen Erfahrung; aus diesem Grund sehe ich in beiden Praktiken unterschiedliche Wege zu einem ähnlichen Ziel. Sie sind nicht als gegensätzlich, sondern als komplementär zu verstehen. Da andere Studien sich bereits eingehend mit dem Thema des Drogengebrauchs in der Clubkultur beschäftigt haben (vgl. Rietveld 1998: 175–188, Klein 2004: 179–181 oder Jackson 2004: 55–86), werde ich diesen Aspekt hier nicht weiter vertiefen. Stattdessen richtet sich der Fokus der vorliegenden Untersuchung auf die Frage, ob eine Interaktion zwischen den Tanzenden in der Gruppe auch Einfluss auf das verstärkte Körpererleben hat und wie diese Wirkung organisiert ist. *Wie beeinflussen die anderen Tanzenden die Bewegungsmotive des Einzelnen, die resultierenden Bewegungen oder die lockere Grundspannung, damit ihre Aktivität im Umfeld jedes Einzelnen sich auch im somatischen Erleben als kollektive Groove-Erfahrung niederschlägt?* Im nächsten Abschnitt werde ich eine Verbindungslinie vom individuellen Körper zum interpersonellen Aspekt von Groove im Clubtanz ziehen und kurz das Forschungsumfeld von Groove als kollektive Interaktion zwischen Tanzenden nachzeichnen.

1.4 Groove als Interaktion: Forschungsstand zur Gruppendynamik bei Clubtanz zu elektronischer Tanzmusik

> Jack is the one who gives you the power to do the snake

In der populären Tanzkultur kann der Begriff ›Groove‹ als kollektive Rhythmuserfahrung in Bezug zur Interaktion zwischen den Tanzenden mit dem Konzept von *connectedness* oder dem Gefühl einer geteilten Erfahrung zusammengebracht werden. In der Musiktheorie verweist der Groove-Begriff durch seine Bedeutung als musikalische Strukturbeschreibung nicht ausschließlich auf die Interaktion, sodass das Forschungsumfeld zum kollektiven Aspekt von Groove im Clubtanz sich besser mit dem weiter gefassten Begriff der *connection* nachzeichnen lässt. Um einen Überblick über die bislang vorliegenden Konzepte zur

Tanzinteraktion im Gesellschaftstanz zu geben, werde ich im Folgenden einige Erklärungsansätze skizzieren.

Die Kulturwissenschaftler Tim Olaveson und Melanie Takahashi definieren die körperliche Erfahrung von *connectedness* als das zentrale Erlebnis eines Raves bzw. des Clubtanzes (vgl. Olaveson/Takahashi 2003). Für Olaveson wird der gemeinsame Tanz zu elektronischer Tanzmusik als eine Art Energie oder Puls erfahrbar, »which cannot be expressed or understood in words, but as that can only be physically experienced« (Olaveson 2004: 90). Die Versammlung der Tanzenden[26] tritt somit als Körpererfahrung – in einem ›Spüren‹ – in Erscheinung, die sich aus einer Energie- oder Schwingungsübertragung ableitet. Darauf verweisen in der Szene gebräuchliche Ausdrücke wie »vibe«, »collective energy« (Fikentscher 2000: 88) – oder auch Groove. Der Kulturwissenschaftler Kai Fikentscher erklärt, dass bei »vibe« (ebd.)[27] – abgeleitet von »vibration« – die Kommunikation in linearen und lateralen Richtungen verläuft. »That is, not only between audience and DJ, but also within the audience.« (Ebd.: 80ff.) Gabriele Klein beschreibt, wie die Tanzenden dabei »den Blick und die Haltung des Oberkörpers auf die Tanzenden gerichtet halten, von denen sie sich ›a lot of energy‹ versprechen« (Klein 2004: 163), während sie sich nach Hillegonda Rietveld so fühlen, als seien sie »empathically connected to the surrounding bodies« (Rietveld 1998: 194). Ben Malbon weist zudem auf die »crowd-based sensation of empathy, intensive-interclubber interaction and a sharing of spaces and emotions« (Malbon 1999: 130) in der Cluberfahrung hin. Diese Befunde basieren meist auf Interviews mit Clubbesuchern im Rahmen teilnehmender Beobachtungen, die jedoch kaum Bewegungsbeschreibungen beinhalten. Mark J. Butler, der in der Einleitung des Sammelbandes *Electronica, Dance and Clubmusic* einen Überblick über die wichtigsten Forschungen zu Clubkultur und Electronic Dance Music (EDM) der letzten 20 Jahre gibt, macht darauf aufmerksam, dass eine fundierte Analyse der Tanzbewegungen von Clubbern und ihrer Interaktion in der EDM-Forschung bislang aussteht (vgl. Butler 2012: xxii). Hier klafft eine

---

26 Ich verwende den Begriff ›Versammlung‹, um die Ansammlung von Besuchern auf der Tanzfläche zu beschreiben, und verweise damit auf die gleichzeitige Differenz der Besucher, deren Intentionen und deren Identifizierung mit der Veranstaltung sowie auf eine zerstreute Verbundenheit, welche die gleichzeitige lokale Tätigkeit ausmacht. Siehe weiter zu Versammlungen Latour 2005: 53ff.

27 Phil Jackson sieht *vibe* dagegen eher als Sammelbegriff für die »socio-sensual encounters […] those practices feel different from the ones people utilise in other public places«, wie zum Beispiel Respekt, Einstellung zu anderen (*attitude*), Toleranz und intentionale Partizipation an der Tanzparty (Jackson 2004: 87ff.).

Forschungslücke, die die vorliegende Studie zu schließen versucht. Insgesamt kann man in der Clubbing-Forschung drei Denkrichtungen der Konzeptualisierung der Interaktion von Tanzbewegungen in Clubs und *connections* nachzeichnen, die das hier verortete Gefühl von Gruppenzugehörigkeit von unterschiedlichen Dimensionen vermittelt sehen: eine identifikatorische, eine emotionale und eine rhythmisch-energetische Dimension spezifischer Bewegungsmotive.

Ben Malbon wie auch Gabriele Klein (vgl. Klein 2004: 173) sehen die identifikatorische Dimension von Bewegungsinteraktionen in Bezug zu kulturellen Codes und Normen von »coolness« (Malbon 1999: 58), auf die ich in Kapitel 2 näher eingehen werde. Die Studien von Fiona Buckland, Joanna Hall und Alejandro L. Madrid stellen in der Forschungslandschaft Ausnahmen dar, da sie in ihren Untersuchungen von Tanzinteraktionen Ansätze zur Beschreibung von Bewegungen in der Clubkultur liefern. Sie machen dabei jedoch vor allem eine identifikatorische Perspektive stark. Buckland unternimmt in ihrem Buch *Impossible Dance* den Versuch, anhand der Analyse von Bewegungen zu zeigen, wie diese zu queerer Identitätskonstruktion beitragen können. Die Interaktion in der Bewegung und deren Aneignung sieht sie vor allem durch Mimesis, Nachahmung und Variation bestimmt (vgl. Buckland 2002: 100). Die Tanzwissenschaftlerin Joanna Hall bezieht in ihrem Essay »Rocking the Rhythm: Dancing Identities in Drum 'n' Bass Club Culture« (vgl. Hall 2013) die Rollenbilder von Tanzenden und deren Klassenzugehörigkeit auf Tanzpraktiken in britischen Drum-'n'-Bass-Clubs. Der Musikethnologe Alejandro L. Madrid nimmt in seiner groß angelegten Studie eine differenzierte Beschreibung unterschiedlicher geografischer Ausformungen mexikanisch-amerikanischer Nortec-Musik vor und arbeitet heraus, wie sich Tänzer und Tänzerinnen selbst und untereinander durch die dynamische Tanzperformance bei der Teilnahme an Nortec definieren (vgl. Madrid 2008).

Ähnlich Ben Malbons Konzept der »emotional spacings«[28] bezieht sich vor allem Phil Jackson in seiner Studie *Inside Clubbing*, die auf Interviews mit Besuchern von EDM-Clubs basiert, auf die emotionale Dimension von *connection*. Nach Jackson sind Tanzende allein schon durch die lustvolle Intensität der Groove-Erfahrung miteinander verbunden, die auf körperlicher Ebene durch emotionale Haltungen und Mimik erkennbar ist (vgl. Jackson 2004: 123). Er be-

28 Malbon macht im Hinblick auf die »emotional spaces« (Malbon 1999: 99–101) auch auf andere Territorialisierungspraktiken in der Clubkultur aufmerksam, die in Bezug zu der räumlichen Dimension von *connection* gesehen werden können. Diese Interaktionen zähle ich jedoch nicht zu den tänzerischen Improvisationsstrukturen und lasse sie daher in dieser Unterteilung außen vor (vgl. ebd.: 95, 99).

schreibt zwar die rhythmisch-energetische Dimension der Bewegungsinteraktion, bleibt aber eine weitergehende Analyse schuldig. Eine Verbindung zwischen Tanzenden durch Rhythmus und Bewegung, die sich in das somatische Erleben einschreibt, erwähnt er nur ansatzweise. Wenn die Bewegungen der Tanzenden ›verschmelzen‹, ist nach Jackson der Höhepunkt des Geschehens auf der Tanzfläche erreicht (vgl. ebd.: 18). Insgesamt ist anzumerken, dass die Clubforschung bislang vor allem der identifikatorischen Dimension von Bewegungsinteraktionen Beachtung geschenkt hat, andere Aspekte wurden dabei allerdings vernachlässigt. Aus diesem Grund werde ich Bewegungsinteraktionen in dieser Arbeit nicht als Imitationen von kulturellen Codes oder als Zitate lesen. Ausgehend von meiner Perspektive als Choreograph wird hier vor allem der rhythmisch-energetische Aspekt der Bewegungsinteraktion in den Fokus genommen, der bis jetzt nicht näher erforscht wurde.

Kai Fikentscher sieht im Rhythmus das Übertragungsmedium in der *connection* der Gruppeninteraktion, das die ›Energie‹ zwischen den Tanzenden reguliere (vgl. Fikentscher 2000: 80). Das Rhythmus-Konzept verweist dabei auf Synchronisierungen als Grundlage von Bewegungsinteraktionen, die auch in der Arbeit mit Tanz als performative Kunst verwendet werden. Die Konzeptualisierung von Rhythmus als Übertragungsmedium zwischen Tanzenden erlaubt durch dessen intermodale Zeitstruktur einen Transfer des Konzepts auf andere Tanzpraktiken und kann diesbezüglich mit einem künstlerisch-wissenschaftlichen Forschungsformat bearbeitet werden. Inwiefern Rhythmus als Übertragungsmedium verstanden werden kann, wird im weiteren Verlauf dieser Arbeit geklärt. Zunächst werde ich auf die Parallelen eingehen, die sich bei meinen eigens hierfür erarbeiteten Choreographien und dem Clubtanz zeigen, um dann mein Forschungsdesign für den rhythmisch-energetischen Aspekt von Bewegungsinteraktionen im Club vorzustellen.

1.5 PARALLELITÄT VON ZEITGENÖSSISCHEM TANZ UND CLUBTANZ ALS FORMEN KOLLEKTIVER IMPROVISATION

Jack is the one who gives you the key to the wiggly worm
Jack is the one who learns you how to whop your body!

»My body was the prime reference point in these [club] spaces. My own body provided constant feedback to judge spatial parameters, distance, and size. I perceived the position of body parts, and processed and stored information about laterality, gravity, verticality, balance, tensions, and dynamics, as well as integrating and coordinating rhythm, tempo and sequence of movement. These sensations produced the body, as the location of experience and knowledge and the primary way knowledge was experienced and shared by participants and myself in the dance clubs.« (Buckland 2002: 10)

Fiona Bucklands Beschreibungen der Tanzerfahrung in Clubs als »improvised social dancing« (ebd.: 2) und ihr Erleben in einer Gruppe von Tanzenden heben die Körpererfahrung als Hauptbezugs- und Ausgangspunkt für die Bewegungsgenerierung hervor. Das somatische Empfinden als Rhythmuserfahrung in Clubs weist dabei Parallelen zum tänzerischen Zugang der Improvisation mit Bewegungsqualitäten in meiner eigenen künstlerischen Praxis auf. Im folgenden Abschnitt möchte ich diese Parallelität zwischen zeitgenössischem Tanz und Clubtanz in der kollektiven Improvisation aufzeigen und den Begriff ›Improvisation‹ als interpersonelle Handlung näher erläutern.

Seit der Erarbeitung der Choreographie *Tremor* (2010) gilt mein künstlerisches Interesse dem qualitativen Aspekt von Bewegungen und den Möglichkeiten, die sich aus der Arbeit mit improvisatorischen Strukturen ergeben. Diese sind nicht als Bewegungsphrase[29] oder Bewegungssequenzen organisiert, sondern speisen sich aus einem spezifischen somatischen Empfinden, das die Tanzenden als choreographische Setzung kontinuierlich in sich hervorbringen. Ausgehend vom Bewegungskonzept des ›Sich-Streckens‹ generieren die Tänzer und Tänzerinnen beispielsweise in allen Gelenken und Körperteilen ein entsprechendes Empfinden, um im Körper eine Materialität zu erzeugen, die wir Bewe-

29 Weiterführende Überlegungen zu Bewegungsphrasen als choreographierte Abfolge von Bewegungen finden sich bei DeLahunta/Barnard 2005.

gungsqualität[30] nennen. Von diesen tänzerischen Strukturen kann man beim Zuschauen körperlich affiziert werden,[31] was sie für meine choreographische Arbeit besonders relevant macht. Die Bewegungsqualitäten bilden sich aus einem genau kalibrierten Kraftaufwand und innerhalb einer abgestimmten Zeitlichkeit sowie einer spezifischen Verwendung von Raum, wobei es unwichtig ist, mit welchem Körperteil diese Materialität oder ›Frequenz‹ im Körper hergestellt wird. Die Parameter der Bewegungsqualitäten sind gesetzt, aber Körperstellung und Bewegungsrichtung werden von den Tänzern und Tänzerinnen improvisiert.[32] Hierbei stellt sich die Frage, inwieweit überhaupt von Improvisation gesprochen werden kann, wenn diese tänzerisch-künstlerische Strategie auf die »Wortbedeutung von *improvisus* – unvorhergesehen – im Gegensatz zu *providere* – vorhersehen« (Bormann/Brandstetter/Matzke 2010: 7) bezogen wird. Die Bewegungsqualitäten sind in ihrer Ausführung an ein vorherbestimmtes und kalibriertes Regelwerk gebunden. Diese Ausführung wird in Hinblick auf die Qualität der Bewegung sogar so vorhersehbar, dass die Bewegung bei Zuschauern oder Tanzpartnern eine Erwartungshaltung generiert. Der kollektive Tanz unter Verwendung einer Bewegungsqualität bringt auf der Ebene dessen, *was* getanzt wird, keine Überraschung hervor. Jedoch kann die Antwort auf die Frage danach, *wie* getanzt wird, für die Tänzer und Tänzerinnen unvorhersehbare Wendungen bereithalten. Diese Unvorhersehbarkeit ergibt sich auf einer individuellen und einer kollektiven Ebene: Folgt ein Tanzender den Implikationen des Bewegungsvorgangs ›Sich-Strecken‹ in seinem Körper und spürt den damit verbundenen anatomischen Ge-

---

30 In der Labanotation werden acht Bewegungsqualitäten (Drücken, Wringen, Gleiten, Schweben, Peitschen, Stoßen, Tupfen, Flattern) genannt, die für die Analyse als Grundqualitäten bestimmt werden. Mir geht es bei den Bewegungsqualitäten weniger um den Referenzpunkt für die Beschreibung von linearen Bewegungssequenzen, sondern um das Wirkpotenzial der Qualität, die über eine periodische Dauer am deutlichsten hervortritt (vgl. von Laban 1991: 41ff.).

31 Ich verwende den Begriff ›Affizierung‹, um den Komplex der Auswirkungen von wahrgenommenen (Tanz-)Bewegungen auf den Körper zu bezeichnen. Hierbei beziehe ich mich weniger auf Affekte, Gefühle oder emotionale Rührung, die Tanz auslösen kann, schließe diese jedoch auch nicht aus. Affizierung zielt in dieser Arbeit auf das Bedürfnis nach Selbstbewegung im Wahrnehmenden und die Auswirkungen auf das kinästhetische Erleben des Körpers. Zum Affizierungsbegriff siehe Ott 2010.

32 Laut Frederike Lampert sind Improvisation und Choreographie keine Gegensätze, sondern bewegen sich innerhalb eines Spektrums mit unterschiedlichen Auswahlmöglichkeiten. In diesem Sinne ist jede festgelegte Choreographie in ihrer wiederholten Interpretation immer schon zum Teil eine Improvisation (vgl. Lampert 2007).

gebenheiten nach, bringen diese ihn in neue Haltungsrelationen, die zuvor nicht geplant waren. Sein Tun vollzieht sich nachforschend und über eine gewisse Dauer hinweg. Es organisiert sich weniger in Richtung einer bestimmten Pose als Ziel, sondern wird durch die Bereitschaft, »sich von seinem eigenen Tun überraschen lassen zu können, also zum Zuschauer und Zuhörer (s)einer Handlung und ihrer Konsequenzen« zu werden, zur Improvisation (ebd.: 13). Der Gedanke, den körpereigenen Impulsen zu folgen und sich von ihnen überraschen lassen zu können, schließt an ein Körperverständnis an, wie es Brian Massumi vorgestellt hat. Diesen Überlegungen folgend, verstehe ich den Körper als »diskursiven Körper« (Massumi 2002: 2), der von kulturellen[33] und performativen (vgl. Butler 1990: 12ff.) Praktiken geprägt und innerhalb eines kodifizierten kulturellen und sozialen Kontexts zu verorten ist. Massumi versucht diese diskursive Ordnung weiterzudenken, indem er ihr ein System von Intensität und Affekten zugrunde legt:

> »[Intensity] is outside expectation and adaptation, as disconnected from meaningfulness sequencing, from narration, as it is from vital functions. It is narratively delocalized, spreading over the generalized body surface like a lateral backwash from function-meaning interloops that travel the vertical paths between head and heart.« (Massumi 2002: 25)

Im Rahmen eines Systems von Intensitäten können Tanzende der Improvisation nachspürend folgen und tänzerische Entscheidungen aus der Logik ihrer Propriozeption oder als »embodied in purely autonomic reactions most directly manifested in the skin« (ebd.) treffen.

---

33 In seiner Konzeption von Praxis definiert Pierre Bourdieu Habitus im Anschluss an Marcel Mauss' Konzept der Körpertechniken (vgl. Mauss 1978: 202) »als ein System verinnerlichter Muster, die es erlauben, alle typischen Gedanken, Wahrnehmungen und Handlungen einer Kultur zu erzeugen – und nur diese« (Bourdieu 1970: 143). Dieses habitualisierte Wissen unterscheidet sich von einem Code oder einem Repertoire an Regeln und Problemlösungen durch seinen inkarnierten, jenseits des Bewusstseins ›verkörperten‹ Status, in dem der Habitus als ein System von Dispositionen definiert wird (vgl. Bourdieu 1976). Der Habitus umfasst demnach auch kognitive und evaluative Strukturen, welche die Wahrnehmung im Einklang mit der sozialen Ordnung organisieren. Diesem sozial informierten Körper ist kein natürlicher Mechanismus (vgl. Butler 1990: 4ff.) der sinnlichen Wahrnehmung vorgelagert, der durch die Kultur geprägt wird.

Auf kollektiver Ebene bleibt diese Einstellung bestehen und wird durch die Anzahl der Tanzenden potenziert. Auf engem Raum können sich Freiräume oder Engpässe ergeben, die im jeweiligen Moment überraschende Verläufe in der Bewegungsqualität hervorrufen. Bewegungen treffen aufeinander, und die Überraschung durch unerwartete Aktionen, durch (unvorhersehbare) Reaktionen und Verlaufseffekte sowie durch das Spiel mit dem Zufall und unkonventionelle Lösungen generiert jenes Feld, in dem Improvisation sich kreativ entfalten kann (vgl. Bormann/Brandstetter/Matzke 2010: 9). Dieses Spiel mit unerwarteten Aktionen in der Raumorganisation der Körper unterstützt die kontinuierliche Improvisation und bringt für die Tanzenden eine befriedigende Beschäftigung – als wesentlicher Aspekt von Improvisation – mit einer einzigen Bewegungsqualität hervor. Im Modus des *Wie* und einer zuhörenden bzw. zuschauenden Einstellung entwickeln sich Verlaufseffekte, die die Besonderheit des kollektiven Tanzes ausmachen. Zudem kann ein Gefühl der Leichtigkeit von der Tanzversammlung ausgehen, das die Tanzenden dazu bringt, über eine längere Zeit die Improvisation weiterzuführen. In der alltäglichen Tanzpraxis wird zudem evident, dass eine größere räumliche Zerstreuung der Gruppe die Improvisation erschwert.[34] Der gemeinsame Tanz unterstützt in meiner künstlerischen Praxis die improvisative Herstellung der individuellen somatischen Erfahrung.

Ähnlich der Improvisation mit Bewegungsqualitäten beschreibt die Kulturwissenschaftlerin Fiona Buckland ihren Körper im Tanz als Verarbeitungsort von Bewegungsinformationen, der kontinuierlich Körperpositionen, Abstände, Dauern, Dynamiken oder auch Intensitäten von Bewegungen im eigenen Körper und aus seiner Umgebung koordiniert. Dabei bleibt der Hauptfokus auf dem Erleben des eigenen Körpers und auf dessen konstanter Wahrnehmung von Positionen, Verläufen und Qualitäten. Im Sinne Bucklands können Tanzende im Clubtanz, aber auch im Kontext der von mir erarbeiteten Choreographien als ›Zuhörer‹ der eigenen Improvisation verstanden werden. Sie folgen dabei aufmerksam ihrem eigenen Tun und dessen Konsequenzen, ohne selbst zielorientiert zu handeln. Obwohl sich Tanzende auf das innere Erleben konzentrieren, begeben sie sich im gemeinsamen Tanz nicht in eine Isolation. Tanzende nehmen in ihrer intimen nachforschenden Rhythmuserfahrung zwar kaum direkten sozialen Kontakt auf. Trotzdem scheinen die Mittanzenden in der unmittelbaren Umgebung in die somatische Aufmerksamkeit eingebunden zu sein. Phil Jackson beschreibt die Kraft und den Einfluss der Versammlung von Tanzenden auf

34 Ich leite diese Aussage aus den Erfahrungen der Trainingseinheiten unserer Proben der letzten vier Jahre ab.

die Rhythmuserfahrung als Motor, der die subjektiv gespürte Handlung intensiviert (vgl. Jackson 2004: 32).

Partizipativer Tanz als Groove wird hier also als subjektives und intimes Körpererleben beschrieben, das stets mit einer sozialen und geteilten Erfahrung verknüpft ist. Diesbezüglich sehe ich eine Parallele zur Improvisation mit Bewegungsqualitäten, die sich zwischen somatischem Empfinden und kollektiver[35] Erfahrung bewegt.

Die Homogenität der Bewegungsqualitäten in der Gruppe scheint im Gegensatz zu den verschiedenartigen individuellen Bewegungsspielräumen zu stehen, die im Club gegeben sind. In der Praxis bewegen sich die Tanzschritte jedoch stets innerhalb eines stilistischen Konfigurationsrahmens, der durch die Musik, die Besucherschaft des Clubs oder eine Peergroup determiniert ist. Von den Bewegungen der Tanzpartner oder den endlosen Beatmustern gehen wenig überraschende oder neue Bewegungssequenzen aus, die eine kontinuierliche Fortschreibung der Improvisation auf diese Weise unterstützen. In der Freiheit, keine bestimmten Tanzbewegungen planen oder kontrollieren zu müssen, konzentrieren sich die Clubber in einem begrenzten Bewegungsspektrum auf ihr Erleben; sie zielen nicht auf die Erforschung oder die Adaption von neuen Bewegungen. Im Tanz mit Bewegungsqualitäten in der Kunst und im Clubtanz liegt der Fokus der Tanzhandlung in der Herstellung einer somatischen Erfahrung durch das Nachspüren und Zulassen von Bewegungen.

Hierbei zeigt sich ein Spannungsverhältnis zwischen dem Begriff der Handlung und einem Verständnis von Improvisation, das »in einem Gegensatz zur Planung eines Verlaufs, seiner Kalkulation und der damit einhergehenden Kontrolle« steht (Bormann/Brandstetter/Matzke 2010: 7). Dabei gilt zunächst für die Handlung und deren Unterlassung, »dass für sie im eigentlichen Sinne sowohl die Absicht als auch ein entsprechendes Wissen konstitutiv sind« (Runggaldier 2011: 1145). Handlungen können gemeinhin Ursachen und Gründe zugerechnet werden. Im Sinne der Handlungs- und Agentenkausalität bringt ein zielführend handelndes Subjekt Verschiedenes hervor oder verhindert es (vgl. ebd.: 1146); das Subjekt ist damit stets ursächlich für eine Handlung. Doch eine Improvisation kann keinem sicheren (d. h. seiner selbst gewissen oder geplanten) Ursprung

35 In Anlehnung an Kai van Eikels verwende ich in dieser Arbeit den Begriff ›Kollektiv‹ in Abgrenzung zu dem für ihn problematischen Konzept einer gleichmachenden Gemeinschaft. Herausgestellt werden soll dabei, dass die Versammlung von Tanzenden weder einer gemeinsamen Idee folgt, noch einer übergeordneten Zugehörigkeit oder einer Verbindung zum Ganzen der Gruppe verpflichtet ist. Der Begriff betont den Abstand und die Differenz der Tanzenden zueinander (vgl. van Eikels 2013: 12).

zugewiesen werden (vgl. Bormann/Brandstetter/Matzke 2010: 13). Als Reaktion auf die anderen Tanzenden oder die vorgefundene anatomische Position des eigenen Körpers kann der Impuls in einer Einstellung des ›Zuhörens‹ dem Handelnden gleichzeitig zugeschrieben und nicht zugeschrieben werden (vgl. ebd.). Das Ziel der Improvisation verweist auf das Tun selbst und nicht auf einen ihrer Ausführung äußerlichen Effekt. In Abgrenzung zum Begriff der Handlung könnte die Improvisation also Tätigkeiten wie Laufen, Schreiben, Musizieren oder Zeichnen zugeordnet werden, die

> »im Unterschied zu eigentlichen Handlungen zeitlich nicht inklusiv [sind]. Sie erstrecken sich nämlich homogen durch die Zeit, so dass ihre verkürzte oder verlängerte Dauer sie in ihrer Art nicht verändert. Jeder zeitliche Abschnitt einer Tätigkeit wie des Laufens ist von derselben Art wie das Ganze.« (Runggaldier 2011: 1150)

Im Hinblick auf Verlaufseffekte und Gruppendynamiken ist die Einordnung von Improvisation als Tätigkeit jedoch schwer zu begründen. Improvisiert ein Tanzender individuell und auf seinen eigenen Körper bezogen, wäre die Charakterisierung von Improvisation als Tätigkeit noch nachvollziehbar. Dies ändert sich jedoch in dem Moment, in dem die Tänzer und Tänzerinnen sich mit ihrer Improvisation in eine Beziehung zu anderen Akteuren begeben. Sie bringen sich absichtlich in die Position, sich für die Wirkungen der anderen zu öffnen, im Wissen um die Wirkungen ihres eigenen Tuns auf diese. Die Ausführung von Tanzbewegungen hat dann Folgen für die übrigen Anwesenden, deren Ergebnis jedoch offen bleibt. Wenn die kommunikative Handlung im Gegensatz zur nichtkommunikativen Handlung »durch ihre Offenheit [in Bezug auf ihr Ergebnis] definiert wird« (Meggle 2011: 1294), muss der gemeinsame Tanz eher als Handlung denn als Tätigkeit verstanden werden. In der Improvisation mit Bewegungsqualitäten als choreographische Aufgabe können die Tänzer und Tänzerinnen bewusst abgeschottet tanzen oder versuchen, offen für die Einflüsse ihrer Partner zu sein. Genauso begeben sich Tanzende im Club bewusst in die Mitte der Tanzfläche, um ihre Intention, gemeinsamen kommunikativ zu handeln, kundzutun. Improvisationshandlungen als Kommunikation sind dann intendierte interpersonelle Handlungen (vgl. ebd.). Als paralleler kommunikativer Prozess ist sowohl die tänzerische Improvisation mit Bewegungsqualitäten als auch der Clubtanz in einem Feld zwischen Tätigkeiten, Handlungen und Prozessen zu verorten. Im Folgenden werde ich dementsprechend Tanz als Handlung mit kollektiver Wirkung verstehen.

In diesem Kapitel wurde Groove als eine somatische Rhythmuserfahrung im Rahmen kollektiver Improvisationen beim Clubtanz analysiert, in der Tanzende den mit der Musik empfundenen Groove durch ihre bewegte Teilnahme am Rhythmusgeschehen selbst mit hervorbringen. ›Schwindel‹ und eine Verschiebung der Wahrnehmung auf die Propriozeption ermöglichen dabei eine körperliche Haltung des ›Zulassens‹ und ›Zuhörens‹ gegenüber improvisatorischen Handlungsverläufen. Anhand der Forschungsliteratur zum Clubtanz und in meiner eigenen künstlerischen Arbeit wird ein Einfluss individueller Tanzbewegungen und der tänzerischen Umgebung als Groove sichtbar, der sich als kollektive Erfahrung konstituiert. Groove im Clubtanz kann so als ein intimes Erleben gedacht werden, das durch die Versammlung der Tanzbewegungen bedingt ist: Er ist eine zutiefst subjektive und zugleich eine kollektive Erfahrung. Im folgenden Kapitel werde ich ein Forschungsdesign zur Ausarbeitung der konkreten Vorgänge in der interpersonellen Handlung und ihrer Wirkungsweisen in der Clubimprovisation herleiten, indem ich Erfahrungen aus der künstlerischen Praxis und Ausführungen aus der Literatur zum Clubtanz aufeinander beziehe. Im oszillierenden Blick zwischen beiden Kontexten werden die Beobachtungskategorien für weitere Feldforschungen erarbeitet.

2. *Groove relations* – Bewegungsqualitäten als Ordnungsstruktur partizipativer Versammlungen in Clubtanz und zeitgenössischer Choreographie

> »Und als der Bass im Beat zurückkam, erhob sich jetzt vieltausendkehlig ein Geschrei.
> Die Menschen schrien: ›Wunderbar!‹
> Der Bass ist wieder da.
> Und sie tanzten und sprangen wie wild herum, und eine große, riesengroße Stimme sagte: ›ENTER THE ARENA‹.
> Enter the arena.
> Ja natürlich, gerne danke.
> Vielen Dank.
> Bin dabei. – Ich auch. – Ich auch.«
> GOETZ 1998: 22

Im Club stimmt sich der einzelne Tanzende nicht nur mit der Musik ab; er kann sich außerdem mit den Bewegungen der anderen Personen im Raum synchronisieren.[1] Diese tänzerische Synchronisierung wird auf dem Dancefloor – der von Rainald Goetz beschriebenen Arena – deutlich. Populärer Tanz bei Raves oder beim Clubbing stellt eine besondere Art der Zusammenkunft dar. Beim gemeinsamen Rezipieren von elektronischer Tanzmusik tritt die physische Bewegung als konstitutives Element der Versammlung der Tanzenden deutlich hervor.

---

1 Dieses Kapitel ist, abgesehen von Unterkapitel 2.4, im Sammelband *Versammlung und Teilhabe* publiziert worden (vgl. Matthias 2014).

Tanzbewegungen koordinieren auf Raves oder in Clubs[2] die Interaktion der Teilnehmer und Teilnehmerinnen, die in einem kollektiven Prozess eine Nacht durchtanzen. Um ein Verständnis für die Wirkungsweisen von Körperbewegungen in Tanzversammlungen zu entwickeln, bedarf es einer differenzierten Beschreibung des konkreten Zusammenspiels der Tanzenden. Die zyklische Struktur von Groove-Patterns generiert eine rhythmische Matrix, die die Interaktion von DJ und Tanzenden koordiniert und ein funktionierendes Zusammenspiel erst ermöglicht. Der vom Groove strukturierte Tanz erweitert das musikalische Geschehen dabei um eine Bewegungsebene, die nach Kai Fikentscher auch die Performance des DJs »affektiert und nicht nur komplementiert« (Fikentscher 2000: 81). In der Feedback-Schleife der »booth-floor interaction« (ebd.: 80) generieren DJ und Tanzende miteinander den kollektiven Groove in der ›Arena‹ einer qualitativen Erfahrung, welche durch die formalen Rhythmusstrukturen der Pattern organisiert ist.

Eine große Ähnlichkeit zu den Interaktionen in Clubs weist das Konzept der autopoietischen Feedback-Schleife von Erika Fischer-Lichte auf, dem sie in ihrem Buch *Ästhetik des Performativen* im Kontext von Theateraufführungen eine zentrale Rolle bei der Hervorbringung von Gemeinschaft zuweist (vgl. Fischer-Lichte 2004: 80). Am Beispiel von Einar Schleefs chorischen Theaterinszenierungen zeigt Fischer-Lichte, wie die von ihr als zentrale Bestimmung von Performance/Theater verstandene Ko-Präsenz von Zuschauenden und Akteuren eine »Feedback-Schleife der Wechselwirkungen der Handlungen der Akteure und Wahrnehmungen und Verhaltensweisen der Zuschauer« erzeugt, die »in allen Beteiligten Energien von besonderer, gemeinschaftsbildender Qualität freisetzt« (ebd.: 97). Bezogen auf Tim Olavesons Überlegung, dass die gemeinsame Teilnahme und Teilhabe an elektronischer Tanzmusik als eine Art Energie oder Puls erfahrbar wird (vgl. Olaveson 2004: 90), ergibt sich hier eine weitere Parallele zwischen performativer Kunst und dem Clubkontext: Fischer-Lichtes gemeinschaftsbildende Qualität im Theater – die »Energie« – wird erst im »leiblichen Spüren« (Fischer-Lichte 2004: 99) wahrnehmbar:

»Während der Blick sein transformatorisches Potential in der direkten Konfrontation mit dem anderen entfaltet, ist das energetische Potential eher ungerichtet. […] Wahrnehmung

2 Aufgrund der Ähnlichkeit der dabei gemachten Rhythmuserfahrung unterscheide ich nicht zwischen Rave und Clubbing. Der Begriff ›Rave‹ wird für singuläre Events verwendet, während Clubs durch eine lokale Verortung, den Club, bestimmt und die Tanzversammlungen dort periodisch abgehalten werden. Im Folgenden werde ich mich zur besseren Übersicht nur auf Clubbing beziehen (siehe Rietveld 1998).

in der Aufführung – ob nun als Blick oder als leibliches Spüren – ist insofern gar nicht ohne das Wirkpotential zu denken, das sie zu entfalten vermag.« (Ebd.: 100)

Die Wechselwirkungen von Handlung und Wahrnehmung erzeugen nach Fischer-Lichte Energie[3] und Gemeinschaft, die sich in somatischer Erfahrung manifestieren. Sie misst dem Rhythmus eine Schlüsselfunktion in der Übertragung bei, was auf eine Parallele zur hervorgehobenen Funktion des Beats in den Groove-Patterns verweist und zugleich auf eine Ähnlichkeit mit der Cluberfahrung hindeutet. Mit Blick auf das Theater weist Fischer-Lichte jedoch darauf hin, dass jene Wechselwirkung zwischen Zuschauern und Akteuren über die visuelle Wahrnehmung koordiniert ist. Groove ließe sich vor diesem Hintergrund nicht nur als akustisches, sondern auch als visuelles Phänomen bestimmen. Doch welche Ordnungsstrukturen werden dabei performativ, und durch welche Handlungen oder Bewegungen kann unter »Ko-Subjekten« (ebd.: 20) eine kollektive, spürbare Qualität erzeugt werden? Gibt es ein Äquivalent zu Groove-Patterns in der Bewegung?

Auch wenn sich der Kontext eines Clubs sowie der einer Theateraufführung in Bezug auf die Bedingungen unterscheiden, können nach Fischer-Lichtes *Ästhetik des Performativen* Kunst und soziale Lebenswelt nicht vollkommen voneinander getrennt werden (vgl. ebd.: 82). Im Kontext eines Clubs stützen sich Rezipienten auf Strategien und Bewegungen, um mit rhythmischen Groove-Patterns tänzerisch miteinander in Beziehung zu treten. Ähnliche Bewegungselemente können im Kontext der Darstellenden Kunst isoliert und erprobt werden, um ihre Funktionalität bei der Konstitution kollektiver Erfahrung zu hinterfragen. In diesem Kapitel möchte ich daher versuchen, Beobachtungen beider Kontexte produktiv aufeinander zu beziehen, um der Feedback-Schleife nachzugehen und dabei eine These für die Organisation der Bewegungsrelationen in Clubs zu formulieren. Aus den daraus gewonnenen Erkenntnissen werde ich Fragen[4] entwickeln, die die Grundlage für die systematische Untersuchung und die Bewegungsbeschreibungen im zweiten Teil dieser Arbeit bilden. Als produktives Gegenüber zu den im vorherigen Kapitel gemachten Beobachtungen wird dabei jenes künstlerische Experiment im zeitgenössischen Tanz fungieren, das ich im Rahmen meiner choreographischen Arbeit durchgeführt habe. Diese bildet eine Art Labor, in dem die Wirkungsweisen der Bewegungen künstlich aus

3 Für Fischer-Lichte ist die Energie kein »Hirngespinst«, doch nimmt sie um der »Erfahrungsnähe willen eine Vagheit bewusst in Kauf« und bleibt dabei eine genaue Erklärung dieser Energie schuldig (Fischer-Lichte 2004: 99).

4 Im Textbild sind diese Fragen der Übersichtlichkeit halber kursiv gesetzt.

der Komplexität des Clubkontextes herausgelöst werden. Im vorliegenden Kapitel entwickle ich aus den Erkenntnissen dieses künstlerischen Labors ein Begriffsverständnis von Bewegungsqualitäten. Dieses stellt weniger einen Referenzpunkt für die Beschreibung von Bewegungsmodi wie in der Labanotation dar (vgl. Laban 1991: 41ff.), sondern versucht, spezifische Organisationsstrukturen innerhalb eines Bewegungsmodus herauszuarbeiten und von Bewegungssequenzen abzugrenzen. Ich berufe mich dabei auf musiktheoretische Überlegungen, in denen bei rhythmisch-musikalischer Produktion und Rezeption die sogenannten »oscillatory motions« von gestischen und sequenziellen Ganzkörperbewegungen bzw. »gestural motions« unterschieden werden (Klingmann 2010: 77). Letztere finden ihre Entsprechung in der musikalischen Phrase, während die periodischen Patterns dem Takt oder Beat zugeordnet werden. Bewegungsqualitäten verstehe ich vor diesem Hintergrund als periodische Bewegungsabläufe mit einer homogenen qualitativen Zuordnung, die sich durch einen spezifischen Kraftaufwand, eine zugehörige räumliche Veränderung sowie eine bestimmte Zeitlichkeit auszeichnen; die Reduzierung auf ein einzelnes dieser Elemente ist nicht möglich. Durch die Wiederholung tritt der qualitative Aspekt des Bewegungsablaufs stärker hervor, während sein semantisches Potenzial in den Hintergrund rückt. Das methodische Vorgehen basiert dabei auf der wissenschaftlichen Auseinandersetzung und den Ergebnissen der künstlerischen Praxis, die im Rahmen der Arbeit *Danserye* (2013)[5] gewonnen wurden. Diese wurde mit vier Tänzern und Tänzerinnen, vier Musikern und Musikerinnen und zur Musik von Michael Wolters erarbeitet und in einem offenen Bühnen-Setup als Installation der Künstler Awst und Walter zur Aufführung gebracht. Die Choreographie besteht aus sechs interaktiven Improvisationssystemen oder ›Bewegungsqualitäten‹ wie *Basse Danse*, *BB* und *Allemande*,[6] die mit Bezug zu der hier verfolgten Fragestellung entwi-

5 *Danserye* ist eine eigenständige künstlerische Produktion, die in Anlehnung an meine Dissertation am Graduiertenkolleg »Versammlung und Teilhabe« mit den Tänzern und Tänzerinnen Jan Burkhardt, Lisanne Goodhue, Deborah Hofstetter und Isaac Spencer kreiert wurde. *Danserye* beschäftigte sich vor allem mit der populären Tanzkultur der Renaissance. Schwebende Lichtlinien strukturieren den offenen Aufführungsraum ohne feste Bestuhlung, der es den Zuschauern erlaubt, sich frei zu bewegen. *Danserye* wurde am 16.01.2013 auf Kampnagel in Hamburg uraufgeführt. Siehe dazu auch die Aufzeichnung auf meiner Homepage.

6 Es handelt sich hier nicht um die historischen Formen dieser Tänze, sondern um neu erarbeitete Bewegungs- und Improvisationssysteme, die nur noch in ihrer rhythmischen oder qualitativen Struktur an die historische Form angelehnt sind. Die Bezeich-

ckelt wurden und im Folgenden die Grundlage meiner Argumentation bilden. Anhand der Beobachtungen im ›Labor‹ des Künstlerischen und der Feldstudie im Club werde ich zwei Konzepte von Bewegungswahrnehmung und deren Ordnungsfiguren herausstellen: zum einen gestische Nachahmung und zum anderen Entrainment periodischer Patterns oder Bewegungsqualitäten. Aus Letzterem leite ich schließlich den Begriff des choreographischen Grooves ab, um die partizipative Wahrnehmung der Tanzenden im Club theoretisch zu fassen. Hieran anschließend wird eine These formuliert, mit deren Hilfe sich erklären lässt, wie sich durch Tanzbewegungen – sowohl im Club als auch im Theaterkontext – die somatische Wahrnehmung einer Versammlung konstituieren kann.

2.1 GESTISCHE NACHAHMUNG UND SYNCHRONISIERUNG

Fiona Buckland beschreibt in ihrer Analyse queerer Identitätskonstitution in der New Yorker Clubkultur, wie sich Tanzende mittels Nachahmung die in diesem Milieu gängigen Tanzpraktiken aneignen (vgl. Buckland 2002: 100). Tanzschritte – wie Kreisbewegungen der Hüften oder ein Step-Touch-Motiv[7] – werden von Freundinnen oder Freunden vorgeführt und dann nachgetanzt. Doch bei versierten Clubtänzern und Clubtänzerinnen sind diese Motive nicht mehr ohne Weiteres ersichtlich. Sie weben sie so flüssig ineinander, dass das Repertoire von Versatzstücken erst in der Wiederholung und bei längerer Beobachtung erkennbar ist. Die Impulse von Armschwüngen, Würfen oder Schlägen werden auf den ganzen Körper übertragen, sodass der Eindruck eines Bewegungsflusses entsteht. Das Wiedererkennen eines einzelnen, aus dem Bewegungsfluss herausgelösten Bewegungsmotivs kann durch dessen Prägnanz oder zeitliche Eingrenzung ermöglicht werden. Im Rahmen meiner Clubrecherche konnte ich zum Beispiel auf dem Rave Piknic Électronik in Montreal beobachten, wie das prägnante Motiv in die Höhe gehobener, wackelnder Finger von den Tanzenden nachgeahmt und so untereinander weitergegeben wurde. Des Weiteren beschreibt Buckland, wie durch die kollektive Beantwortung bestimmter prägnanter musikalischer Elemente die dazugehörigen Bewegungssequenzen hervorgehoben werden können. »Everybody knew the parts of the song and a part of the song would come up, or there'd be a break in the music and ›hey‹ and everybody's arms would go up, ›hey!‹ « (Ebd.: 101).

---

nungen haben sich im Probenprozess ergeben und enthalten lediglich vage Verbindungen zum historischen Material.

7 Siehe Kapitel 1.3.

Durch die Pause in der Musik wird die Armbewegung aus dem Fluss der Improvisation herausgehoben und bildet mit einem musikalischen Anfangs- und Endpunkt eine Art Bewegungssequenz. Wackelnde Finger, hochgerissene Arme, aber auch das Step-Touch-Motiv sind Versatzstücke, die als Gesten bezeichnet werden könnten. Diese Versatzstücke stellen – neben Blicken, Berührungen oder den räumlichen Beziehungen zu anderen Tanzenden – die Grundlage der »scriptings of coolness« (Malbon 1999: 92) und des sozialen Handelns im Club zur Verfügung. In ihrer Analyse zeigt Buckland weiter, wie spielerisch, dialoghaft, aber auch wetteifernd mit Adaptionen umgegangen wird. Sie veranschaulicht dies an einer Tanzpraxis, den »challenge circles« (ebd.: 98) oder ›dance offs‹, die zwar auch im Clubkontext zu finden sind, sich aber von der engen, gleichzeitigen und auf den eigenen Tanz fokussierten Improvisation unterscheiden. In diesen Tanz-Herausforderungen ›duellieren‹ sich zwei Tanzende, während sich um sie herum ein Kreis von unterstützenden und tanzenden Beobachtern bildet:

»Occasionally, an informal contest or challenge began between dancers. One performed a phrase of movements, and the next picked up their dominant or last moves, or complemented it, and developed it through their own phrase. Each playfully seemed to try to outdo the other.« (Ebd.: 98)

In den *challenge circles* tritt ein Teilaspekt von Clubtanz deutlich hervor, nämlich die Funktionalisierung von Improvisation als Mittel der Selbstrepräsentation. Mit den kleinen Versatzstücken von Bewegungssequenzen oder »(micro)identifications« (ebd.) performen die Tänzer und Tänzerinnen ausschließlich ihre »coolness« oder »fabulousness« (Buckland 2002: 37ff.). Das Spiel mit tänzerischen Versatzstücken ermöglicht eine Selbstinszenierung,[8] die in der Aktualisierung oder dem Neuarrangement des Bewegungsrepertoires Differenzen erzeugt und somit zur Identifikation[9] mit der eigenen Community beiträgt. Das Repertoire an Bewegungen und Handlungen, das den »key scriptings of style and coolness« (Malbon 1999: 92) sowie die sozialen Regeln des Clubkontextes bestimmt, wird nach Buckland durch Mimesis von Bewegungen (vgl. Buckland 2002: 87) vermittelt. Innerhalb dieses ›Bewegungstextes‹ werden Bewegungscodes entziffert, zitiert, gemischt oder zurückgewiesen. Die Wahrnehmungsweise

---

8 Gabriele Klein beschreibt die Rolle für Selbstinszenierungen im Rave-Kontext und deren soziale Relevanz (vgl. Klein 2004: 173).

9 Fiona Buckland beschreibt detailliert, wie der gemeinsame Tanz ein Verständnis von Queerness ermöglicht und eine queere Körperlichkeit im gemeinsamen Umgang definiert (vgl. Buckland 2002: 107).

dieser Versatzstücke ist hierbei für die Selbstdarstellung der Akteure von besonderer Bedeutung. Der Anthropologe Christoph Wulf sieht mimetische Übertragungen von Gesten als »kreative Nachahmung« (Wulf 2005: 26). In sozialen Situationen sind sie ein Mittel der Sinngebung, mit dem der Bedeutungsgehalt der Darstellung des mimetisch Wahrgenommenen dechiffriert wird:

»Soziales Handeln beruht auf inkorporiertem Wissen und bildet sich in Sprach- und Handlungsspielen. Es ist gestisch und entsteht im Gebrauch. [...] Es ist häufig repetitiv und nur in Sequenzierung verständlich. Soziales Handeln ist körperlich, symbolisch und entsteht unter Bezug auf das individuelle und kollektive Imaginäre des Handelnden.« (Ebd.: 7)

In den *challenge circles* wird der gestische Gebrauch von Bewegungssequenzen auch in der Bewegungsausrichtung sichtbar. Tanzsequenzen werden seitlich abgeflacht und orientieren sich an einer Linie parallel zum jeweiligen Gegenüber, das mit dem Tanz herausgefordert wird. Der Winkel der Perspektive zum fixierten Herausforderer wird in die Improvisation eingebunden. Akzentuierte Bewegungen finden nie verdeckt statt, sondern werden gut sichtbar in den Blickwinkel des Gegenübers gesetzt. Arretierungen werden rahmend zwischen die Bewegungen eingeflochten, um die Versatzstücke klarer hervorzuheben. So wird dafür gesorgt, dass die Bewegungen vom Gegenüber erkannt und erwidert werden können. In der adressierten Improvisation wird eine Sichtbarkeit sichergestellt, die außerhalb der *challenge circles* nicht zu beobachten ist. Wäre gestische Wahrnehmung ein Hauptaspekt des Clubbings, dann wären die Tanzpraktiken stärker auf Adressierung und Sichtbarkeit, ähnlich den *challenge circles*, ausgerichtet.[10] Das nicht adressierte, flüssige, enge gemeinsame Tanzen sowie die Verdunkelung in Clubräumen und der Gebrauch von wechselndem Licht erschweren jedoch ein Erkennen sequenzierter Versatzstücke:

»I found it impossible to focus on individual dancers, as we were dancing so close, but it was possible to pick up on the qualities within the mass of movement around me. It throbed and pulsed to the rhythm, holding together tightly within the space. Within the mass, participants incorporated the energy of movement, rather than the individual moves of those around them. Emphasis tended to be on the continuity of energy flow and on

---

10 In den höfischen Tänzen der Renaissance, in denen Repräsentation dominierte, durfte zum Beispiel in den Révérencen die gegenseitige Adressierung nie fehlen, und die Ornamente in den Fußvariationen wurden klar durch das Metrum gerahmt (siehe dazu Arbeau 1980: 28ff.).

rhythmic impulses, rather than on specific positioning of body parts.« (Buckland 2002: 103)

Fiona Buckland grenzt die individuellen Bewegungen mit bestimmten Körperhaltungen von einem verkörperten Bewegungsfluss ab, der durch »embodied practices of energy transmittal« übertragen werden soll (ebd.: 87). Dabei bleibt sie eine ausführliche Erklärung dieses Prozesses jedoch schuldig. Um die differenzierten Bewegungsinteraktionen im Club genauer zu verstehen, ist es an dieser Stelle hilfreich, solche individuellen Bewegungssequenzen getrennt von rhythmischen Impulsübertragungen zu betrachten und diese miteinander zu vergleichen.

Anhand des Bewegungssystems der Bewegungsqualität *Basse Danse* in meiner Choreographie *Danserye* lässt sich die vorab erwähnte Beobachtung Bucklands konkretisieren: In der *Basse Danse* stehen sich die Tänzerinnen Lisanne Goodhue und Deborah Hofstetter gegenüber.[11] Auf die ersten drei Schläge der Takte hin gibt eine der beiden Tänzerinnen einen isolierten Bewegungsimpuls. Dieser wird in ihrem Körper mit erhöhtem Muskeldruck zu anderen Körperteilen weitergeleitet und verschiebt durch die Spannung die Haltung der Tänzerin. Die zweite Tänzerin absorbiert den Impuls in ihrem Körper und nimmt den Weg der Übertragung der ersten Tänzerin zeitgleich auf, damit der Bewegungsschub sie – ohne Berührung – in eine neue Körperposition lenken kann. Bei den letzten drei Schlägen des Taktes verharren beide in der nun eingenommenen Position, bis mit dem neuen Takt die zweite Tänzerin wiederum einen neuen Impuls in ihrem Körper auslöst, entlang dessen beide ihre Positionen erneut verschieben. In den Pausen zwischen diesen muskulär gepressten Impulsverschiebungen setzen beide Tänzerinnen unterschiedliche Abschlussvariationen: Verlängerung des Impulses in Drehungen, Unterbrechungen durch Sprünge oder Blockierungen und Isolationen als Ornamente in den Extremitäten. In den Variationen der Endungen vollzieht sich ein Dialog, in dem jede Tänzerin im folgenden Takt auf die vorgeschlagene Endung ›antwortet‹. In diesem mimetischen Handlungsspiel beenden die zwei Tänzerinnen die Impulsübertragung mit einer gerahmten Bewegungsidee, die als Gesamtes wahrgenommen werden muss, um adaptiert werden zu können. Diese gestischen Bewegungen bringen eine Differenz hervor, welche die Improvisation für beide vorantreibt. Der Moment der Gemeinsamkeit manifestiert sich jedoch nicht in den Endungen, sondern in dem kurzen Moment der Impulsübertragung, wenn sich die räumlichen Schübe des Kraftaufwands bei der

11 Siehe hierzu das Video des Duetts in *Danserye* auf meiner Homepage zwischen 3:40–4:37 min.

Impulsübertragung beider Tänzerinnen synchronisieren. Entlang dieses Antriebs organisieren sich ihre Bewegungen, sodass zwischen ihnen in der gleichzeitigen räumlichen Bewegung eine Entsprechung sichtbar wird. Der Schub kann jeweils in unterschiedliche Raumrichtungen abgeleitet werden, jedoch ist eine Verbindung nur so lange sichtbar, wie die Qualitäten dieser Bewegungsschübe aufeinander bezogen bleiben. Diesen Bezug können die beiden Tänzerinnen nur im wechselseitigen Abgleich erzeugen. Im Moment der Aushandlung reißt der Antrieb des Schubs der einen Tänzerin die andere mit sich, drückt sie in unerwartete Positionen und erleichtert so die Bewegungsgenerierung. In der ›Echtzeit‹-Abgleichung[12] wird der Schub für beide Tänzerinnen produktiv, da keine von ihnen vorhersehen kann, wohin der Körperimpuls abgeleitet wird. Es handelt sich hierbei um kein apriorisch abgeschlossenes Versatzstück, das als Ganzes im Raum vorher erkannt werden muss. Zur gegenseitigen Unterstützung genügt eine Übereinkunft zu dieser spezifischen qualitativen Impulsübertragung, eine genaue Kenntnis von deren räumlicher Ausformung ist im Vorfeld nicht nötig. Die zeitliche Rahmung des Taktes gibt einen Rhythmus vor, entlang dessen sich beide Tänzerinnen synchronisieren.[13] Als Bewegung konstituiert sich dieser Rhythmus für die Tänzerinnen im Schub der muskulären Weiterleitung des Anfangsimpulses. Der qualitativ spezifische Antrieb dieses Schubes ist die Grundlage, auf der die Aushandlung möglich wird. Es bedarf einer gemeinsamen qualitativen Bewegungsdauer – hier in Form des Schubes –, die diese Form der abgleichenden Synchronisierung[14] hervorbringt. Am Beispiel des Bewegungssystems *Basse Danse* können demnach zwei Konzepte von Übertragung differenziert werden, über die die Tänzerinnen zueinander in Beziehung treten: der mimetische Dialog mittels gestischer Bewegungssequenzen sowie die Synchronisierungen in qualitativen Bewegungsdauern. In seinem Buch *Kunst des Kollektiven* verwendet Kai van Eikels das Konzept der Synchronisierung, um Erika Fischer-Lichtes Begriff der Energieübertragung als eine Form der Informationsübertragung zu erklären und seine rhythmische Affizierung umzudeuten (vgl. van Eikels 2012: 170). Anstelle einer Fiktion von Gemeinschaft durch Energieübertragung beschreibt van Eikels die Aufführung als »irreduzible kollektive Performance eines wechselsei-

12 ›Echtzeit‹ meint hier, dass jede der Tänzerinnen die Bewegung nur von Moment zu Moment, Stück für Stück entwickeln kann, da Richtung und Dauer nicht vorhersehbar sind.

13 Kai van Eikels beschreibt Synchronisierung als ein Konzept der Informationsübertragung, bei dem »seine wechselseitige Wirkung das Wie und Wohin beeinflusst, aber nicht das Dass« (van Eikels, 2012: 167).

14 Zu Synchronisierung vgl. Pikovsky/Rosenblum/Kurths 2003: 8ff.

tigen Sich-Messens und -Zumessens von Zeit« (ebd.). Dieses »Sich-Zumessen von Zeit« wird, wie oben beschrieben, nicht über die choreographische Figur[15] der Geste als Ordnungsstruktur der Informationsübertragung vollzogen, sondern über Synchronisierung in einer Bewegungsdauer, die zeitlich über einen Rhythmus organisiert und innerhalb qualitativer Parameter strukturiert ist. Daraus ergeben sich folgende Fragen für die experimentelle Clubrecherche, welche die im Rahmen dieser Arbeit durchgeführte systematische Beobachtung bestimmen werden:

Erleichtern visuelle Informationen die Improvisation im Clubtanz? Welche Bewegungsrelationen werden im Raum sichtbar? Wie organisieren sich Bewegungsrichtung, Abstand, Ausrichtung und der Tanzplatz? Werden Bewegungen in ihrer Sequenz als Geste oder Schrittfolge nachgetanzt oder zu einem strukturierenden Rhythmus synchronisiert? Werden gemeinsame Rhythmen, Intervalle oder gemeinsame Start- und Endpunkte sichtbar? Gibt es auch Bewegungsornamente als Konsequenz einer Abweichung?

Um Bewegungen im Clubtanz zu bestimmen, die diese Form von Kollektivität stiften, erscheint es sinnvoll, demjenigen Bewegungsmotiv genauer nachzugehen, das im engen Zusammenhang mit dem strukturierenden Rhythmus im Club steht: dem Bounce.

2.2 BOUNCE, BEWEGUNGSQUALITÄT UND ENTRAINMENT

»Rhythm [...] functions as a synchronizer, regulating the amounts of energy contained and communicated through both the DJ's music and the dancer's dancing. Underground Clubbers use the term ›vibe‹ to refer to this level of energy as it appears either through the music as a result of the DJ spinning, or as through the varied yet synchronized moving bodies on the dance floor.« (Fikentscher 2000: 80)

Der dröhnende, kontinuierliche Bass in der Musik strukturiert und leitet als Bezugsrahmen das Zusammenspiel der Tanzenden. Beats als Einheit in den Groo-

15 Der Begriff der choreographischen Figur bezieht sich – Gabriele Brandstetter folgend – auf die choreographische Gestalt einer Bewegung oder einer Bewegungskonfiguration, die durch ihre identifikatorische Anordnung die Bewegung markieren, strukturieren und vom ›Grund‹ differenzieren kann. Im Wahrnehmungsprozess verleiht die Figur der Bewegung Signifikanz, Performanz und Evidenz, wobei in einer unauflösbaren Blickbeziehung »die Sicht das Gesehene gestaltet und damit: Figur figuriert« (Brandstetter 2002: 249).

ve-Patterns wurden von Mark Butler aus musikwissenschaftlicher Perspektive als grundlegende erfahrungsrelevante musikalische Einheiten oder »cognitive entities« (Butler 2006: 91) der Musik für die Cluberfahrung analysiert. Was Fiona Buckland als »throbing« und »pulsing« (Buckland 2002: 103) zum Rhythmus der Beats beschreibt, konnte ich in meiner Clubrecherche als ein Wippen in den Knien oder als Bounce und somit als eine grundlegende Einheit benennen. Dieser Bounce wird meist mit dem Beat oder Off-Beat synchronisiert. Bounce kann als besondere Form eines körperlichen Rhythmuspatterns beschrieben werden, das den Körper des Wippenden in eine kontinuierliche Schwingung versetzt. Wie schon in Kapitel 1.3.4 beschrieben, knicken beim Bounce die Knie kurz ein, damit das Gewicht leicht in Richtung Boden fallen gelassen werden kann, wodurch eine elastische Spannung in den Muskeln das Gewicht und die Beine wieder hochschnellen lässt. Kurz vor der vollständigen Streckung der Beine lässt der Auftrieb nach, und die Beine vollziehen erneut eine Kniebeuge. Die Beine verbleiben somit beim Bouncen in einer Bewegungsschleife, die sie in eine konstante Bewegungsqualität des Fallens und Wiederansteigens bringt. Durch eine leichte Beugung der Arme und der Wirbelsäule wird der Bewegungsimpuls an den restlichen Körper weitergeleitet und bringt diesen so in eine ähnliche bouncende Bewegungsqualität. In der stetigen Wiederholung verlieren die Fallbewegung und das Wiederaufrichten an Bedeutung; beide Vorgänge sind im Zusammenspiel als Bounce untrennbar miteinander verbunden. Die Kombination aus Fallen und Wiederansteigen wird nicht im Sinne einer Schrittfolge oder Tanzphrase als eine Abfolge einzelner Teilschritte verwendet, sondern modular als Qualität erkennbar, die überall im Körper auftreten kann, wenn sich ein Körperteil in seine spezifische Schwingung begibt: »Emphasis [in dancing] tended to be on the continuity of energy flow and on rhythmic impulses, rather than on specific positioning of body parts.« (Ebd.: 103) Eine spezifische Frequenz von aufeinander folgenden Intervallen kann als rhythmische Sequenz wahrgenommen werden, die einen motorischen Wahrnehmungsmodus einzuleiten vermag: Entrainment – die körperliche Verarbeitung von Rhythmen.[16] Nach der Entrain-

16 Der Begriff ›Entrainment‹ (von engl. *to entrain* für ›einkuppeln, mitnehmen, mitreißen‹), bezieht sich, ausgehend von der Musik- und dynamischen Systemtheorie, auf Synchronisierungsphänomene und benennt die Integrierung und Verarbeitung von sinnlichen Informationen entlang verschiedener Modalitäten. In der Musik wird der Begriff vor allem für die Fähigkeit verwendet, in komplexen musikalischen Rhythmen eine motorische Synchronisierung zu einem regulär empfundenen Beat herzustellen, z. B. ein Mitwippen zu einer mehrschichtigen Jazzimprovisation (vgl. Phillips-Silver/Aktipis/Bryant 2010: 11).

ment-Theorie wird ein externer periodischer Stimulus mit einer motorischen Synchronisierung verknüpft. Wenn der Kopf – scheinbar von sich aus – zum Beat mitzuwippen beginnt, wird nach dieser Theorie von akustischem Entrainment gesprochen. Diese Synchronisierung kann entlang unterschiedlicher sensorischer Modalitäten – also nicht nur aufgrund akustischer Informationen – erfolgen und dient zur Wahrnehmungsverarbeitung zeitlicher Prozesse. Das Vermögen der menschlichen Wahrnehmung, sich von einem Rhythmus mitreißen zu lassen (engl. *to entrain*), spielt nach Phillips-Silver, Aktipis und Bryant eine wichtige Rolle bei der komplexen Interaktion, da die sensomotorische Wahrnehmung auch bei vieldeutigen und mehrschichtigen Stimuli eine gleichbleibende isochrone Abfolge herausfiltern kann (vgl. Phillips-Silver/Aktipis/Bryant 2010: 2).

»In social entrainment, mechanisms capable of sensing rhythmic sensory stimuli are activated by cues from the social environment in ways that generate coordinated behavior and can potentially lead to complex feedback loops between rhythmic information production and detection.« (Ebd.: 6)

Durch die »Intermodalität rhythmischer Wahrnehmung« (vgl. Brüstle et al. 2005: 16) liegt es nahe, dass Entrainment nicht nur durch den akustischen Beat motorisch produktiv werden kann, sondern auch durch periodisch wiederholte Bewegungsintervalle.

In *Danserye* wurde das Bewegungssystem *BB* entwickelt, welches sich aus dem spezifischen qualitativen Bewegungsintervall des Step-Touch ableitet.[17] Mit *BB* wird ein Bewegungssystem zu erzeugen versucht, das einen dem Bounce ähnlichen, sich selbst erhaltenden Rhythmus besitzt. Im Gegensatz zum Bounce wird die Fähigkeit der Wiederholung von *BB* aus der Hebelwirkung der Körperhaltung abgeleitet und nicht aus dem Auftrieb der Muskelelastizität. Um diese Hebelwirkung zu ermöglichen, muss der Tänzer Isaac Spencer in *BB* seine Muskulatur leicht anspannen. Zu Beginn lässt er zum Beispiel am Scharnierpunkt der linken Hüfte diese Stützung leicht los, sodass das Becken gedreht nach hinten gleitet. Der Oberkörper, der von der Hüfte gestützt wurde, gleitet daraufhin um den Angelpunkt der Hüfte zur Seite. Bevor Spencers Oberkörper am Ende der Wendung ankommt, knickt sein Knie ein, sodass der Oberkörper in einem Richtungswechsel weiter gleiten kann. Durch den Wechsel schiebt sich die andere Körperseite wie ein Hebel nach oben, wodurch der Tänzer wieder in seine Aus-

17 Siehe hierzu einen Ausschnitt des Videos von *Danserye* auf meiner Homepage zwischen 21:18–22:26 min.

gangsposition gelangt. Im kontinuierlichen Wechselspiel von Entspannung und Gewichtsverlagerung entsteht eine periodische Abfolge. Im Wechsel von Stützung und lokaler Entspannung versucht der Tänzer, die Körperpositionen an den Wendepunkten durch Arretierungen nicht zu akzentuieren, sondern die gleitende Qualität im Fluss hervorzuheben. Gebunden an die individuelle Anatomie und die Verknüpfung der Schwerkraft in Körperpositionen brauchen Tänzer und Tänzerinnen unterschiedliche Zeitintervalle, um kontinuierlich im Hin und Her den Bewegungsablauf zu reproduzieren. Von mehreren getanzt, entsteht ein Rhythmenpluralismus, der das Zusammenspiel zwischen den Tänzern und Tänzerinnen charakterisiert und in dem das seitlich entspannte Gleiten deutlich hervortritt.

Bei dem Versuch, *BB* im Modus des Entrainments zu betrachten, bemerke ich, dass mein Körper seitlich mitschwingt. Ich lasse mich durch das Herabsinken der Tanzenden mitreißen, verlagere mein Gewicht durch eine leichte Entspannung und gleite mit dem Oberkörper zur Seite. In der wiederholten Betrachtung des gleichen gleitenden Bewegungsverlaufs verfalle ich durch seine anhaltende Dauer in ein Pendeln. Das Intervall meines Pendelns folgt jedoch nicht der Zeitlichkeit eines bestimmten Tänzers, sondern liegt in der Frequenz bei einem Mittelwert, der im Unterschied zu den verschieden langen und wechselnden Intervallen der Tänzer und Tänzerinnen – wie bei Phillips-Silvers – meine individuelle isochrone Abfolge hervorbringt. Meine Wahrnehmung synchronisiert motorisch nicht nur ein bestimmtes zeitliches Intervall, sondern vermischt die Rhythmen und bringt so ein bestimmtes zeitliches Pendelintervall hervor. Ich synchronisiere mich nicht geplant mit den Tanzenden, doch wehre ich mich auch nicht gegen den Impuls, mich beim Zuschauen mitzubewegen. Das Entrainment bewegt mich nicht gegen meinen Willen, sondern ich kann mir diese Kapazität des Wahrnehmungsmodus für meine Tanzbetrachtung aneignen.

Für die Tänzer und Tänzerinnen bedeutet dieser Modus der Wahrnehmung eine Hilfestellung in der Bewegungsgenerierung. Isaac Spencer beschreibt, wie seine Improvisation durch die Bewegungen der Tanzenden in unmittelbarer Nähe unterstützt werden kann, ohne dass er sich auf diese fokussiert:

»If I am close to the other dancers, I can be supported by their movement. It is easier for me to keep my body in the specific gliding quality of *BB*, although I can never keep any dancer in my vision for long. The moments are even too short to try to copy someone else. Due to the turning of my upper body to the side, my head moves along through space. I can only catch the beginning of Debbie's [Deborah Hofstetter's] movement and at the end of my glide it is Lisanne [Goodhue] that visually supports my movement quality.« (Probengespräch Isaac Spencer, 05.03.2013)

Isaac Spencer gleicht seine Bewegungsqualität gleichzeitig mit beiden Tänzerinnen ab; aus seiner Perspektive kann er nur Teilaspekte ihrer Bewegungen wahrnehmen. In seiner eigenen Bewegung verknüpft sich das Gleiten von zum Beispiel Deborah Hofstetters Oberkörper mit dem Hüftschwung von Lisanne Goodhue. Es ist nicht eine einzige Person mit ihrem spezifischen Rhythmus, mit der sich der Tänzer synchronisiert oder ›entraint‹, sondern das Entrainment setzt sich aus Teilstücken des qualitativen Aspekts der Bewegungen beider Mittänzerinnen zusammen. Spencer nimmt diese nicht fokussiert wahr, sondern nur aus dem Augenwinkel und lässt sich durch deren Bewegungen in seiner Improvisation unterstützen. Er braucht nicht die gesamte Dauer der Bewegung zu erfassen, sondern synchronisiert sich plural mit dem homogenen Bewegungsmodus der Bewegungsqualität aus Kraftaufwand, Zeitlichkeit und Raumveränderung, den alle drei Tänzer und Tänzerinnen miteinander teilen. Innerhalb dieser Bewegungsqualität ermöglicht Entrainment die Verarbeitung von Bewegungsinformationen, die jedoch nicht zu einer Reproduktion oder Adaption führt. Isaac Spencer ›vermischt‹ die wahrgenommenen Bewegungen der beiden Tänzerinnen in seiner Ausführung, und auch mein Pendeln in meinem Rhythmus als Zuschauer bringt eine Differenz in der Synchronisierung hervor. Wie bei *Basse Danse* handelt es sich hierbei um eigenständige, differente Bewegungsverläufe innerhalb des Bewegungsmodus einer Bewegungsqualität. Diese modularen Bewegungsqualitäten ermöglichen Synchronisierung und bringen gleichzeitig neue Differenzen für die weiterführende Improvisation hervor. Ausgehend von *Basse Danse* und *BB* scheint es so, als würden rhythmische modulare Bewegungsqualitäten im Gegensatz zu gestischen Versatzstücken mit ihrem semantischen Überschuss die Grundstruktur von Entrainment in der Bewegung bilden. Das Vermögen von motorischer Synchronisierung durch die Wiederholung eines qualitativen Bewegungsmodus grenzt Bewegungsqualitäten – einem kontinuierlichen Riff oder Groove als musikalische Entsprechung vergleichbar – als eigenständige choreographische rhythmische Struktur ein. Hieraus lässt sich ableiten, dass auch Bounce als rhythmisches Muster motorische Synchronisierungen im Club auslösen kann. Folgende Fragen für die systematische Beobachtung resultieren aus diesen Überlegungen:

Welche Bewegungsrelationen werden in Bewegungsqualitäten wie Schub, Fallen oder Schwung im Club sichtbar? In welcher Frequenz ist dies der Fall? Einigen sich Tanzende im Club im Verlauf einer Clubnacht für eine bestimmte Zeitdauer auf eine Bewegungsqualität, damit sich andere Tanzende plural synchronisieren können? Welche resultierenden Bewegungen entstehen dabei und welche Blickbeziehungen werden unter den Tanzenden sichtbar?

2.3 Choreographischer Groove – eine These

Ausgangspunkt für die Formulierung meiner These ist die Frage, ob Entrainment auftritt, wenn Tanzende ihre Bewegungen so flüssig ineinander weben, dass keine periodischen Ereignismuster mehr erkennbar sind. *Können möglicherweise auch kontinuierliche Bewegungsqualitäten ohne akzentuierte Ereignisfolge (vgl. Pfleiderer 2003: 353) als Rhythmus Entrainment hervorbringen?*

Eine Beobachtung aus *Danserye* kann darauf Hinweise geben: Der Körper der Tänzerin Deborah Hofstetter scheint sich im Bewegungssystem *Allemande* unendlich lang zu ›entwirren‹.[18] Die Wucht aus dem Wurf ihres Arms endet nicht in ihrem Schultergelenk, sondern sie vermag ihn durch die Schulter hindurch weiterzuleiten. Der Schwung verdreht ihren Oberkörper und wird entlang ihrer Wirbelsäule ins Hüftgelenk geleitet. Dort erschöpft sich seine Wucht ebenso wenig wie an der Schulter; die Wucht des Schwungs wird vielmehr nach hinten umgelenkt und auf der anderen Körperseite wieder zum Oberkörper geführt. Hofstetter folgt dem Schwung, führt ihn jedoch gleichzeitig in unterschiedliche Körperteile, um ihn als kontinuierliche Kraft in ihrem Körper aufrechtzuerhalten. Die Schubkraft der Wucht einer Bewegung tritt in diesem Improvisationssystem als Bewegungsqualität deutlich hervor, ohne dass in der Umlenkung des Schwungs Bewegungsimpulse akzentuiert werden. *Allemande* ist eine kontinuierliche Bewegungsqualität, die als künstliche Übersteigerung der flüssigen Verwebung von Bewegungsimpulsen in der Clubtanzpraxis angesehen werden kann.

Bei der Beobachtung von Hofstetters Tanz bewege ich den Kopf. Er wird durch den der Bewegung folgenden Blick geleitet. Meine Kopfbewegung weitet sich auf meinen Oberkörper aus, versetzt diesen nach einiger Zeit in eine kreisende Bewegung. Meine choreographische Arbeit im Studio mit dieser Bewegungsqualität und die Aufführung zeigen, dass *Allemande* ein besonderes Entrainment-Potenzial besitzt, das auch in den Aufführungen sichtbar wird: In dem Moment der Aufführung, als alle Tänzer und Tänzerinnen das Bewegungssystem *Allemande* tanzten, zeigte sich in einer Reihe von Aufführungen bei einigen Zuschauern und Zuschauerinnen eine Veränderung ihrer Haltung. Während der Aufführung in Freiburg[19] fand sich zum Beispiel eine Zuschauerin zwischen den Tanzenden wieder und kreiste – ähnlich wie ich – mit. Andere Zuschauer

---

18 Siehe hierzu die Szene der *Allemande* im Video zu *Danserye* auf meiner Homepage zwischen 32:32–37:33 min. Die Aufzeichnung wurde in Hamburg gemacht.

19 Diese Beobachtung konnte ich bei der Aufführung im Stadttheater in Freiburg am 19.04.2013 machen.

bewegten sich nicht explizit mit, sondern positionierten sich direkt neben den Tänzern und Tänzerinnen, spreizten leicht ihre Arme. Anstatt die Augen auf einen spezifischen Tänzer oder eine bestimmte Tänzerin zu richten, verharrte ihr Blick ungerichtet, aber konzentriert zwischen den Körpern. Bei einem Publikumsgespräch[20] in Basel erklärte mir ein Zuschauer, er habe sich bei der *Allemande* so platziert, dass er zum ersten Mal Tanz in seinem Körper ›spüren‹ konnte. *Wie kann so eine Aussage über die Energieübertragungsmetapher Fischer-Lichtes hinaus differenziert und im Kontext der Groove-Erfahrung erklärt werden?*

Bounce und das Mitwippen zur Musik können zum Verständnis dieser Körpererfahrung beitragen. In der elastischen Spannung des Körpers im Bounce übertragen sich die kontinuierlich wippenden Bewegungen der Knie auf die Wirbelsäule und weitere Körperteile werden mitbewegt. Großflächig entstehen rhythmische Verschiebungen der Gelenke im Raum, die sich in der propriozeptischen Wahrnehmung manifestieren. Im Bounce schiebt sich die propriozeptive, somatische Information des ganzen Körpers in die bewusste Wahrnehmung (siehe Kapitel 1.3.4). Die periodische Abfolge des Fallens und Wiederaufsteigens im Bounce produziert durch die Haltungsempfindungen in der Körperwahrnehmung anscheinend eine beständige spezifische Färbung, die mit der Frequenz des Bounce in Verbindung gebracht werden kann. Bouncen wir mit einem langsamen Dubstep-Groove mit, zeitigt dieser eine qualitativ andere Rhythmuserfahrung als ein Bounce zu einem schnellen Techno-Groove. Zur Erzeugung dieser Rhythmuserfahrung muss die motorische Synchronisierung zum Beat nicht notwendigerweise als voller Bounce ausgetanzt werden. Ein leichter Schwung in der Wirbelsäule, der auch zum Mitwippen mit dem Kopf führen kann, könnte bereits diese propriozeptive Wahrnehmung und ein somatisches Empfinden dieser Musik erzeugen. In Kapitel 1.3 wurde ausgeführt, dass schon diese mitwippenden, partizipativen Mikrobewegungen ein leibliches Spüren, eine somatische Erfahrung hervorbringen. Entrainment von Grooves und Bewegungsqualitäten würde sich dann zuerst in einer somatischen Wahrnehmung manifestieren, bevor die synchronisierende Bewegung so explizit wird, dass sie bewusst wahrgenommen wird. Es ist dementsprechend nicht die Energie, die erspürt wird. Vielmehr ermöglicht die Teilnahme am rhythmischen Prozess im Entrainment die jeweilige subjektive Rhythmuserfahrung.

20 Dieser Kommentar bezog sich auf die Aufführung von *Danserye* am 08.03.2013 in der Kaserne Basel.

Um *Allemande* als Bewegungsqualität zu tanzen, spricht Isaac Spencer von einem spezifischen »Code«[21] eines somatischen Empfindens, den er als Referenzpunkt in seinem Körper nachspürend zu reproduzieren versucht. Dieser Code ist als Bewegungsqualität mit einem bestimmten Kraftaufwand, einer Zeitlichkeit und Räumlichkeit verbunden. Sein somatisches Empfinden gibt Auskunft darüber, ob der Kraftaufwand für die korrekte Ausführung von *Allemande* beispielsweise zu hoch ist und den Ablauf verzerren würde.

Gedacht werden könnte dieser Code als Körpermilieu. So haben sich Deleuze und Guattari in Bezug auf das Ritornell eingehend mit dem Rhythmus-Begriff beschäftigt, wobei hier vor allem ihre Überlegungen zur Codierung hilfreich erscheinen. Jedes Milieu ist für sie codiert, wobei die periodische Wiederholung diesen Code bestimmt (vgl. Deleuze/Guattari 1993: 427).[22] In der kommunizierenden Transcodierung von Milieus – bzw. im Raum zwischen Milieus – verorten Deleuze und Guattari den Rhythmus: »Rhythmus gibt es, sobald es einen transcodierten Übergang von einem Milieu zum anderen gibt, also die Kommunikation von Milieus, die Koordination von heterogenen Zeiträumen.« (Ebd.) Mit Deleuze und Guattari kann die Bewegungsqualität *Allemande*, die mit den Übergängen und Umlenkungen des Schubs verschiedene Spannungsmilieus im Körper erzeugt, als ein rhythmisches Muster angesehen werden. So können Bewegungsqualitäten und deren periodische Wiederholung eine Ordnungsstruktur zur Verfügung stellen, die Entrainment und eine somatische Erfahrung ermöglichen.

Meine These lautet in diesem Kontext, dass das Entrainment von Bewegungsqualitäten – wie Bounce oder flüssige Impulsübertragungen – den vorherrschenden Wahrnehmungsmodus beim Clubtanz darstellt und dass Clubber mit motorischer Synchronisierung am Tanz anderer partizipieren. Über den Modus von Entrainment treten Tanzende im Club in Beziehung zueinander. Periodische Sequenzen mit einem qualitativen homogenen Zusammenhang – Bewegungsqualitäten – stellen die Elemente der Ordnungsstruktur für die Wahrnehmung im

---

21 Isaac Spencer erklärte diese Erfahrung bei der Vermittlung des Bewegungssystems *Allemande* im Rahmen des Open Practice an der Gessnerallee Zürich am 04.07.2013.

22 »Jedes Milieu vibriert, das heißt, es ist ein Block aus Raum und Zeit, der durch die periodische Wiederholung der Komponenten gebildet wird. So hat das Lebendige ein äußeres Milieu aus Materialien, ein inneres Milieu aus zusammensetzenden Elementen und zusammengesetzten Substanzen, ein Zwischen-Milieu aus Membranen und Grenzen und ein annektiertes Milieu aus Energiequellen und Wahrnehmungen-Handlungen.« (Deleuze/Guattari 1993: 427).

Entrainment zur Verfügung.[23] Im Tanz werden die Bewegungsqualitäten in der nahen Umgebung nicht nur von der oder dem einzelnen Tanzenden motorisch aufgenommen. Die Qualität von Armen, Oberkörpern und anderen Körperteilen weiterer Tanzender verknüpft sich im Körper der oder des Einzelnen zu einer eigenen Bewegungsvariante ähnlicher Ausprägung, ohne dass die wahrgenommenen Bewegungen zuvor bewusst gemischt oder als Muster erkannt werden müssen. Indem der oder die Tanzende diese Bewegungsqualitäten in der Wahrnehmung motorisch synchronisiert und so in veränderter Form wieder zum Rhythmuspluralismus der Tanzenden beisteuert, entsteht eine Feedback-Schleife, die den Tanzenden immer wieder die nötige Differenz für den Erhalt und die Weiterentwicklung der Improvisation zur Verfügung stellt. Für die Clubrecherche muss weiter untersucht werden, wie Entrainment auf die restliche Improvisation, vor allem aber auf die resultierenden Bewegungen wirkt. *Wie wird die erweiterte Bewegungsebene produktiv?*

Das ›Sichtbarmachen‹ des Wahrnehmungsprozesses im Entrainment kann als eine Art Veröffentlichung und Filterung der Information des Wahrgenommenen gedacht werden, das neue Informationen für eine plurale Verknüpfung zur Verfügung stellt. Diese autopoietische Feedback-Schleife variiert die körperliche Rhythmuserfahrung und manifestiert sich für die Tanzenden in einem subjektiven somatischen Verlauf über die Dauer der Improvisation oder der gesamten Clubnacht.

»Among all the challenges a group faces, one that is extremely subtle yet fundamental to its travels is a feature of group interaction that requires the negotiation of a shared sense of the beat, known in its most successful realization, as striking a *Groove.*« (Berliner 1994: 349)

Paul F. Berliner merkt für den Bereich der Jazzimprovisationen an, dass Groove in der gemeinsamen Gruppeninteraktion als eine »rhythmische Matrix« (Widmaier 2004: 1) verstanden werden kann. Das Konzept von musikalischem Groove im Jazz zielt auf eine produktive Verknüpfung unterschiedlicher Rhythmen, die mit einer »motionalen« (Butterfield 2010: 173) Qualität als »ästhetisches

23 Walter Benjamin beschreibt am Beispiel des Verfalls der Aura, dass die »Art und Weise, in der die menschliche Sinneswahrnehmung sich organisiert – das Medium, in dem sie erfolgt – nicht nur natürlich, sondern auch geschichtlich bedingt« ist (Benjamin 1974: 478). Im Sinne Benjamins verstehe ich Bewegungsqualitäten als die Form der Organisation, die die sinnliche und eben motorische Wahrnehmung strukturieren und so hervorbringen kann.

Ideal« (Monson 1996: 201) verbunden ist. Bewegungsqualitäten verorten sich wie Groove zwischen einem periodischen Pattern und einer qualitativen Erfahrung bei der Erzeugung komplexer Rhythmen. In diesem Sinne schlage ich das Konzept des choreographischen Grooves vor, in dem Bewegungsqualitäten wie Groove-Patterns in der Musik – als Ordnungsstruktur fungieren. Nicht die ›kollektive Energie‹ ›fließt‹ diesem Konzept zufolge von einem Tanzenden zum anderem, vielmehr bringt die partizipative Wahrnehmung durch Entrainment neue Bewegungsrhythmen hervor, die als choreographischer Groove von sich überkreuzenden Rhythmusinformationen die Clubnacht als subjektiv erlebtes, somatisches Ereignis kollektiv erzeugen. Die zeitlichen und räumlichen Formen des Kollektivs, die bestimmen, was somatische Gegenwart für die Tanzenden heißt, müssen sich in den Groove-Dynamiken immer wieder erst mit generieren (vgl. van Eikels 2012: 176). Durch die Bindung an den Körper des Einzelnen und seine subjektiven Handlungen entsteht eine individuelle und trotzdem kollektive Rhythmuserfahrung. Bewegungsqualitäten als periodische Organisation von Entrainment bieten die Möglichkeit eines gleichzeitigen Veräußerns und Öffentlich-Machens des Aktes der Wahrnehmung. Sie sind die Ordnungsstruktur, mittels derer die oder der Wahrnehmende im Club bereits im Rezipieren von Tanzinformationen selbst neue Tanzinformationen bereitstellt. Diese wiederum prägen das Ereignis mit und machen aus einer Ansammlung Tanzender eine Versammlung. Während das Erkennen einer Geste als signifikantes Versatzstück in der dialogischen Kommunikation eine Rollenverteilung von Sendenden und Empfangenden voraussetzt, kann im Entrainment gleichzeitig empfangen und gesendet werden.

Dies wirft auch ein anderes Licht auf die soziale Dimension zeitgenössischer Choreographie. Die Zuschauerin, die in Freiburg mit der *Allemande* mitschwang, und der Zuschauer, der sich in Basel explizit neben die Tänzer und Tänzerinnen stellte, wurden in ihrer handelnden Wahrnehmung auch zu Sendern von Informationen – ohne dabei selbst zu Performern werden zu müssen. Durch die offene Bühnensituation der Installation in *Danserye* können kleine und unscheinbare Bewegungen der Zuschauer den Blick vom Tanz der Performer und Performerinnen ablenken[24] und zum Rhythmuspluralismus der Performer beitragen. Nicht

24 Ich folge hier einem Gedankengang, den Kai van Eikels im Bezug auf den Ausstellungsraum vorgestellt hat: »Geht man im Erlebnis der eigenen Ablenkung und Umlenkung nur ein wenig weiter, will das sagen, so dringt die Beliebigkeit derjenigen, die im Zeit-Raum der Ausstellung anwesend sind und auf ihren verschiedenen, mitunter beiläufig ähnlichen Bahnen an den Bildern vorbei, um sie herum und zwischen ih-

nur die Tanzenden werden von diesen Bewegungen in ihren choreographischen Entscheidungen beeinflusst, auch bei anderen Zuschauenden können die gezeigten Bewegungen differenzierte Wahrnehmungsstrategien und Handlungen auslösen. So werden die Zuschauerinnen und Zuschauer in den verschiedenen Manifestationen ihrer Wahrnehmung auch Teil des Ereignisses der Aufführung. Durch Bewegungsqualitäten in ihrer periodischen, Entrainment ermöglichenden, choreographischen Anordnung kann choreographischer Groove – nicht nur in Clubs – die Performance von Tanzenden und Rezipierenden zu einer Versammlung machen.

Auf der Grundlage dieses Denkmodells kann eine Perspektive erschlossen werden, die das, was in Fischer-Lichtes Metapher der Energieübertragung vage bleibt, ausdifferenziert und die Besonderheit der Ko-Präsenz verdeutlicht. Ko-Präsenz ermöglicht die Sichtbarkeit des veröffentlichten Wahrnehmungsprozesses und bedingt damit die Möglichkeit von Partizipation und performativer Handlungsmacht des Zuschauers. Im Rhythmenpluralismus des wechselseitigen Informationsaustauschs der Teilnehmenden wird choreographischer Groove somatisch spürbar. Im Wahrnehmungsmodus des Entrainment stellt jede Teilnehmerin und jeder Teilnehmer während der Rezeption Bewegungsinformationen zur Verfügung, die im Zusammenspiel das Ereignis der Versammlung mit hervorbringen. Durch Bewegungsqualitäten als Ordnungsstruktur der Wahrnehmung können Bewegungen ebenso wie gemeinsame Ideen oder politische Forderungen zu einem konstitutiven Moment von Versammlungen werden.

In den nächsten Kapiteln werden diese These und dieses Denkmodell im Clubkontext evaluiert und später in Choreographien verarbeitet. Als Kategorien einer systematischen Beobachtung und Analyse der Bewegungsrelationen und Handlungsdynamiken in kollektiver Improvisation können folgende Aspekte festgehalten werden:

Welche Bewegungsrelationen werden zwischen Tanzenden (1) im Raum (Abstand, Ausrichtung, Bewegungsrichtung, Tanzplatz), (2) in Bewegungsqualitäten (Schub, Fall, Schwung), (3) in der Zeit (Start-/Endpunkte, Intervalle, Rhythmen, Frequenz/Intensität) und (4) in Verständigungen (Gesten, Schrittfolgen, Dauern, Blicke) sichtbar?

Darüber hinaus wird die Beziehung zur Musik untersucht und von der Ebene der resultierenden Bewegungen abgegrenzt. Im Folgenden werde ich das Forschungsdesign vorstellen, in das diese Fragen in einer systematischen Beobachtung als Bewegungsanalyse eingebettet werden.

---

nen hindurch manövrieren, in die Konstitution dessen, was Kunst heißt, selbst ein.« (Van Eikels 2013: 188).

2.4 METHODE UND FORSCHUNGSSETTING FÜR DIE QUALITATIVE FELDFORSCHUNG

Clubtanz und die Organisationsstrukturen der Beziehungen von Clubtänzern und Clubtänzerinnen stellen für die tanzwissenschaftliche und choreographische Analyse eine große Herausforderung dar. Das liegt zunächst daran, dass Tanzevents in Clubs durch Verdunkelungen und rhythmische Lichtspiele so inszeniert werden, dass die Sichtbarkeit der Handlungen und Bewegungsabläufe nur eingeschränkt gegeben ist. Gleichzeitig wird der Forscher auf der Tanzfläche mit sehr vielen komplexen und eigenständigen Bewegungsabläufen konfrontiert, die den Blick zunächst überfordern. Durch die Fluktuation der Besucher auf der Tanzfläche wird es umso schwieriger, einzelne Tänzer und Tänzerinnen lange genug im Blick zu behalten, um deren Improvisationen zu beobachten und zu analysieren. Bei der Erfassung von Relationen zwischen Tanzenden wird diese Schwierigkeit durch die Anzahl der möglichen Partner noch erhöht. Die in der Tanzwissenschaft oft verwendeten Videoaufzeichnungen könnten Abhilfe schaffen, jedoch sind Filmaufnahmen in den meisten Clubs verboten,[25] sodass eine nachträgliche Bewegungsanalyse der Tanzbewegungen nicht möglich ist. Eine durch Videoaufnahmen gestützte Bewegungsanalyse würde die Struktur und das Tanzverständnis von Clubtanz allerdings ohnehin verfehlen. Clubtanz ist eine improvisierte Tanzpraxis ohne vorgegebene oder festgeschriebene Bewegungsabläufe, die, wie in Kapitel 1 bereits beschrieben, innerhalb eines Spektrums von Merkmalkonfigurationen und stilistischen Bestimmungen liegt. Würde man, um die Wirkungsweisen und Übertragungen von Tanzbewegungen zwischen Clubtänzern und Clubtänzerinnen zu erfassen, von Videoaufzeichnungen ausgehen, bestünde die Gefahr, eine Kausalität zwischen Bewegungsabläufen zu konstruieren, die dem Clubkontext nicht entspricht. Bewegungsrelationen im Groove können, wie auch im Tanz selbst, nicht festgeschrieben werden. In der individuellen Improvisation bleibt die Wahl der Bewegungen grundsätzlich immer frei und allein vom Tanzenden abhängig. Im Gegensatz zum Paartanz, bei dem die beiden Tanzenden durch die gemeinsame Intention ihren Tanzfluss oder die Organisation zwischen sich aufrechterhalten können, bedingen die Vorgaben eines Mittänzers im Club keine bestimmte tänzerische Folgebewegung. Trotzdem – so die These dieser Studie – kann im Club davon ausgegangen werden, dass der

25 Clubs sind halb private und halb öffentliche Schutzräume für Besucher, in denen gesellschaftliche Konventionen teilweise ausgesetzt werden. Um diese Freiräume zu ermöglichen, ist es den Veranstaltern sehr wichtig, Foto- und Videoaufnahmen zu unterbinden und so die Privatsphäre ihrer Besucher zu wahren.

Aufenthalt von Tanzenden in unmittelbarer Nähe zueinander Auswirkungen auf die Improvisation und die subjektive Rhythmuserfahrung hat und von den Tanzenden als Groove erfahren werden kann. Im Clubtanz ist die Analyse mit einer impliziten Organisationsstruktur konfrontiert, die immer wieder gebrochen und unterwandert wird. So kann festgehalten werden, wenn Übertragungen von Tanzbewegungen lange genug in der Gruppe der Tanzenden als Bewegungsrelationen beobachtbar werden. Die Struktur einer Übertragung von Tanzbewegungen kann mit den Worten der Tanzwissenschaftlerin Gabriele Brandstetter dabei »weniger zum Seienden gerechnet [werden] als vielmehr zu einem Wirkenden, dessen Wirklichkeit nicht in der empirisch aufgewiesenen Realität seiner Vergegenständigungen, sondern in dem liegt, was es bewirkt – d. h. stets in einer *anderen* Bewegung« (Brandstetter/Brandl-Risi/van Eikels 2007: 14, Hervorh. im Original). Diese bewirkte Bewegung meint nicht nur eine konkrete Tanzfolge, sondern kann immer auch als eine emotionale Bewegung gedacht werden. Unter diesem Gesichtspunkt müssen auch die Ergebnisse der durchgeführten Clubforschung betrachtet werden: *Inwieweit lassen sich Tanzende auf ihr Umfeld ein bzw. kann das Umfeld auf die Tanzenden einwirken, sodass eine Struktur von Übertragungen überhaupt auftritt?* Jeder Tanzende kann sich intentional gegen situativ auftretende Impulse und Wirkungsweisen aus der Umgebung abschotten oder nur auf bestimmte ausgewählte Tanzbewegungen reagieren, weshalb lediglich herausgehobene Momente für eine Analyse in Betracht gezogen werden können. Es sind oftmals nur wenige Augenblicke an einem Abend, in denen kollektiver Groove entsteht, und diese sind häufig bloß von kurzer Dauer. Der Forschungsgegenstand dieser Arbeit, die Struktur von Bewegungsübertragungen, ist ein flüchtiges und schwer festzuhaltendes Phänomen. Zugleich ist der gefühlte Groove für viele Clubbesucher und Clubbesucherinnen der Hauptgrund dafür, überhaupt tanzen zu gehen.

Um Erkenntnisse über dieses ephemere Phänomen zu gewinnen, bedarf es des Entwurfs eines vielschichtigen Forschungssettings. Aussagen über die Organisation von Bewegungsbeziehungen im Feld können nur durch Regelmäßigkeiten sichtbar werden, die in mehreren Clubnächten und Clubs auftreten und durch Bewegungsprotokolle gestützt werden. Ich untersuche hierbei sichtbare Bewegungsrelationen in (1) Raum, (2) Bewegungsqualität, (3) Zeit und (4) Verständigungen (bzw. Abgleichungen) schon als Ansätze – als erste Verknüpfungen – von Groove, die als Wirkungsweisen einen herausgehobenen, mitreißenden Moment schaffen können. Die ersten Verknüpfungen treten bei mehr als drei Personen nicht besonders deutlich hervor. Allein durch die Vielzahl der Bewegungen könnte auf den ersten Blick alles in Beziehung zueinander stehen – oder auch nichts. Bewegungsrelationen von zwei Tanzenden sind schwer vom Zufall zu unterscheiden. Erst durch eine gewisse Anzahl an Ähnlichkeiten in den Bewegungen mehrerer Tanzender über eine bestimmte Dauer wird eine Übertragungsbewegung als solche evident. In meine Studie fließt daher auch meine persönliche langjährige Erfahrung als Clubbesucher ein, um letztlich entschciden zu können, wo und wann im Clubkontext für eine Analyse ausreichend sichtbare Ergebnisse generiert werden. Unter diesem Gesichtspunkt habe ich die Berliner Clubs Berghain, ://about blank und das Chesters Music Inn als Forschungsorte ausgewählt. Sie eignen sich aufgrund der Tanzfreudigkeit ihrer Besucher und ihres ähnlichen musikalischen und tänzerischen Stils; zugleich unterscheiden sich Innenarchitektur und Besucherschaft. Das Berghain ist aufgrund seiner Stellung als wichtigster Club Berlins[26] und seiner regulären, wöchentlichen Partys cin guter Ort, um abzusehen, inwiefern und wann am Wochenende eine kollektive Groove-Erfahrung entstehen könnte. Ich habe mich bei meiner Feldforschung mit Bewegungsprotokollen für die Methode der systematischen, verdeckten Beobachtung (vgl. Beer 2003; Johnson/Sackett 1998) entschieden, da die sichtbare Beobachtung der Improvisationen verzerrend auf den Tanz und die Tanzerfahrung wirkt. Wie Buckland in ihrer ethnologischen Studie feststellt, beenden die meisten Besucher ihren Tanz oder verändern die Qualität der Improvisation, wenn sie merken, dass sie jemand mit einem Notizblock in der Hand betrachtet.[27] Die verdeckte Beobachtung bietet die Möglichkeit, eine Untersuchung durchzuführen, in der die Improvisationen so wenig wie möglich durch die Präsenz des Beobachters beeinflusst werden. Durch die verbreitete Verwendung von Social Media mit dem Smartphone hat sich die Aufzeichnung von Bewegungen seit den ersten Feldstudien vereinfacht. Anders als im Falle des Notizblocks beargwöhnt niemand einen Clubbesucher, der auf seinem Smartphone schreibt.

In den gängigen tanzwissenschaftlichen Analysemethoden werden Gruppentänze – durch deren Genealogie aus regelhaften und festgelegten Choreographien – über die Betrachtung einzelner, separater Körper analysiert, d. h. die Analyse bezieht sich auf die Körper getrennt voneinander.[28] Bisher gibt es jedoch keine

---

26 Das britische Clubmagazin *DJMag* wählte das Berghain 2009 zum »weltbesten Club der Welt«. 2015 belegte das Berghain den 13. Platz und wurde dabei als Berlins bekanntester Club bezeichnet. Siehe http://www.djmag.com/node/7996 bzw. http://www.djmag.com/content/poll-clubs-2015-berghain-panorama-bar (letzter Zugriff: 15.08.2017).

27 »My presence with a notebook makes a difference.« (Buckland 2002: 10).

28 Irmgard Bartenieff bezieht sich bei der Analyse von Gruppen auf einfache Formen wie den Kreis oder die Linie (vgl. Bartenieff/Lewis 1980). Für eine Abhandlung der bestehenden Bewegungsanalysemethoden siehe Jeschke 1999: 10–39.

brauchbaren Methoden und Kriterien zur Untersuchung von Gruppenimprovisationen und Bewegungsrelationen, wie man sie in ihrer Komplexität und Anzahl von Bewegungen im Clubtanz vorfindet. Die Annäherung an die Bewegungsrelationen von Groove müssen in der Bewegungsbeschreibung durch ein klares System von bewegungsanalytischen Kategorien geordnet werden. Diese Kategorien werden aus den vorangegangenen theoretischen und künstlerischen Auseinandersetzungen abgeleitet und orientieren sich an Überlegungen zur Interaktion bei nonverbaler Kommunikation. Bei der Kommunikation über Körperbewegungen sind verschiedene Analyseansätze möglich, die nach Claudia Jeschke in Proxemik, Paralinguistik und Kinesik unterteilt werden können (vgl. Jeschke 1999: 37). Proxemik betrachtet die räumlichen Bezüge des Körpers zu seiner Umgebung, wie sie zum Beispiel auch von Erving Goffman in öffentlichen Räumen analysiert wurden (vgl. Goffman 1963; Hall 1963). Räumliche Relationen und Ausrichtungen des Körpers stellen demnach eine wichtige Untersuchungskategorie dar. Dagegen verortet die Paralinguistik die kommunizierte Mitteilung in Signalen, die von bestimmten Körperteilen ausgehen. Die Anthropologen und Psychologen Paul Ekman und W. V. Friesen haben vor diesem Hintergrund Gestik und Mimik als Vorgänge analysiert, die sich in der Kinesik bis in die kleinsten körpermechanischen Einheiten ausdifferenzieren (vgl. Ekman/Friesen 1969; siehe auch Streeck/Knapp 1992). Folgt man diesen Kriterien und der Auseinandersetzung mit dem gestischen Aspekt der Bewegungen im Club (siehe Kapitel 2.1), sollten bei der Clubanalyse räumliche Relationen des gesamten Körpers als Einheit, einzelne Körperteile und auch kleinere körpermechanische Einheiten betrachtet werden. Die vier Kategorien (1) Raum (Abstand, Ausrichtung, Bewegungsrichtung, Tanzplatz), (2) Bewegungsqualitäten (Schub, Fall, Schwung), (3) Zeit (Start-/Endpunkte, Intervalle, Rhythmen, Frequenz/Intensität) und (4) Verständigungen (Gesten, Schrittfolgen, Dauern, Blicke) in Bezug zum gesamten Körper und zu einzelnen Teilen ermöglichen es mir, eine gewisse Distanz gegenüber meinen eigenen Erfahrungen mit dem choreographischen Groove sowie einen relativ objektiven Standpunkt einzunehmen und meinen Blick für Einzelheiten angesichts der großen Anzahl an Bewegungen zu schärfen. In meiner Analyse habe ich mich selektiv auf einzelne Situationen beschränkt. Beispielhafte Bewegungsrelationen als Wirkungsweise von Tanzbewegungen mit bestimmten sichtbaren Übereinstimmungen wurden hierbei in den Bewegungsprotokollen notiert. Die Bewegungsprotokolle aus dem Berghain (Bewegungsprotokoll Berghain [*BP Berghain*]) und dem Chesters Music Inn (Bewegungsprotokoll Chesters Music Inn [*BP Chesters*]) sind auf meiner

Homepage einsehbar.[29] Diese sichtbaren Bewegungsrelationen sagen zunächst nichts über die somatischen bzw. energetischen Aspekte von Groove aus. Äußerlich lässt sich dessen somatische Dimension in herausgehobenen Momenten einer Clubnacht höchstens anhand von Rufen oder freudigen Gesichtern ausmachen. Verlässt eine größere Anzahl von Tanzenden die Tanzfläche, so kann ich angesichts von Veränderungen im Bewegungsfluss der Improvisation beobachten, dass möglicherweise ein kollektiver Groove (als Hochstimmung) auf der Tanzfläche unterbrochen wird. Jedoch lässt sich Groove als Übertragungsphänomen so nur schwer als subjektive Empfindung erfassen, die für die Lust – oder die Intention – zusammen zu tanzen ausschlaggebend ist. Hinzu kommt, dass aus der Außenperspektive auch graduelle Unterschiede von Wirkungsweisen nur schwer konkreten Bewegungen oder deren Relationen zugeschrieben werden können. Hierfür muss die subjektive Perspektive der Körperempfindung einbezogen werden. Meine eigenen Eindrücke und Empfindungen beim Tanzen können hierbei berücksichtigt werden, jedoch würde dies für eine objektive Beweisführung nicht ausreichen. Deshalb habe ich meine persönliche Perspektive durch die Aushändigung von Fragebögen an andere Clubbesucher erweitert, die ebenfalls den subjektiven Erfahrungen des gemeinsamen Tanzens nachgehen. Aufgrund der bisherigen Erfahrungen mit Interviews in den Studien von Phil Jackson und Ben Malbon, bei denen die befragten Clubbesucher wenig über die Bewegungen und ihren Tanz artikulierten, habe ich versucht, durch eine Integration der Clubbesucher als Probanden in den Analyseprozess eine Schärfung ihrer Wahrnehmung zu erreichen, um so bessere Ergebnisse zu erzielen. In einer Übung zu künstlerischer Forschung an der Freien Universität Berlin habe ich Studierenden als Probanden der Clubforschung eine aufmerksame Haltung in Bezug auf Tanzbewegungen zu vermitteln versucht und mit ihnen das Vokabular für zwei Fragebögen entwickelt. Die sechs bzw. acht Studierenden der Übung des Bachelorstudiengangs Theaterwissenschaft haben zwar keine professionelle Tanzerfahrung, sind jedoch leidenschaftliche Clubbesucher, sodass sie Vorerfahrungen mit Clubpraktiken und Clubtanz in den Forschungsprozess einbringen konnten. Für die Übung habe ich einen partizipativen Forschungsansatz[30] gewählt, um meine Thesen und meine vorherige Forschung mit den Cluberfahrungen der Studierenden zu konfrontieren und auch die Möglichkeit alternativer

29 Neben den Bewegungsprotokollen zur Bewegungsrelation aus dem Berghain und dem Chesters Music Inn sind auch Bewegungsprotokolle zur individuellen Rhythmuserfahrung der vorhergegangenen Studie meiner Masterarbeit unter http://www.sebastianmatthias.com/forschung/gefuehlter-groove-ergaenzende-materialien/ zu finden.

30 Zu partizipativen Forschungspraktiken siehe Bergold/Thomas 2012.

Denkmodelle von Groove zuzulassen. Für die Verifizierung meiner Thesen und die Erstellung des Fragebogens habe ich mit den Studierenden mit ›experimentellen Laborversuchen‹ gearbeitet. Diese stellten gleichzeitig einen Versuch dar, die Bewegungsprotokolle und Fragebögen der qualitativen Feldstudie durch ein komplementäres Forschungssetting zu ergänzen.

Durch die Überlagerung verschiedener Intentionen von Clubbesuchern werden Tanzhandlungen verändert. Manche wollen beim Tanzen flirten und einen Partner finden,[31] andere nutzen den Club als Bühne zur Selbstdarstellung. Bei diesen Intentionen steht die Tanzerfahrung nicht im Vordergrund ihrer Bewegungen. Die Tanzexperimente im DanceLab der FU Berlin sollten eine Möglichkeit bieten, diese Überlagerungen im Club künstlich zu entzerren. Hierzu habe ich mit den Studierenden Parameter und Fragestellungen, die Groove und die Beziehungen zwischen Tänzern und Tänzerinnen betreffen, experimentell aufgearbeitet. Das bedeutet, dass wir – meine Person eingeschlossen – zu siebent bzw. neunt zusammen in unterschiedlichen Konstellationen getanzt und während des Experiments oder im Nachhinein unsere Erfahrungen schriftlich bzw. mündlich festgehalten und diskutiert haben. Angefangen mit einer losen Sammlung von Eindrücken wurde in der Übung über die soziale bzw. zeitliche Dimension oder die konkreten Bewegungsrelationen beim gemeinsamen Tanz mit oder ohne Musik bis hin zu Analysen von spezifischen Versuchsanordnungen diskutiert. In einer dieser Versuchsanordnungen wurde zum Beispiel abgefragt, wie es sich anfühlt, sich zwischen stillen, tanzenden oder bouncenden Körpern zu bewegen, und wie die Momente des Wechsels zwischen diesen verschiedenartigen physischen Umgebungen wahrgenommen wurden. Ausgewählte transkribierte Diskussionen sind auf meiner Homepage (Laborexperimente 1–4 [*LE 1–4*]) ebenso einsehbar wie Videoaufzeichnungen (Laborexperimente 1–4 [*LEV 1–4*]) der praktischen Versuche, die die Materialsammlung der folgenden Argumentation erweitern. Diese Laborversuche möchte ich als einen Ansatz der empirischen Beweisführung verstehen, die sich mit ähnlichen Ergebnissen jederzeit wiederholen lässt.[32] Mit diesem Ansatz empirischer Forschung in der Tanzwissenschaft betrete ich Neuland und kann mich auf keinerlei bewährte Methoden stützen.

---

31 Für eine Diskussion über den Aspekt der Partnersuche im Clubkontext von EDM siehe Rietveld 1998: 165, oder Fikentscher 2000: 66.

32 Seit der Erarbeitung dieses empirischen Forschungssettings habe ich das Format an anderen Gruppen (Tänzern und Tänzerinnen sowie Nicht-Tänzern und Nicht-Tänzerinnen) angewendet und bin zu ähnlichen Ergebnissen gekommen. Aufgrund des Materialaufwands und der anderen, nicht auf diese Studie ausgelegten Kontexte werden diese Versuche jedoch nicht in die vorliegende Arbeit integriert.

Dabei ist allerdings zu beachten, dass die analytische Selbstbetrachtung und künstliche Eingrenzung von Tanzpraktiken im Labor prinzipiell im Gegensatz dazu stehen, seinen Empfindungen auf der Tanzfläche eines Clubs ohne Plan und Kontrolle nachzugehen. Diese Schwierigkeit muss bei der Lektüre mit bedacht werden.

Mit dem im Rahmen der praktischen Tanzversuche gewonnenen Wissen wurde ein erster Fragebogen entwickelt, der in einer ersten Feldstudie im ://about blank am 9. November 2013 (Fragebogen ://about blank [*FB Blank*]) angewendet wurde. Zu diesem Clubbesuch wurden vier weitere Probanden eingeladen, am Groove zu forschen und eine Kontrollgruppe zu bilden. Eine der vier zusätzlichen Personen, die sich am Clubbesuch beteiligt haben, war Lisanne Goodhue, die auch ihre Perspektive als Tänzerin in meiner eigenen künstlerischen Arbeit in die Groove-Forschung im Club einbringen konnte. Die Ergebnisse des ersten Clubbesuchs im ://about blank wurden gemeinsam ausgewertet. Den dabei entstandenen Fragen wurde wiederum experimentell nachgegangen, um daraus für einen zweiten Clubbesuch im Chesters Music Inn (Fragebogen Chesters Music Inn [*FB Chesters*]) am 23. November 2013 einen weiteren Fragebogen zu erstellen. Dort haben wir versucht, die experimentellen Befunde aus dem Labor auf den Club zu übertragen. Verschiedene, vermutlich störende Handlungsweisen – wie zum Beispiel Stillstehen oder besonders intensives Tanzen – wurden ausprobiert und deren Wirkungsweisen übergeprüft. Das Material der analytisch-experimentellen Feldforschung dient in den folgenden Kapiteln als Grundlage für ein Modell von choreographischem Groove. Die Struktur der Kapitel setzt sich formal aus Bewegungsbeschreibungen der Protokolle aus dem Berghain bzw. dem Chesters Music Inn, den Laborexperimenten 1–4 und der Auswertung der zwei Fragebögen aus dem ://about blank und dem Chesters Music Inn zusammen. Daran schließt sich eine theoretische Interpretation der Ergebnisse an. Zum Abschluss von Kapitel 3, 4 und 5 beziehe ich die Resultate in einem Exkurs auf zeitgenössische Choreographie und formuliere darauf aufbauend weiterführende Fragen. Bewegungsbeschreibungen als veranschaulichendes Material werden in den nächsten Kapiteln durch Kursivierung vom Argumentationsstrang abgegrenzt.

Mit der Einbeziehung systematischer Beobachtungen sowie Fragebögen und Diskussionen folge ich Volker Lippens methodischem Ansatz einer Bewegungshandlungsanalyse aus der Sportwissenschaft, die Bewegungsproduktion aus der Innensicht und aus der Außenperspektive zu erfassen versucht (vgl. Lippens 2007: 101–129). Aus beiden Perspektiven können »Informationsverarbeitungsprozesse der intendierten Bewegung und deren Effekte mit Selbstorganisationsprozessen bestimmter Koordinationsmuster« (ebd.: 104) in Verbindung gebracht werden. Die Organisationsstruktur von Gruppenimprovisation und deren sichtbare Charakteristika können so zu der Selbstwahrnehmung der Tanzenden in Beziehung gesetzt werden. Bevor ich jedoch zu ersten Ergebnissen komme, möchte ich kurz die Clubs als Untersuchungsorte vorstellen.

2.4.1 Berghain

Das Berghain befindet sich in einem ehemaligen Heizkraftwerk, das 2004 renoviert und zu einem Technoclub umgebaut wurde. Das Gebäude beheimatet zwei Bereiche – das Berghain und die Panorama Bar – und ist hauptsächlich mit Beton und Stahl gestaltet, wodurch es eine Industrieatmosphäre erhält. Beide Räumlichkeiten sind mit modernster Licht- und Tontechnik ausgestattet. Die Umgebung wirkt durch die dort vorherrschende Dunkelheit, die sehr lauten und fühlbaren Vibrationen der House- und Minimaltechno-Beats, die theatralen Lichteffekte sowie durch den Theaternebel desorientierend und entspricht paradigmatisch den von Hillegonda Rietveld für diese Kultur herausgearbeiteten Charakteristika (vgl. Rietveld 1998: 166). Das Berghain entstand als Nachfolgeclub des Clubs Ostgut, der als erster fester Ort schwuler Partys und homosexueller Fetisch-Kultur in Berlin galt und 2003 der Abrissbirne zum Opfer fiel. Diese Tradition ist im heutigen Berghain noch deutlich erkennbar, allerdings wurde sie in den Sexclub Laboratory im selben Gebäudekomplex ausgelagert. Im Gegensatz zum Ostgut sind sich auf Berghain-Partys auch viele Touristen und Besucher des Mainstreams anzutreffen. Vor allem Hipster aus allen Teilen der Welt folgen dem Ruf des bekannten Berghain, um hier die propagierte coole Subkultur Berlins zu erleben. Nicht erst seit der 2009 erfolgten Auszeichnung zum besten Techno-Club der Welt durch das britische *DJMag* ist das Berghain sehr populär. Ein Besuch im Berghain steigert das Prestige der Clubgänger innerhalb ihres sozialen Kontextes. Die mitunter sehr lange Warteschlange und die rigorose Selektion der Türsteher zeugen von seiner Exklusivität.[33] Deshalb sowie aufgrund der Beliebtheit des Clubs in der Fetisch- und Sexkultur kommen viele Besucher nicht nur wegen Tanz und Musik, sondern auch aus sozialen Beweggründen. Die Intention des Sehens und Gesehen-Werdens schafft eine Atmosphäre, die besonders intensiv in der ersten Hälfte der Clubnacht spürbar ist. Doch die Musik international etablierter DJs animiert vereinzelt auch sehr

---

33 Zu weiteren Untersuchungen von Tanz-Clubs siehe Klein 2003: 173–183, über die sogenannte Türpolitik, ebd.: 178. Aufgrund der Türpolitik konnte das Berghain auch nicht für die Feldstudie mit Studenten genutzt werden, da ich deren Einlass nicht garantieren konnte.

souverän wirkende Tänzer und Tänzerinnen zum ausgelassenen Tanz. Je später der Morgen, desto weiter steigert sich die Stimmung und desto mehr nehmen raumgreifende Tanz-Improvisationen im Club zu. Im Berghain habe ich bereits im Jahr 2010 eine erste Forschungsreihe durchgeführt; auf diese möchte ich hier aufbauen (vgl. Gehrke 2010).

2.4.2 ://about blank

Die ehemals illegal besetzten Räumlichkeiten des Clubs ://about blank befinden sich in einem früheren DDR-Verwaltungsgebäude in einem Industriegebiet am Berliner Ostkreuz. Er wird von einem Kollektiv betrieben und ist ein beliebter Anlaufpunkt für Angehörige der linken Szene. Im Gegensatz zum Berghain ist die Einrichtung selbst gebaut und improvisiert. An den Wänden hängen Flyer sowie Plakate von im ://about blank veranstalteten Konzerten, auch Graffitis sind dort zu finden. Die liberale und freundliche Türpolitik schlägt sich in der entspannten Atmosphäre der House- und Technopartys nieder. Der Club verfügt über zwei kleine Tanzräume, wobei eine Tanzfläche eher einem Korridor gleicht. Der mit härterem Techno bespielte zweite Dancefloor wird in Intervallen von 30 Minuten bis zu einer Stunde mit Nebel geflutet, sodass dort die Sicht schnell sehr begrenzt sein kann. Anders als im Berghain und in der Panorama Bar sind die Tanzflächen im ://about blank sehr klein. Zwischen den Besuchern wird der Raum daher schnell eng, gleichzeitig werden die Durchgänge versperrt. Diese räumliche Anordnung wirft insbesondere die Frage nach der Anzahl von Tanzenden auf der Tanzfläche und damit den räumlichen Faktoren für die Entstehung von Groove auf.

2.4.3 Chesters Music Inn

Das Chesters Music Inn ist der jüngste Club in dieser Feldstudie und hat sich in der Berliner Clubszene bislang die Aura eines Geheimtipps bewahrt. In den Afterhour-Räumlichkeiten des früheren Technoclubs Turbine wird im Chesters Music Inn an die Geschichte der Berliner wie der gesamtdeutschen Geschichte der elektronischen Tanzmusik angeknüpft. Ende der 1980er-Jahre fanden hier die ersten Acid-House-Partys statt, auf denen Techno-Pioniere wie DJ Motte[34] und Paul Kid zum ersten Mal performten. Ich möchte hierbei eine Verbindung zwischen der Entstehung der deutschen Technokultur und der Architektur des

34 DJ Motte war Mitbegründer der Love Parade und ist heute noch ein international einflussreicher DJ.

Chesters Music Inn ziehen. Nach Mark Butler haben sich Tanz und elektronische Musik in ihrer Entwicklung gegenseitig beeinflusst und bedingen einander in ihrer spezifischen Ausformung:[35]

»Producers create music with the expectation that it will be played on the floor, where the crowd's response will determine its success or failure. DJ's plan and shape their performances around this response, a major portion of which is dance […].« (Butler 2006: 34)

Geht man davon aus, dass Räumlichkeiten eine Tanzerfahrung beeinflussen, liegt es nahe, dass die unveränderte Architektur im Chesters Music Inn für die Clubmusik und -kultur, deren Entwicklung sie seit Ende der 80er-Jahre mit befördert hat, unterstützend und Groove-fördernd wirkt. Dieser Umstand zeichnet das Chesters Music Inn als besonders geeigneten Forschungsort aus, da Groove hier leichter hervorgebracht werden kann. Aus der Ära, als in denselben Räumlichkeiten die bekannte Sexparty KitKatClub veranstaltet wurde, sind noch eine Poledance-Stange und ein kleines Loft am Ende der Tanzfläche vorhanden. Davon abgesehen ist das Chesters Music Inn mit seiner in Metall- und Rottönen gehaltenen Ausstattung eher schlicht und pragmatisch eingerichtet und verfügt über ein hochkarätiges, bassstarkes Soundsystem. Es ist nur ein Raum vorhanden, der von einer mittelgroßen Tanzfläche von zehn mal zehn Meter Größe dominiert wird: Das DJ-Pult befindet sich erhöht über den Köpfen der Tanzenden. Seit 2012 wird das Chesters Music Inn von den zwei jungen New Yorkern Dan DeNorch und Michael Ladner betrieben, die neue junge Musik von New York nach Berlin holen. Die beiden versuchen, die Dominanz der in Berlin vorherrschenden Musikstile House und Techno zu durchbrechen und mit anderen globalen Stilen sowie »black music« (Turner 2014: o. S.) anzureichern. DJ Lotik beispielsweise durchmischt in seinen Sets House mit Hip-Hop und Beats von Missy Eliot. Durch die Konzerte und das Line-up amerikanischer DJs wie Teengirl Fantasy frequentieren viele US-Amerikaner und Musikkenner aus Interesse am DJ-Set und an der gemeinsamen Party das Chesters. Daraus resultiert eine dynamische Atmosphäre, in der viele Tanzbewegungen früh sichtbar werden. Die Besucher tanzen frühzeitig am Abend und verfügen über ein artikuliertes und ausdifferenziertes Bewegungsrepertoire. Da sie hauptsächlich wegen der Musik und der gemeinsamen Tanzerfahrung das Chesters Music Inn besuchen, treten durch die Tanzlust hier Gruppenrelationen deutlicher hervor. In diesem Sinne schließt das

35 Für die historische Entwicklung von House und EDM-Kultur siehe Butler 2006: 34. Oder aus deutscher Perspektive Klein 2004: 121–147.

Chesters Music Inn als Ort der Clubforschung an die Situation während der Funkboxparty mit routinierten Clubbesuchern in New York an.

3. Groove als relationales Bewegungsphänomen

> Rhythm is a dancer, it's a soul's companion
> You can feel it everywhere
> Lift your hands and voices, free your mind and join us
> You can feel it in the air
> SNAP!, *RHYTHM IS A DANCER*, 1992[1]

Meine These, dass Groove als Bewegungsphänomen zu verstehen sei, stieß bei den Probanden zunächst auf heftigen Widerspruch. Die Überzeugung, Groove lasse sich nicht allein auf ein Bewegungsphänomen begrenzen, führe ich auf eine Mystifizierung der Cluberfahrung durch populäre Songtexte zurück, wie sie etwa in den Vocals des bekannten Dancefloor-Tracks von Snap! widergespiegelt wird. Nach den Versen der Popgruppe Snap! ist die rhythmische Tanzerfahrung in der Luft spürbar und berührt dabei die Seele. Dementsprechend wollten einige Probanden Groove als eine Erfahrung verstanden wissen, die sich auf mehrere Sinne – wie beispielsweise die taktile Wahrnehmung von Luft- oder Bodenvibrationen – und nicht allein auf die visuelle Wahrnehmung stützt. Sie sahen in der Musik den Ursprung jeder Tanzerfahrung und wiesen dem Bewegungsaspekt der kollektiven Versammlung eine untergeordnete Rolle zu.

In diesem Kapitel möchte ich die These in den Raum stellen, dass das somatische Erleben in der gemeinsamen Improvisation einem relationalen Bewegungsphänomen entspringt und die visuelle Wahrnehmung einen entscheidenden Beitrag zu dessen Wirkungsweise leistet. Über die Analyse der Ausrichtungen der Körper und Blickbeziehungen sowie der Experimente zu Tanz in unterschiedlichen Bewegungsumfeldern werde ich den großen Einfluss nachzeichnen, den visuell wahrgenommene Bewegungen auf die Tanzerfahrung haben.

1 Snap! und Candi Milo, *Rhythm Is a Dancer*, erschienen 1992 auf dem Album *The Madman's Return.*

3.1 BEWEGUNGSBESCHREIBUNGEN AUS DEN CLUBS: KÖRPER-SETTINGS

3.1.1 Berghain (06.10.2013)

Beim Aufstieg über die frei schwebende Treppe zum Tanzraum in der düster wirkenden Architektur des Berghain sind sofort dröhnende Bässe zu hören. Die Musik wird von den kahlen Betonwänden zurückgeworfen, Minimal-Techno-Rhythmen lassen den Raum vibrieren. Ambiente und Stimmung heißen den Besucher zunächst willkommen und geleiten ihn über die Treppe auf die Tanzfläche. Am Ende der Treppe stößt der Neuankömmling jedoch auf eine Wand, bestehend aus von ihm abgewandten Besuchern, die ihm den Weg in den Raum versperrt. Der Anblick ihrer Rückseite bereitet der einladenden Geste der Architektur ein abruptes Ende. Erst müssen die Rücken der leicht mitwippenden Besucher passiert werden, bis deren Reihe an einer Ecke ausfranst und es möglich ist, sich zwischen den Tänzern und Tänzerinnen hindurchzudrängen.

Im Berghain hat man den Eindruck, als schützten sich die Tanzenden vor den eintretenden und damit nichttanzenden Besuchern und verbannten die Nichttanzenden durch ihre Positionierung aus ihrem Wahrnehmungsbereich. Auf dem zweiten Dancefloor, der Panorama Bar im oberen Teil des Clubs, stehen die Tanzenden im Oval um das DJ-Pult herum und tanzen im rechten Teil des Raumes. Hier befindet sich der Eingang links neben dem Pult, dementsprechend bewegt sich der Strom der Ein- und Austretenden seitlich neben der Tanzfläche. Wie ein schützender Kokon umgeben die Tänzer und Tänzerinnen das DJ-Pult, dem sie sich zuwenden, und stecken so die Tanzfläche ab. Nur sehr selten sieht man Tanzende, die ihre Körperfront zum Eingang richten, also vom Tanzgeschehen abwenden.

Kai Fikentscher hat die Beziehung zum DJ in seiner Analyse der Clubkultur bereits besonders hervorgehoben (vgl. Fikentscher 2000: 81). Im Berghain kann Fikentschers Beobachtung nachvollzogen werden: Die Tanzenden richten sich scheinbar nur auf den DJ hin aus. Dennoch stellt sich die Frage, ob diese Positionierung möglicherweise weniger in Relation zum DJ als in einer produktiven Beziehung zu den anderen Tanzenden begründet ist. Im Berghain sind Tänzer und Tänzerinnen zu beobachten, die in Bezug auf ihre seitlichen Partner enger tanzen als auf die Besucher und Besucherinnen, die sich vor bzw. hinter ihnen aufhalten. In dieser räumlichen Beziehung können festere Konstellationen von miteinander Agierenden entstehen, die sich im Verband über eine gewisse Dauer langsam durch den Raum verschieben. Die Relation der Tanzenden untereinander scheint hier bedeutsamer zu sein als die Positionierung zum DJ.

3.1.2 Chesters Music Inn (13.11.2013)

DJ Lotic performt im Chesters Music Inn auf einem erhöhten Aufbau, sodass unter ihm die Tänzer und Tänzerinnen zur Club-Mitte hin und nicht diagonal nach oben zu ihm ausgerichtet sind. Im Chesters ist die Ausrichtung der Tanzenden dadurch kreisförmig, sodass keine einheitliche Raumrichtung erkennbar wird. Die äußere Abgrenzung dieses Strudels aus Körpern fluktuiert im Verlauf des Abends je nach Anzahl und Positionierung der Besucher, weitet sich, wölbt sich an den Seiten oder spaltet sich zu kleinen Öffnungen. Tänzerische Hochstimmung, flüssige erhöhte Bewegungsdynamik und erfreute Gesichter – Groove – werden nur innerhalb der Eingrenzungen sichtbar, die durch die Positionierung der Tanzenden mit Körperfront zur Mitte der Tanzfläche definiert werden. Die kreisförmige Anordnung und die Ausrichtung zum Zentrum der Tanzfläche verändern sich kaum, als mit dem DJ-Wechsel zu Nick Weiss von Teengirl Fantasy das Pult nach unten umgesetzt wird. Es entsteht keine vergleichbare Situation wie im Berghain oder der Panorama Bar, wo sich die Tanzenden auf das DJ-Pult ausrichten. Die Clubbesucher agieren im Chesters mehrheitlich seitlich diagonal zur Körperfront des Nachbarn vor ihnen und mit etwas Abstand zueinander, wobei eine körperliche Nähe nur erkennbar wird, wenn die Front eines Tänzers oder einer Tänzerin sich der Rückseite der Tanzenden annähert. Eine frontale Positionierung zwischen Tanzenden wird, wenn überhaupt, nur kurzzeitig sichtbar. Die Sprachwissenschaftler Jürgen Streeck und Mark Knapp haben in sprachlichen Kommunikationsprozessen eine frontale »Face-Formation« (Streeck/Knapp 1992: 5) im interaktionalen Feld herausgestellt, die im Club nur bei Unterhaltungen sichtbar wird, jedoch nicht beim Tanzen zu beobachten ist. Es kann also zunächst festgehalten werden, dass Clubber sich prinzipiell seitlich zueinander positionieren und einer frontalen Gegenüberstellung zueinander ausweichen. Daraus entstehen parallele Anordnungen im Raum, die zum DJ ausgerichtet sein können, aber nicht müssen. Im folgenden Abschnitt werde ich unter Bezugnahme auf die Ergebnisse der Übung mit Studierenden im DanceLab der Freien Universität Berlin dieser Positionierung im Experiment 1 weiter nachgehen und die Bedeutung von Bewegungen im Blickfeld der Tanzenden herausarbeiten, die nötig sind, damit Groove entstehen kann.

3.2 LABOREXPERIMENT 1: STILLE KÖRPER ALS WIDERSTAND FÜR LUSTVOLLE BEWEGUNG

Die Tanzlabor-Experimente mit den Studierenden wurden vor dem Hintergrund einer bestimmten Fragestellung entworfen und durchgeführt. Im Laborexperiment 1 (LE 1) wurde herauszufinden versucht, ob Bewegungen im Umfeld eines Tanzenden dessen Bewegungsaufwand steigern. Dazu platzieren sich acht Probanden mit Cluberfahrung – aber ohne bühnentanztechnische Vorkenntnisse – mit mir in einem Kreis. Den Rücken einander zugewandt, erhält jeweils einer oder eine der Teilnehmenden die Aufgabe, in der Mitte der Aufstellung kontinuierlich zu eingespielter Musik zu tanzen. Die Teilnehmenden begeben sich einzeln nacheinander in die Tänzerrolle, um die Wirkungsweisen von Anweisungen auf den eigenen Tanz zu erleben. Folgende Anweisungen wurden kollektiv performt:

- (Anweisung 1) jeder tanzt, wie er will;
- (Anweisung 2) jeder bounct nur mit dem Oberkörper;
- (Anweisung 3) alle stehen still.

Für alle Teilnehmer und Teilnehmerinnen ist es sehr überraschend, wie stark sich die Auswirkungen der Wechsel zwischen den bewegten und stillen Körpern auf den eigenen Tanz wahrnehmen lassen. Eine Probandin empfindet das Weitertanzen zwischen den stillen Körpern als »anstrengend« (LE 1). Eine andere berichtet, dass sie »automatisch« (LE 1) stehen bleibt.[2] Die Gegenwart von bewegungslosen Körpern innerhalb des eigenen visuellen Wahrnehmungsfeldes stellt laut Aussagen der Probanden einen »Widerstand« dar, der ihren eigenen Tanz hemmt (LE 1). Dieser Effekt komme direkt nach dem Wechsel der Anweisungen zum Tragen, wodurch in der Improvisation auch eine sichtbare Veränderung ausgelöst wird.

In der Videoaufzeichnung ist nachträglich zu sehen, dass der raumgreifende Tanz eines Probanden in dem Moment abbricht, als die anderen Tanzenden abrupt stillstehen.[3] Er tanzt ein paar Beats weiter, bis er selbst stehen bleibt; danach wippt er nur noch verhalten mit. Analog dazu, dass ein bewegungsloser Körper auf den Tanzenden hemmend wirkt, fallen Tanzbewegungen leichter und sind intensiver, wenn die Anweisung gegeben wird, gemeinsam zu tanzen. Eine Pro-

2 »Ich hatte sogar vergessen, dass wir ja weitertanzen sollen. Das [Weitertanzen] ging überhaupt nicht.« (LE 1).

3 Siehe Videomaterial (LEV 1: 1:51 min).

bandin beschreibt, dass der Bounce im Bewegungsumfeld aufmunternd wirkt, die erste Anweisung zum freien Tanz jedoch eine noch animierendere Wirkung hat.[4] In der Laborsituation hat sich ein Groove-Gefühl sogar so weit eingestellt, dass die Bewegungen als freier und lustvoller beschrieben werden.[5] Hierbei ist anzumerken, dass diese subjektiven Erfahrungen der jeweiligen Tanzenden auf dem Video nicht einfach nachzuvollziehen sind. Die beschriebenen Erlebnisse waren vor allem in den Gesichtern, etwa am Lächeln, ablesbar und wurden nur bedingt in den Bewegungen deutlich. Die Teilnehmenden waren nach eigenen Angaben in der Lage, im Sinne der Aufgabenstellung ihren Tanz weiterzuführen und die hemmende Wirkung ihrer Umgebung auszugleichen.

Die Diskrepanz zwischen dem subjektiven Empfinden der Teilnehmer und den objektiv sichtbaren Bewegungsabläufen auf dem Video ist überraschend deutlich. Wie genau die Tanzbewegungen sich unterstützen, wird eingehender in Kapitel 4 und 5 untersucht. Das Laborexperiment 1 zeigt deutlich, wie stark die subjektiv empfundene Unterstützung durch den gemeinsamen Tanz ist. Die Beschreibungen der Teilnehmenden weisen auf ein Phänomen hin, das auf visuellen Eindrücken basiert, denn auch ohne Musik sind diese Wirkungen im Laborexperiment 2 (LE 2) nachweisbar. Anhand der Befunde aus den Clubfeldstudien wird der unterstützenden Funktion von Blicken beim Tanzen im Club in einem weiteren Abschnitt nachgegangen.

3.3 Feldstudie ://about blank: ›Automatische‹ Bewegungen in einem unterstützenden Umfeld

Im Rahmen des Laborexperiments war es den Teilnehmern und Teilnehmerinnen besonders wichtig, genauer zu hinterfragen, ob und wie Groove und gemeinsamer Tanz durch visuelle Eindrücke hervorgebracht werden können. In der Gruppe wurde die Ansicht vertreten, dass Groove auch über andere energetische Eindrücke vermittelt wird. Im Tanzstudio ließen sich diese durch die im Vergleich

4 »Am Anfang hat halt keiner getanzt und ich fand es irgendwie lustig, da mir keiner zugeschaut hat. Ich fand die Musik gerade gut, doch dann haben alle angefangen zu bouncen und ich dachte, ›hey cool, ich mach mit‹, und dann war es bei Nummer 1 noch ausfälliger.« (LE 1).

5 »Das Gruppengefühl war so stark, dass sich der Groove plötzlich eingestellt hat. […] Ich war freier in der Bewegung […] und die Lust am Tanzen hat sich intensiviert.« (LE 1).

zu Clubs unterschiedliche Atmosphäre und die geringe Anzahl an Tanzenden nicht künstlich herstellen und wären deshalb dort nicht wirksam. In der Feldstudie im ://about blank (FB Blank) wurde das Augenmerk daher auf die verschiedenen Wahrnehmungsstrategien gerichtet, um die Erkenntnisse aus dem Labor im Feld zu verifizieren. Die Anweisung, beim Tanz nur die Wand oder bewegungslose Clubbesucher im Blick zu behalten, sollte helfen herauszufinden, ob es nicht eher sichtbare rhythmisch bewegte Körper sind, die es Tanzenden erleichtern, selbst Bewegungen zu improvisieren. Gäbe es andere energetische Wahrnehmungen, wären sie auch beim Blick auf die Wand spürbar und für den Tanz nicht hinderlich. Der Blick auf die Wand sollte dafür sorgen, dass keine störenden und übergreifenden visuellen Stimuli vom Betrachter aufgenommen werden, um die möglicherweise rezessive energetische Wahrnehmung nicht zu behindern.[6]

Alle Befragten geben an, dass sie lieber in einer Gruppe tanzen und dass die Bewegungen der umliegenden Personen ihre Tanzerfahrung beeinflussen können. Die Probanden fühlen sich erst dann zum Tanzen motiviert, als im Nebel Bewegungen von Oberkörpern erkennbar werden. Ohne Tanzende als Referenzpunkte im Raum, wird die Improvisation schwerfällig.[7] Viele Tanzende schließen zudem absichtsvoll ihre Augen, um sich besser auf ihre Körpererfahrung zu konzentrieren, sich nicht ablenken zu lassen oder sich zu entspannen. Den Blick

---

6 O'Shaughnessy beschreibt, dass sich die Propriozeption zu anderen Sinnen rezessiv verhält und z. B. vom Blick überlagert wird (vgl. O'Shaughnessy 1995: 182).

7 »With the white smoke I lost sight of the people dancing around me, which made dancing feel a bit heavy. There were no reference points anymore. Only when I turned around in a direction, where a light-source was directed at me from behind a group of people dancing, I could see the silhouettes of their heads and upper bodies bouncing in a somewhat synchronised movement that made me feel motivated to continue dancing again. […] I do close my eyes every now and then while dancing. Most of the times I just almost close them, more like resting my eyes, but still allowing some light and colours through. It feels relaxing. Also, minimizing my visual perception to the essentials (a vague clue about what is going on around me, a bit of light, colour and shadows/silhouettes of movement preventing me from bumping into other people and giving me points of reference in case I need/want them) makes it easier for me to just be a living body without my eye spotting too much external to focus on. I never dance looking at the wall. Such a weird thing to do. Wouldn't cross my mind to do it normally, but tonight I tried. Yeah, eh … Doesn't really do it for me. Felt lonely. Asocial. Ridiculous.« (FB Blank: 4).

zur Wand gerichtet zu halten, wird als eigenes unsoziales Verhalten (»[a]social«, FB Blank: 4) und als unangenehm beschrieben.

Ein Wechsel zwischen verschiedenen Wahrnehmungsstrategien, etwa durch das selektive Fokussieren erleichternder bzw. erschwerender visueller Stimuli, macht sich auch mit Blick auf die Wahl des Tanzplatzes bemerkbar. Eine Probandin versucht zu vermeiden, sich neben einem Ausgang oder in der Nähe eines Durchgangs aufzuhalten, da sie sich durch Passierende gestört fühlt.[8] »Rempeleien« (FB Blank: 10) und »Gedränge« (FB Blank: 7) – also unangenehme Berührungen (FB Blank: 1/6) – wirken ebenso ablenkend und hemmend auf die Probanden wie stehende und nichttanzende Beobachter.

Clubbesucher suchen sich deshalb einen Tanzplatz, an dem sie ihren Blick auf tänzerische Handlungen anderer richten können, die ihrer eigenen tänzerischen Intention entsprechen (FB Blank: 3/7/9). Der Blick wird dabei unfokussiert in den Raum gelenkt (FB Blank: 1/2/6), anstatt andere Tanzende direkt anzuschauen (FB Blank: 1). Um sich weiterhin auf ihren Tanz konzentrieren zu können, berichtet eine Probandin, dass sie den DJ anblickt, der als Referenzperson meist zu seinen Beats mittanzt und somit einen kontinuierlichen, tänzerisch-musikalischen Bezugspunkt darstellt (FB Blank: 6). Auch Tanzende im näheren Umfeld können als Bewegungsreferenzpunkte fungieren, deren Vorgaben die eigene Improvisation beeinflussen (FB Blank: 7). Erst dieses Umfeld ermöglicht es den Probanden, Groove als »ein vollkommenes Aufgehen in der Musik mit den Menschen um sie herum« (FB Blank: 7/9) zu erleben. Groove wird hierbei als eine »ansteckende, bewegungsfördernde und gute« Erfahrung beschrieben (FB Blank: 10), »in der nicht mehr bewusst über Tanzbewegungen nachgedacht werden muss und sie trotzdem geschehen« (FB Blank: 7). Das Erleben einer Erleichterung und »Automatisierung« (FB Blank: 2/6) ohne bewusste Kontrolle der eigenen Bewegungen kennzeichnet bei allen Teilnehmern der Übung und der Kontrollgruppe die subjektive Groove-Erfahrung. Clubtänzer und Clubtänzerinnen versuchen sich demnach in ein Umfeld zu begeben, in dem möglichst viele

8 »I want people to dance around me, preferably in all directions. First of all, I feel less exposed that way. Less exposed to people who do not dance; people who only stand and watch. Second, the movement of other bodies moving around me usually supports my dancing in a way that couldn't be possible when I dance alone. But then again, I don't want them to be too close. I don't want them to touch me. Not excessively at least. No bumping in to me, no hitting me with elbows. […] But that requires some sort of organisation already, and my experiences tell me that that is more likely to happen later on in the night when people already danced in the same space for some time.« (FB Blank: 4).

Personen tanzen, sodass tänzerische Bewegungen im Blickfeld behalten werden können. Eine solche Umgebung unterstützt nach Angabe aller Probanden den eigenen Tanz. Eine Teilnehmerin nennt dies ein »Nest-Bubble« (FB Blank: 3) – ein Ausdruck, der sich mit meinen Beobachtungen bei den Positionierungen in der Panorama Bar deckt, in der ich einen Kokon von Tanzenden ausmachen konnte (vgl. Kapitel 3.1).

Beim Umherschweifen der Blicke können die umgebenden Clubbesucher jedoch auch störend wirken. Wenn der Raum durch irritierende Lichteffekte oder die anderen Besucher durch zu auffällige Bewegungen (FB Blank: 2) die Aufmerksamkeit allzu sehr auf sich ziehen, fühlen sich Tanzende gestört, in der Folge gerät die eigene Improvisation aus dem Fokus (FB Blank: 2/5/7). Eine zu helle Beleuchtung kann dies noch verstärken (FB Blank: 5). Um visueller Ablenkung entgegenzuwirken und sich besser in den Rhythmus einfühlen[9] zu können, schließen einige Probanden die Augen (FB Blank: 2/6/7). Dies gibt den Tanzenden das Gefühl, ihren Körper und die Musik miteinander in einen »harmonischen Einklang« (FB Blank: 7) bringen zu können. Bleiben die Augen zu lange geschlossen, führt dies jedoch zu Orientierungsverlust und Unsicherheit (FB Blank: 1/9).

Zusammenfassend ist auf der Grundlage dieser Eindrücke festzuhalten, dass Tanzende in ihrer visuellen Wahrnehmung zwischen einer Öffnung für unterstützende Stimuli wie tanzende Referenzpersonen und dem Ausblenden störender Ablenkungen changieren, um die Aufmerksamkeit auf die Körpererfahrung zu richten – ganz ohne störende Gedanken, ungeplant und wertfrei.[10] Bewegungen werden im visuellen Umfeld von Tanzbewegungen so empfunden, als würden sie automatisch getanzt und aus dem Körper heraus emergieren.

3.4 Feldstudie Chesters Music Inn: Leichtigkeit im intensiven Groove

In der Feldstudie im Chesters Music Inn (FB Chesters) versuchen die Teilnehmer und Teilnehmerinnen, mit den im ://about blank gewonnenen Erkenntnissen

9 Probandin 7 erläutert, wie sich ihr Körper auch mit geschlossenen Augen »leichter oder wie von selbst zu den gehörten Rhythmen« bewegen kann (FB Blank: 7).

10 »I am only tuned on physical information that leads me into a concentrated body experience, [...] where there is no more room for thoughts or judgements« (FB Blank: 3).

zu experimentieren.[11] Um den Wirkungen von Schutzhaltungen und Ausgrenzungspraktiken nachzugehen, wird die Aufgabe gestellt, mitten unter den anderen Tanzenden still stehen zu bleiben. So soll herausgefunden werden, ob die Tanzenden den bewegungslosen Körper wie in der Übung im Bewegungslabor als Widerstand wahrnehmen und aus ihrem Umfeld ausgrenzen. Die in den vorherigen Kapiteln aufgezeigte Verbindung zwischen intensiver Körpererfahrung und kollektiver Handlung kann durch die Fragebögen der Probanden weiter untermauert werden.

Wenn sie unter Tanzenden ihre Bewegungen einstellen, machen die Probanden die Erfahrung, dass andere Besucher sie argwöhnisch beäugen und sich von ihnen abwenden (FB Chesters: 3/6). Den meisten Teilnehmenden der Studie fällt dieses Experiment sehr schwer, da sie sich von der Umgebung auf der Tanzfläche zum Tanzen animiert fühlen.[12] Der Impuls, sich mit der Gruppe zu bewegen, muss von ihnen aktiv unterdrückt werden (FB Chesters: 1/3/4/5/6). Die Schwierigkeit, in der tanzenden Gruppe still stehen zu bleiben, ist so groß, dass das Experiment als unangenehm beschrieben wird. Dieses Empfinden kann aus dem affizierenden Potenzial der Bewegungen auf dem Dancefloor resultieren[13] oder aus dem psychologischen Druck, sich nicht öffentlich mit ›unangemessenem‹ Verhalten zu exponieren.[14] Es lässt sich hierbei nicht eindeutig feststellen, wie lange die jeweiligen Teilnehmer die unbewegte Position durchhalten können, mit der sie einen Widerstand im Tanzgeschehen darstellen. Auf der Tanzfläche empfinden sie ihren bewegungslosen Körper in der Menge selbst als Störfaktor (FB Chesters: 5). Eine Probandin berichtet zwar nicht von einer Abwendung anderer Tanzender, nimmt jedoch wiederholt wahr, dass ein fremder Tänzer in ihrem

11 Zwei Probandinnen hatten jeweils einen Clubbesuch verpasst und versucht, die Recherche ohne die Forschungsgruppe in einem vierten Club nachzuholen. Da ihre Aussagen denen der anderen Teilnehmenden ähneln, integriere ich ihre Erfahrungen trotzdem in die Argumentation.

12 »Wenn ich aufhöre zu tanzen und einfach nur stehe, werde ich von anderen Tanzenden schnell wahrgenommen. Ein paar gucken mich argwöhnisch an und wenden sich von mir ab, versuchen also, mich aus ihrem Blickfeld herauszuhalten. Für mich selbst fühlt es sich komisch an, da alle Leute um mich herum tanzen und ich eigentlich auch tanzen möchte. Ich muss das Tanzen auch tatsächlich unterdrücken und ganz bewusst nicht tanzen. Wenn ich einfach nur dastehe, ohne mich bewusst daran zu hindern, fange ich langsam an zu tanzen.« (FB Chesters: 6).

13 »Ich muss mich richtig wehren, um still bleiben zu können.« (FB Chesters: 4).

14 »Also, funnily enough, I felt a bit ashamed somehow to just stand there knowing that this might actually be really disturbing for someone next to me.« (FB Chesters: 1).

Umfeld immer dann seinen Tanz in einen kleinen Bounce abschwächt, wenn sie selbst ihre Bewegungen einstellt.[15]

Die Bewegung erleichternde Situation bzw. deren Unterbrechung durch stillstehende Körper kann ich im Chesters sowie im ://about blank auch in der eigenen Improvisation nachvollziehen (BP Chesters). Während ich still in der tanzenden Menge zu verharren versuche, wenden sich die umliegenden Personen von mir ab und gehen auf Distanz. Innerhalb weniger Momente bildet sich eine Art ›Auswölbung‹ oder Lücke um mich herum. Die Abwendung der Clubbesucher als Rückenfront vom Eingang, wie sie für das Berghain beschrieben wurde (BP Berghain), schafft damit eine Abgrenzung der Tanzfläche zu anderen Räumlichkeiten und kann als präventiver Schutzmechanismus interpretiert werden. Der Anblick von Bewegungen, die vom Groove abweichen, kann so von den Personen auf der Tanzfläche ausgeblendet und das Wahrnehmungsfeld durch die Drehung zur tanzenden Menge ganz auf den Tanz erleichternde Stimuli gerichtet werden. Die Tanzfläche konstituiert sich nicht in erster Linie als freie Fläche innerhalb eines Clubs oder durch die Ausrichtung zum DJ-Pult, sondern durch die Ansammlung von rhythmisch bewegten Körpern. Die Versammlung von gemeinsam Tanzenden scheint demnach eine eigene Wirkungsmacht zu haben, die die Tanzerfahrung produktiv beeinflusst; diese soziale Umgebung macht Groove-Erfahrungen überhaupt erst zugänglich.

Das produktive Potenzial dieser Umgebung scheint mit der subjektiven Präferenz jedes Einzelnen verknüpft zu sein, wobei die Strategien zur Intensivierung der Tanzerfahrung an die Situation angepasst werden. Eine Probandin beschreibt unterschiedliche Umgangsweisen mit der Situation auf zwei verschiedenen Tanzflächen (FB Chesters: 3): In sich gekehrter, auf das Körpererleben konzentrierter Tanz wird von kommunikativen und offenen Tanzpraktiken unterschieden.[16] Die tänzerische Groove-Erfahrung kann hier entlang eines Spektrums ver-

---

15 »[...] I was 100% sure that the guy dancing diagonally behind me was going back from actually dancing into a small Bounce just a few seconds after I stopped dancing. I repeated this three times and his reaction was always the same.« (FB Chesters: 1).

16 »Morgens [auf der Hedoparty] wurde der größere Floor eher zum Ort für Trance/Deep Techno. Er wurde wenig beleuchtet und stark benebelt. Auf dem anderen Floor gab es hellere Licht- und Konfettispiele, Glitzer und ›fröhlichen‹ Minimal/Techno. [...] Im dunklen Floor tanzte ich in mich gekehrter und hemmungsloser und auf dem hellen Floor tanzte ich kommunikativer und gepackter von den Signalen der Menschen um mich herum. Je nach Stimmung fühlte ich mich auf dem einen oder auf dem anderen Floor wohler. Auf beiden Floors erlebte ich den Groove. [...] Durch die Dunkelheit und die Nebelschwaden konnte ich kaum die Menschen um mich herum wahrnehmen

ortet werden, das von isolierter Konzentration auf das somatische Erleben von Musik bis hin zur produktiven Wirkung sichtbarer Bewegungen anderer Tanzender reicht. Beide Erfahrungsaspekte zielen auf ein differenziertes Körpererleben über die Dauer des Grooves. Körper und Muskeln werden dabei als »locker und leicht« beschrieben (FB Chesters: 5), Tanzende werden sich ihrer Körperteile bewusster bzw. empfinden diese stärker: Je intensiver der Groove, desto ausgeprägter ist auch dessen körperliche Auswirkung (FB Chesters: 4).[17] Die Probanden verspüren im Groove trotz raumgreifender, zahlreicher und anstrengender Bewegungen keine Müdigkeit (FB Chesters: 2). Eine Ablenkung von dieser starken Körpererfahrung kann, ähnlich wie durch äußere Störungen, auch durch Gedanken erfolgen (FB Chesters: 6).

Clubtanz kann nach diesen Befunden als intensive, körperliche Erfahrung beschrieben werden, die durch die visuell erfasste, gemeinsame tänzerische Handlung verstärkt und deren erlebter Kraftaufwand dadurch erleichtert wird. Den Moment, in dem die Tanzenden diese Handlung nicht mehr intentional steuern, sondern durch Musik und Bewegung mitgerissen werden, bezeichne ich als Groove-Erfahrung. Das damit verbundene körperbezogene Erleben wurde bis jetzt als somatisches Erleben verstanden. Im Folgenden möchte ich diese Erfahrung mit dem Begriff der Kinästhesie genauer fassen.

---

und in mir kam das Bedürfnis stärker auf, mich auf meinen eigenen Körper zu konzentrieren. Beim Groove-Gefühl auf dem dunklen Floor merkte ich eher die eigenen Kräfte [...]. Bewegungskräfte, die von anderen auf mich einwirkten, nahm ich auf dem dunklen Floor sehr fragmentartig wahr, da nur ab und zu helleres Licht die Menschen um mich herum beleuchtete. Ich versuchte nicht mehr so sehr, mein Körpergefühl an die anderen anzupassen, sondern mich von innen heraus in Bewegungsimpulse hineinzusteigern. Das Groove-Gefühl auf dem hellen Floor war eher von einer Ekstase durch die Gemeinsamkeit geprägt. Ich glaubte wahrzunehmen, wie sich die Kräfte beim Ausdrücken meines Körpergefühls auf die anderen auswirkten und wie Kräfteschübe anderer Personen sich auf mich auswirkten.« (FB Chesters: 3).

17 Für eine Probandin verändert sich das Körpererleben auch durch den Einfluss von Drogen, u. a. MDMA (Ecstasy). Wie schon vorher angemerkt, gehe ich in dieser Arbeit nicht auf die Zusammenhänge zwischen Clubkultur, Groove und Drogenkonsum ein, da diese Perspektive explizit von anderen Autoren untersucht wurde. Da Drogen – wie Ecstasy – (vgl. Jackson 2004: 55ff.) genauso wie die beschriebene Tanzpraxis auf die taktile Aufmerksamkeit zielen, sind beide Praktiken in meinen Augen komplementär zueinander, und meines Erachtens steht der körperliche Zustand bei Drogenkonsum und dessen Manifestation nicht im Widerspruch zu den Tanzpraktiken.

3.5 GROOVE ALS RELATIONALES BEWEGUNGSPHÄNOMEN IN DER KINÄSTHETISCHEN WAHRNEHMUNG

Groove ist eine kinästhetische Erfahrung. Aus den griechischen Wörtern *kine* für Bewegung und *aisthesis* für Empfinden abgeleitet, setzt sich dieses Bewegungsempfinden nicht nur aus der Propriozeption der Muskel-, Haut- und Gelenkrezeptoren sowie der Wahrnehmung aus dem Innenohr zusammen, sondern integriert nach James J. Gibson (vgl. Gibson 1966) auch Informationen über Position, Bewegung und Orientierung mit visuellen, akustischen und taktilen Reizen. Ähnlich wie Gibson begreift Susan Leigh Foster diesen Prozess als aktiven Wahrnehmungsvorgang, der die Eindrücke aus der Umgebung extrahiert und zu einem kinästhetischen Sinn synthetisiert (vgl. Foster 2011: 115).

Kinästhesie verstehe ich im Folgenden als eine somatisch empfundene Erfahrung, in der Informationen aus mehreren Wahrnehmungssystemen zusammengeführt werden und mit somatischer Evidenz in Erscheinung treten. Was als kinästhetisch empfunden und wie intensiv diese Tanzerfahrung erlebt wird, bleibt nach den Erfahrungen der Probanden an die Struktur von Musik und Bewegungen anderer Tanzender gebunden. Wie im ersten bzw. zweiten Kapitel beschrieben, schiebt sich die Propriozeption der Tanzenden im Club durch Bounce, flüssige Impulsübertragungen und eine elastische Grundspannung in den Fokus der Wahrnehmung, in dem die Körper intensiver und detailliert erfahrbar werden. Im Moment des Grooves verwebt sich die propriozeptive taktile Erfahrung produktiv mit den gehörten Rhythmen der Musik, den visuellen Bewegungen in der eigenen Wahrnehmungsreichweite. Akustische, visuelle und propriozeptive Informationen korrelieren miteinander und bringen ein harmonisches Zusammenspiel hervor, das die Improvisation erleichtert. In diesem Sinne stützt sich Groove auf eine produktive Organisation von Bewegung, Musik und propriozeptivem Erleben. Der Bezug des Organisationsbegriffs auf eine harmonische Ordnung kann als produktives Ineinandergreifen dieser drei Faktoren verstanden werden. Da Propriozeption nach O'Shaughnessy als aktiver aufmerksamer Prozess beschrieben werden kann (vgl. O'Shaughnessy 1995: 177ff.) und kinästhetische Wahrnehmung nicht außerhalb des Bewusstseins vollzogen wird (vgl. Csíkszentmihályi 1988: 20)[18], ist es meines Erachtens möglich, von einer Ordnung im Bewusstsein zu sprechen.

---

18 Im Englischen gibt es für das deutsche Wort ›Bewusstsein‹ die Begriffe *awareness* und *consciousness*. Dabei kann *awareness* neben *attention* und *memory* als Unterkategorie von *consciousness*, Bewusstsein allgemein, verstanden werden, sodass Proprio-

Als harmonische »Ordnung im Bewusstsein« sieht der Psychologe Mihály Csíkszentmihályi die Flow-Erfahrung (ebd.).[19] In seiner durch langjährige Forschungen gestützten *flow-experience theory* beschreibt Csíkszentmihályi diese Momente als Gegenteil von psychischer Entropie, »das heißt von Informationen in unserem Bewusstsein, die mit bestehenden Absichten im Widerstreit liegen oder die uns abhalten, diese Absichten zu verfolgen« (Csíkszentmihályi 1998: 57). Denken die Probanden über ihre Bewegungen nach oder wird ihre Konzentration durch einen beobachteten Blick oder durch die Berührung eines Nachbarn abgelenkt, entgleitet die ›harmonische‹ Ordnung der Bewegungen und die Groove-Erfahrung ebbt ab. Rempeleien, die Betrachtung von auffallenden Bewegungen im hellen Licht und das Empfinden von Unsicherheit dürfen als Faktoren gelten, die mit der Absicht, zu tanzen und damit die Bewegung mit der Musik in Einklang zu bringen, in Konflikt stehen.

Auf der Ebene der Propriozeption lässt sich dies weiter nachvollziehen: Im alltäglichen Leben bleibt dieser Prozess meist unbewusst. Dazu schreibt O'Shaughnessy: »Within this hierarchy [of one's limited space of attention], proprioception will normally play a recessive and harmonious role.« (O'Shaughnessy 1995: 182) Wenn sich Propriozeption rezessiv zur visuellen Wahrnehmung oder anderen Denkabläufen verhält, dann müsste die geordnete Koordination von Körperteilen in der Propriozeption von diesen gestört werden. In den Beschreibungen wird deutlich, dass sich durch die Ablenkung von der rezessiven Propriozeption durch dominante Stimuli die Leichtigkeit der Improvisation und die Qualität des Tanzes ändern.

Heinrich von Kleist hat in seinem Text *Über das Marionettentheater* bereits 1810 darauf hingewiesen, dass der betrachtende Blick imstande ist, sich wie eine »unsichtbare und unbegreifliche Gewalt [...], wie ein eisernes Netz um das freie Spiel [der] Gebährden zu legen« (von Kleist 1997: 326). Kleist macht mit Blick auf das Theater bereits deutlich,[20] wie die flüssige, ›automatische‹ Bewegung

zeption als Teil des allgemeinen Bewusstseins angesehen werden kann (vgl. Csíkszentmihályi 1988: 20).

19 Obwohl die Forschungen zur Flow-Erlebnis-Theorie schon einige Jahre alt sind, sind sie nach wie vor aktuell, wie zahlreiche neue Studien zum Flow-Erlebnis beim Web-Surfen nahelegen (siehe unter anderem: Novak 2003: 3–16).

20 Heinrich von Kleist bezieht sich hier auf die Bewegungen von Tänzern und Tänzerinnen in einer Oper: »Sehen Sie nur die P... an, fuhr er fort, wenn sie die Daphne spielt, und sich, verfolgt vom Apoll, nach ihm umsieht; die Seele sitzt ihr in den Wirbeln des Kreuzes; sie beugt sich, als ob sie brechen wollte, wie eine Najade aus der Schule

durch das Bemühen nach rationaler Kontrolle gestört werden kann. Übertragen auf den Clubkontext scheint es, dass Gedanken, die die Bewegung zu steuern versuchen, von der rezessiven Propriozeption ablenken. Der Bounce und die improvisatorische Koordination der verschiedenen Bewegungsebenen bewirken stattdessen ein Herabsinken in ein rezessives Bewusstsein, in dem ein von Musik strukturierter und geordneter Bewegungsfluss möglich wird. Im Clubtanz folgen die Tanzenden den Vorgaben der potenziellen Bewegungsspielräume ihrer Extremitäten und lassen sich im Einklang mit der Musik von diesen leiten.

Zur Erklärung dieses Phänomens kann auch die Neurowissenschaft herangezogen werden. Michael H. Thaut verweist in seinen Ausführungen zum »Motor-Drive« von Strawinskys Musik auf Studien von S. Rossignol und Melville Jones aus den Jahren 1967 und 1976, in denen komplexe physiologische Verknüpfungen zwischen auditiven Funktionen und Bewegungssystemen untersucht werden, die unterhalb von bewussten Verarbeitungsprozessen im Gehirn ablaufen (vgl. Thaut 2010: 19). Thaut geht demnach davon aus, dass die Wahrnehmung von Klängen das Bewegungssystem katalysieren kann (vgl. ebd.). Viele Studien haben laut Thaut gezeigt, wie effektiv auditive Rhythmen als Struktur für Bewegungskoordination sein können (vgl. ebd.: 20) und dass diese damit in der Lage sind, Bewegung zu ordnen. Vor diesem Hintergrund liegt es nahe, dass viele Tanzende im Club die Augen schließen, sich in ihrer eigenen Kinesphäre isolieren und so Vorkehrungen treffen, um sich von der Musik leiten zu lassen und eine kinästhetische Harmonie in den Bewegungen hervorzubringen.

Während die Musik als grundlegender Faktor für die Strukturierung der Bewegungen anzusehen ist, wird in den Beobachtungen der Clubstudien und des Labors deutlich, dass die sichtbaren Bewegungen in der Umgebung der Tanzenden ebenso wichtige Wirkfaktoren darstellen wie die Musik. Auf sich alleine gestellt, fällt es Tanzenden schwer zu grooven. Vor allem für ausdauerndes Tanzen über einen längeren Zeitraum sind visuelle Reize förderlich. Wie das Laborexperiment zeigt, vereinfacht und erleichtert kollektiver Tanz die individuelle Bewegungsgenerierung. Mit meiner Untersuchung (LE 1, FB Blank/FB Chesters) kann die Hypothese untermauert werden, dass durch gemeinsamen Tanz eine kollektive Groove-Erfahrung entstehen kann, welche die Tanzenden auf der Tanzfläche als Versammlung konstituiert. In der Ausrichtung und gegenseitigen Unterstützung grenzen sich die Tanzenden von den Stehenden bzw. Nichttanzenden an der Bar, am Rand und sogar auf der Tanzfläche ab. Im Gegensatz zu anderen Versammlungsformen (vgl. dazu Peters 2011: 189ff.) scheint es auf den

Bernims. […] Solche Mißgriffe, setzte er abbrechend hinzu, sind unvermeidlich, seitdem wir von dem Baum der Erkenntniß gegessen haben.« (Von Kleist 1810: 322).

Clubtanzversammlungen keiner direkten gegenseitigen Adressierung zu bedürfen. Wenn Tanzende bemerken, dass sie in ihrer Tanzhandlung von anderen Personen beobachtet oder durch die körperliche Ausrichtung eines anderen Tanzenden adressiert werden, kommt qua Präsenz des Gegenübers auch ihr Selbst[21] in ihr Bewusstsein zurück. Im fließenden Tanz scheint dieses Selbst allerdings in den Hintergrund zu treten. Die Teilnehmenden denken nicht mehr über sich und ihre Bewegungen nach und sie positionieren sich auch nicht entlang einer adressatenbezogenen interaktionalen Kommunikationsachse. Was im Tanz verloren geht, ist, nach Gabriele Klein, nicht die Bewusstheit des eigenen Körpers oder der Körperfunktionen, sondern »lediglich das Selbst-Konstrukt, die vermittelnde Größe, welche wir zwischen Stimulus und Reaktion einzuschieben gelernt haben« (Klein 2004: 173). Hillegonda Rietveld fasst es so, dass

»in addition to the attempt to disappear from the outside ‚eye' or gaze there is also a disappearance from the ›I‹ and the ›eye‹ of ›the self‹ whilst consuming house music on the dance floor. The dancer loses a sense of alienation during the abandonment to the relentless *Groove* […] that can make the dancer lose his or her bearings.« (Rietveld 1998: 11).

Durch die gemeinsame Bewegung und nicht durch ein erkennendes Adressieren verlieren die Tanzenden das Gefühl der Vereinzelung. Tänzerische Bewegung ist hier das ausschlaggebende Kriterium, durch das sich dieses Kollektiv konstituiert. Es ist keine Adressierung von Subjekten oder Individuen, sondern eine Öffnung der Wahrnehmung für Bewegungen, die sichtbar in der diagonalen (und nicht frontalen) Körperpositionierung der Tanzenden etabliert wird. Die Körper stehen dabei in visueller Relation zu den Mithandelnden, ohne in expliziten Kontakt mit ihnen zu treten. Folgt man Phil Jackson, so kann diese Form eine Adressierung der Körperlichkeit der Mittanzenden sein. »The party arises from people's determination to participate. It must become visible on the surface of the flesh.« (Jackson 2004: 93) Das Tanzen im Club scheint auf eine Form der Begegnung zu verweisen, die sich nicht als ein »encounter with a single focus of cognitive and visual attention« (Goffman 1963: 89) definieren lässt, sondern mit einem ungerichteten, umherschweifenden Blick praktiziert wird. Dieser Blick ist für Bewegungen auf der Oberfläche des ›Fleisches‹ sensibilisiert. Das erlebte Kollektiv stützt sich nicht auf ein gegenüberstehendes Außen. Vielmehr werden die Außenstehenden aus der visuellen Wahrnehmung ausgeblendet.

---

21 »The self is simply an epiphenomenon of conscious processes, the result of consciousness becoming aware of itself. The structure of memories, and future goals.« (Csíkszentmihályi 1988: 20).

Die Fähigkeit, sich den musikalischen Rhythmen hinzugeben und seine Bewegungen nicht bewusst zu kontrollieren, um den Groove zu erfahren, ist eine individuell erlernte Praxis. Die Teilnehmer der Studie beschreiben deutlich, was sie zu einer optimalen Groove-Erfahrung benötigen und wie sie sich auf der Tanzfläche bereits vorab in eine produktive Position bringen, um diese zu erreichen. Dazu suchen sie sich bestimmte Referenzpersonen aus, zwischen denen sie sich platzieren. Gespeist aus der Erfahrung unzähliger Stunden auf der Tanzfläche generiert sich ein subjektives Wissen darüber, was die jeweiligen Tanzenden für ein Groove-Erlebnis benötigen oder wovon sie sich besser fernhalten. Diese situative Optimierung in Bezug auf die Umgebung der Tanzfläche erleichtert und intensiviert die Etablierung einer Groove-Erfahrung auf Ebene der kinästhetischen Wahrnehmung.

Diese Wirkweise tänzerischer Bewegungen ist jedoch nichts kausal Zwingendes, dem sich die Clubber nicht entziehen könnten. Ebenso wenig wie Tanzende zu einer Rhythmuslinie tanzen ›müssen‹ oder Musik benötigen, um sich tänzerisch zu bewegen, ist der Aufenthalt in einer Gruppe keine notwendige Voraussetzung für das vertiefte Erleben der kinästhetischen Wahrnehmung. Tanzende müssen nicht mit ihrem Kopf zu einem Beat mitwippen, verspüren jedoch Lust, wenn sie beginnen, ihren Körper mitzubewegen. Hört die Musik auf, sind sie immer noch in der Lage, einen Bounce in der Wirbelsäule beizubehalten, wenn es ihre Intention ist. Der Proband tanzt trotz Abbruch der ihn umgebenden Tanzbewegungen – wenn auch zögerlich – weiter. Der Tanzende muss dann jedoch die Struktur der Bewegung bewusst und geplant hervorbringen, wodurch die kinästhetische Wahrnehmung abgeschwächt und das Erleben des Tanzes verändert wird. Die Teilnehmer und Teilnehmerinnen des Experiments blieben – unter Voraussetzung der Intention, weiterzutanzen – in der Lage, die Koordination ihrer Bewegungen wie gewohnt aufrechtzuerhalten. Tanzende werden nicht wie Marionetten von der Musik oder vom Tanz ›automatisch‹ bewegt. Die Aussage, dass die Körper sich ›wie von selbst‹ in einer engen Relation mit der Musik und der Umgebung bewegen, dass die »Energie ungehindert in alle Richtungen fließen kann – eine Erfahrung, als ob man auf einem Meer aus Menschen schwebt« (FB Blank: 4) –, darf nicht missverstanden werden: Eben dieses ›Schweben‹ als Metapher für Groove bringen die Tanzenden stets selbst und willentlich in sich hervor.

So unterstreicht der Philosoph Alva Noe in seinen Überlegungen zum *Enactive Approach to Perception* den aktiven Charakter der Wahrnehmungsbewegung: »What we perceive is determined by what we do (or what we know how to do); it is determined by what we are ready to do. […] We enact our perceptual experience; we act it out.« (Noe 2004: 1)

Durch eine aktive Handlung, die performativ durch kulturelle Praktiken geprägt ist, werden kinästhetische Informationen vom Wahrnehmenden (mit-) hergestellt. Wenn Jeff Pressing Groove entsprechend seiner Effektivität definiert, Hörer in Bewegung zu bringen (vgl. Pressing 2002: 288), so liegt diese Beteiligung – den tänzerischen Bewegungen in der Umgebung gleich – doch immer noch im Ermessen des Tanzenden. Im akustischen Entrainment wird die motorische Verknüpfung aktiv von den Hörenden mit hervorgebracht, sie kann aber auch aktiv blockiert werden. Die Tanzenden erzeugen Groove aus ihrem Habitus individuell, indem sie sich auf ineinandergreifende Wahrnehmungs- und Verarbeitungsprozesse der Kinästhesie stützen. Dies ist der Grund, warum die Relationen und Wirkungsweisen zwischen Tänzern und Tänzerinnen in der Literatur oft subjektiv beschrieben, aber unzulänglich differenziert und erklärt werden konnten. Es gibt keine *zwingende* Beziehung zwischen Tanzbewegungen in der Gruppe, genauso wenig wie es eine *zwingende* Beziehung zwischen Beat und Bounce gibt. Im Club bleibt letztlich jede Bewegung möglich, da sogar auf der Ebene der Konvention – anders z. B. als im Paartanz – keine Schrittfolgen vorgegeben sind. Im Laborexperiment 1 und der in diesem Zusammenhang festgestellten Differenz zwischen der Videoaufnahme und den Aussagen der Probanden lässt sich Tim Olavesons Anmerkung, dass die Cluberfahrung nur »körperlich erfahrbar« werden könne (Olaveson 2004: 90), gut nachvollziehen.

Anhand der hier vorgestellten Befunde kann nachgewiesen werden, dass die Wirkungsmacht der Beziehung zwischen Bewegungen, neben der Affizierung durch musikalische Rhythmen, konstitutiv für den Clubtanz ist. Groove ist demnach als ein relationales Bewegungsphänomen zu verstehen, das sich zwischen Musik, visuell wahrgenommenen Tanzbewegungen und harmonisch flüssig geordneten Improvisationen ohne geplante Kontrolle produktiv in der kinästhetischen Wahrnehmung zusammenfügt. Die Tanzenden lassen bewusst – aber nicht gedanklich kontrolliert – zu, dass sich in der kinästhetischen Wahrnehmung äußerliche Eindrücke und somatische Stimuli relational zu einem Erleben verbinden. Auf diese Weise bringen sie Groove kollektiv hervor. Die aktive, kulturell determinierte Wahrnehmungshandlung im Groove wird von den Tanzenden zur individuellen, lustvollen Erleichterung der Improvisation verwendet und kann nicht als eine zwangsläufige Kausalbeziehung zwischen den Tanzenden angesehen werden, denen diese ausgeliefert wären.

Im Folgenden möchte ich ein Beispiel aus der zeitgenössischen Choreographie im Bereich des Bühnentanzes anführen, um die Wirkung von visuellen Bewegungsrhythmen auch außerhalb des Clubkontextes und meiner künstlerischen Arbeit zu untermauern. Die Affizierung durch Bewegung wird umso deutlicher, da Zuschauer der Vorstellung – anders als im Club – sich nicht intentional an den Bewegungen beteiligen. Dabei zeigt sich, dass Tanz genauso wie Musik Rezipienten mitreißen und zur Bewegung animieren kann. Nach diesem Denkansatz läge es nahe, dass eine produktive Korrelation in der kinästhetischen Wahrnehmung auf gleichen, sich wiederholenden Bewegungsmotiven basiert. Das Beispiel von Meg Stuarts *Violet* (2011) stützt dagegen eine andere Interpretation.

3.6 KÜNSTLERISCHER EXKURS 1: AFFIZIERUNG VON BEWEGUNG IN DER ZEITGENÖSSISCHEN CHOREOGRAPHIE *VIOLET* VON MEG STUART

Meg Stuart verwendet in der Performance *Violet* (2011) Charakteristiken von Groove, mit der Absicht, eine »energetische Landschaft«[22] zu erzeugen, ohne dass in der Choreographie ein direkter Bezug auf clubästhetisches Bewegungsmaterial sichtbar wird. In diesem Stück der amerikanischen Choreographin, welches ich 2012 in Dresden-Hellerau und etwas später ein zweites Mal im Radialsystem in Berlin gesehen habe, werden fünf Tänzer und Tänzerinnen von elektroakustischen Live-Improvisationen des Perkussionisten Brendan Dougherty begleitet. In Bezug zur Musik bietet *Violet* choreographische Strukturen an, die Groove auch in der Bewegung ähneln. Die in der vorliegenden Studie dargelegten Überlegungen lassen sich auf *Violet* übertragen. In *Violet* wird sichtbar, wie Choreographie als eine kinästhetische Erfahrung durch einen produktiven Zusammenhang von Musik und Tanz auch die Zuschauer affizieren und sie zu Bewegungen veranlassen kann.

Der Tänzer Roger Sala Reyner kniet und schlägt in einer figurativen Acht kontinuierlich, mit angewinkelten Armen, an seinem Gesicht vorbei, wobei er seinen Kopf flüssig nachzieht. Bewegungsimpulse werden von den Armen zum Kopf weitergegeben, wobei die seitlichen Körperdrehungen den Eindruck körperlicher Elastizität vermitteln. Der Kopf des Tänzers wird hin und her gerissen. Durch die Armbewegungen werden rhythmische Gegenbewegungen des Kopfes erzeugt, die in ihrer Konflikt- und Spannungsbildung zwei Bewegungsebenen im Körper hervorbringen. Der Tänzer Alexander Baczynski-Jenkins wirft seine Arme angewinkelt rhythmisch in die Luft, was – nicht stilistisch, sondern mit Blick auf den Ablauf – der Bewegung gleicht, mit der Tanzende im Club den Beat nachschlagen. Auch Bounce ist auf der Bühne präsent, wenn die Tänzerin Vari-

22 Dieses Anliegen wird auf der Website zum Projekt formuliert: http://www.damagedgoods.be/violet (letzter Zugriff: 28.12.2017). Die Namen der Tänzer und Tänzerinnen beziehen sich auf die Besetzung der Uraufführung.

nia Canto Vila mit wippendem Oberkörper, großen Schritten und schwingenden Armen in die hintere Ecke der Bühne springt. So wie in anderen repetitiven Bewegungsmustern in *Violet* erzeugt Meg Stuart im Loslassen, Fallen, Werfen oder Schwingen eine gelöste Körperspannung in den Tänzern und Tänzerinnen, dic derjenigen von Club-Tänzern sehr ähnelt. In *Violet* sind Bewegungen dementsprechend nicht als choreographische Bewegungssequenzen entworfen. Vielmehr werden die anatomischen Vorgaben des Bewegungsapparates flüssig in die choreographischen Strukturen eingebettet. Das kann am Beispiel des Schwingens erläutert werden: Das Gewicht des Schwungs und die dabei entstehende Fliehkraft geben Richtung und Dauer der Bewegung vor, werden voll ausgetanzt und nicht technisch gehalten oder geführt. Im Zusammenspiel mit den elektronischen Soundloops von Brendan Dougherty bildet sich auf der Bühne ein Feld, in dem das Bewegungsmaterial und die Musik geordnete, korrelierende, visuelle und akustische Eindrücke bereithalten, die *zwischen* Musik und Tanz ihre Wirkung entfalten können.

Der Kritiker Hans-Maarten Post beschreibt *Violet* als »Strudel, in den man hineingezogen wird« (Post 2011, Übersetzung S. M.). In beiden Performances konnte ich beobachten, dass manche Zuschauer von *Violet* mitgerissen wurden und durch Mitwippen oder andere Bewegungen am Sitzplatz an der Performance ›teilnahmen‹. Diese Partizipation nahm jedoch analog zur zunehmenden Entfernung der Zuschauerreihen von der Bühne ab – eine Beobachtung, die ich in der zweiten Vorstellung von einem weiter hinten gelegenen Sitzplatz im Raum bestätigt fand. Auf meinem Platz in den ersten Reihen war ich von Wippbewegungen umgeben, während ich auf einer hinteren Position in einer bewegungslosen Gruppe saß. Von dort aus waren die Bewegungen der Zuschauer in den vorderen Reihen zu erkennen. Dies führt zu dem Schluss, dass die Bewegungsaffizierung nicht allein in den unterschiedlichen Aufführungen und Zuschauergruppen begründet sein kann. Außerdem wurde ich bei meinem Besuch von Performern der Aufführung darauf aufmerksam gemacht, dass ich einen Platz in der vorderen Reihe auswählen solle. Nur dort könne man das Stück ›wirklich‹ wahrnehmen.[23]

Bei manchen Wippbewegungen der Zuschauer konnte ich Korrelationen zu Bewegungen der Tänzer feststellen, anstatt zur Musik. Es ist oft zu beobachten, dass Rezipienten zur Musik mitwippen, jedoch bemerkenswert, dass sich diese Partizipation in *Violet* nicht auf die gehörte Musik, sondern vor allem auf Bewegungsrhythmen bezieht. Außerdem verhalten sich mitwippende Zuschauer auf ihren Plätzen nicht gemäß der Konvention bei Tanzaufführungen. Ich bezweifle

23 Aus einem Gespräch mit Alexander Baczynski-Jenkins vor der Aufführung im Radialsystem in Berlin.

aus diesem Grund, dass sie explizit die Intention hatten, mitzuwippen. Stattdessen ließen sie sich von den gesehenen Rhythmen mitreißen und bewegten sich mit den Tanzbewegungen. Die Differenz zwischen beiden Bewegungsvollzügen – den tänzerischen Bewegungen der Performer und den Wippbewegungen der Zuschauer – verweist nicht auf eine mimetische Bewegungsrelation in der Übertragung. Die Bewegungen der Zuschauer gleichen nicht den Bewegungen der Tänzer. Trotzdem bewirkt ein Aspekt des aufgeführten Tanzes unbemerkt Bewegungen bei den Zuschauern, die an eine räumliche Distanz gebunden zu sein scheinen. Darin spiegelt sich die räumliche Bedingtheit von Tanz im Club wider, in der sich Tanzende in körperlicher Nähe zueinander positionieren und so eine optimale Situation für ihre Groove-Erfahrung schaffen.

An diesem Punkt kann festgehalten werden, dass Bewegungsaffizierung nicht nur ein rhythmisches und musikalisches Phänomen darstellt, sondern auch als relationales, visuell gestütztes Bewegungsphänomen verstanden werden kann, das außerhalb von kollektiver Improvisation auf Zuschauer wirkt. Da die Bewegungsrelationen nicht zwingend eins zu eins aufeinander Bezug zu nehmen scheinen, stellt sich hier die Frage, wie diese im Einzelnen zu verstehen sind. *Gibt es sichtbare Ähnlichkeiten und zeitliche Korrespondenzen zwischen Tanzbewegungen? Strukturieren sich die Relationen sichtbarer Bewegungen wie in der Musik allein durch ihre rhythmische Dauer, und erleichtert so ein gemeinsamer Rhythmus auch die bewirkte Bewegung?* Im folgenden Kapitel werde ich den im zweiten Kapitel vorgeschlagenen Bewegungsqualitäten nachgehen und ihr produktives Zusammenspiel genauer beschreiben.

4. Groove-Felder: Umgeben von erleichternden Bewegungsqualitäten

Is it worth it, let me work it –
I put my thing down, flip it and reverse it.
MISSY ELLIOT, *WORK IT*, 2002[1]

Als Bewegungsphänomen werden Korrespondenzen für Groove im Club nur dann relevant, wenn sich Aspekte der Bewegungsfolge in engem zeitlichem Rahmen aufeinander beziehen lassen. Techniken wie Repetitionen, Spiegelungen oder Verdrehungen, die immer mit einer Komposition als Ganzer in Verbindung stehen, müssen hier ausgeklammert werden. Die Tanzenden erleben ihren Körper und die Umgebung im gegenwärtigen Moment und beziehen ihre Improvisationen nicht absichtlich auf vergangene oder zukünftige Ereignisse. Das folgende Kapitel widmet sich den Angleichungen zwischen Tanzenden, die sich mit den gleichzeitigen – auf die Gegenwart bezogenen – Handlungen zur Musik verknüpfen lassen. Waterhouse, Watts und Bläsing haben zum tänzerischen Entrainment in William Forsythes *Duo* zwei Kategorien von Angleichungen vorgestellt, die im Folgenden eine Orientierung bieten können. Im Rahmen von »automatic and strategic processes of communication« (Waterhouse/Watts/Bläsing 2014: 14) unterscheiden die Autoren *cues* von *alignments*. *Cues* sind dabei akustische oder visuelle Signale, die etwa die Initiierung einer Bewegung – also ihren zeitlichen Anfangspunkt – unter Tanzenden koordinieren. *Alignments* als Koordinierung von Bewegungsdauern können dagegen in statische (z. B. im gemeinsamen Ankommen in einer Pose) und dynamische – »making the same movement together, such as flow, swing, or spring« (ebd.: 8) – Angleichungen unterteilt werden. Mit dieser Unterscheidung möchte ich den hier untersuchten Bewegungsrelationen nachgehen und ein Denkmodell für Syn-

1 Missy Elliott, *Work It*, erschienen 2002 auf dem Album *Under Construction*.

chronisierung entwickeln, das erfasst, wie Bewegungsübertragungen den Clubtanz kollektiv erleichtern können.

4.1 BEWEGUNGSBESCHREIBUNGEN AUS DEN CLUBS: ZERSTREUTE ANGLEICHUNG

4.1.1 Chesters Music Inn (13.11.2013)

Am 13. November 2013 ist die Tanzfläche schon früh am Abend prall gefüllt, durch den bereits expressiven Tanz der Besucher entsteht eine positive und belebte Atmosphäre. In dem Moment, in dem DJ Lotic Beats des bekannten Tracks *Work It* von Missy Elliott in sein DJ-Set mischt, geht jedoch ein noch freudigeres Raunen durch das Chesters Music Inn. Wie verabredet, verständigen[2] sich die Besucher im Tanz zu einem gedehnten Bounce, und abrupt verstärkt sich die Bewegungsdynamik in der tanzenden Menge. Auf der Tanzfläche beziehen sich die Besucher scheinbar auf eine Referenz, doch gerinnt der gemeinsame Tanz durch unterschiedliche Ausführungsweisen nicht in einem Gleichschritt oder einer Unisono-Choreographie, wie es zum Beispiel im *Electric Slide*[3] der Disko-Kultur der 1980er- und 1990er-Jahre noch populär war. Die Bewegung wird eindeutig mit dem Hip-Hop-Stil von Missy Elliott in Beziehung gebracht. Die Tanzenden können sich auf ein Repertoire von Bewegungen aus der Hip-Hop-Kultur stützen, dessen Schrittmaterial leicht in die Beatstruktur einzusetzen ist. Diese Angleichung an ein gemeinsames Schrittmaterial, die zu Beginn des Tracks *Work It* festzustellen ist, kann als beispielhaftes Ereignis der Tanznacht im Chesters Music Inn herausgehoben werden, bei dem Korrespondenzen zwischen Tanzenden beobachtbar sind, die mit einer animierenden Hochstimmung in Verbindung stehen.

---

2 Während der Diskussionen mit den Studierenden kam der Begriff ›*agreement*‹ auf, der die Momente bezeichnete, in denen die Bewegungen mehrerer Tanzender übereinstimmten. Aus diesem Grund wird in den Fragebögen auch dieser englische Begriff statt des deutschen Wortes ›Verständigung‹ verwendet. Im Sinne eines besseren Leseflusses bleibe ich im Folgenden jedoch beim deutschen Wort.

3 Der *Electric Slide* ist ein Linientanz, der sich nach einer bestimmten Schrittfolge um 90 Grad im Raum dreht. Er war in den 1980er-Jahren und Anfang der 1990er-Jahre sehr populär. Vgl. http://www.youtube.com/watch?v=dv2qKpna3lM (letzter Zugriff: 18.04.2017).

Um sich der längeren zeitlichen Dauer zwischen Beats anzupassen, wird die Beugung in den Knien tiefer und gedehnter, während in der Aufrichtung des Bounce ein Akzent nach oben gesetzt wird. Bei dieser Akzentuierung wird der Brustkorb kurzzeitig nach oben geworfen, um dann mit einer tiefen Kniebeugung aufgefangen zu werden. Obwohl sich im Track mehrere Rhythmuslinien überlagern, suchen sich die Tanzenden im Wiedererkennen der Musik die Rhythmuslinie des Tracks, die zu diesem gedehnten Bounce passt. Von der Musik koordiniert, lassen Tanzende ihre Körperspannung los, sodass das Gewicht der Oberkörper auf dem Downbeat mit der Schwerkraft nach unten fällt, aber durch den Bounce wieder in die aufrechte Haltung hochschnellt. Ein Moment der Gleichzeitigkeit ist nur in kurzen Abschnitten im Fallen oder im Auftrieb erkennbar, da sich durch die unterschiedlichen Winkel in den Knien und Längen der Wirbelsäulen die Dauer des Bounce individuell leicht verschiebt. Zudem werden in diesem gedehnten Bounce die Körper ein wenig verdreht, es wird mit Pausen gespielt, oder einzelne Körperteile werden vom Impuls der Knie isoliert, sodass ein Gemisch von bounceartigen Bewegungen entsteht (BP Chesters).

Im bounceartigen Gemisch der Tanzbewegungen werden unterschiedlich ausgeprägte Einzelbeziehungen sichtbar, in denen die Impulsübertragungen wie ›Mikro-Unisonos‹ aneinander ausgerichtet wirken. Die Stimmung ist bei den Beats von Missy Elliot freudiger als vor der Einspielung der bekannten Musik, was bei den Tanzenden, die sich auf den ausgedehnten Bounce verständigen, lächelnde Gesichter und ausladende Bewegungen hervorruft. Durch die strukturierenden *cues* der Musik und ähnliche Bounce-Bewegungen ergeben sich im Verlauf des Bounce auch Angleichungen – *alignments* – zwischen den Bewegungen, die eine den Tanz erleichternde Wirkung zu haben scheinen. Doch obwohl Musikstil und Beatlänge im weiteren Verlauf gleich bleiben, löst sich nach wenigen Minuten die Verständigung auf den ausgedehnten Bounce langsam auf, die Bewegungen werden wieder individueller und Bewegungsrelationen undeutlicher (BP Chesters). Die Dynamisierung des gemeinsamen Tanzes durch die kollektive Verwendung eines ähnlichen Bewegungsmaterials mündet nicht in eine exakte und länger beobachtbare Angleichung zwischen den Tanzenden, sondern bewirkt eine Individualisierung. Eine erleichternde Wirkung erhärtet und verstärkt sich also nicht zum Unisono, sondern führt letztlich zur Zerstreuung. Ein spezifisches Merkmal für Tanz in Gruppen scheint es zu sein, dass die gegenseitige Unterstützung individuell ausgeprägt ist und sich nicht auf eine kollektive, zeitgleiche Synchronisierung eines gemeinsamen Bewegungsablaufs ausrichtet, sondern eine Desynchronisierung mit einschließt.

Dieses Phänomen tritt beim *turning-the-beat-around* – ein gebräuchliches Verfahren des DJ-ing – noch prägnanter hervor, das im DJ-Set von Teengirl Fantasy zu einem späteren Zeitpunkt des Abends verwendet wurde. Bei diesem DJ-Tool wird der zuvor etablierte Beat um eine halbe Zeiteinheit verschoben. Mark Butler sieht in diesem Spiel von Beat und Off-Beat eines der grundlegenden Phänomene elektronischer Tanzmusik.[4] Wird der strukturierende Rhythmus nach dieser Methode verschoben, erzielt dies immer wieder die gleiche effektvolle Wirkung bei den Tanzenden:

Wenn kein klarer Beat vorhanden ist, flacht die Bewegung auf der Tanzfläche kontinuierlich ab, bis nur noch wenige den Beat ohne die Musik in der Kniebeuge weiterführen. Entlässt Teengirl Fantasy nun den Beginn des neuen Patterns auf den ›alten‹ Auftakt im höchsten Moment der erwartungsvollen Spannung, entfesselt sich ein ausgelassener Tanz, in dem die meisten Tanzenden gemeinsam den neuen Beat durch Sprünge oder Armschläge genau nachtanzen (BP Chesters).

Der Moment des *turning-the-beat-around* kommt in meinen Beobachtungen einem Unisono in den Tanzbewegungen am nächsten, da die singuläre Rhythmuslinie des einschlägigen Beats zunächst wenig Alternativen bereitstellt und hier auch Sprünge ähnlich ausgeführt werden. Die durch Jubeln und Hüpfen verdeutlichte Hochstimmung im Unisono zerstreut sich jedoch nach kurzer Zeit, wie es früher am Abend bei der beobachteten Verständigung zum Bounce zu *Work It* der Fall war. Die Tanzenden kehren zurück zu ihrem individuellen Tanz, dessen dynamisches Niveau jedoch verstärkt bleibt. Auch beim *turning-the-beat-around* bewirkt eine Übereinstimmung und Angleichung an spezifische Bewegungen nur kurzzeitig eine exakte Entsprechung, die sich rasch wieder auflöst und zerstreut. Gemeinsamer und angeglichener Tanz – ob durch musikalische Minimierung der rhythmischen Matrix oder den Bekanntheitsgrad der Musik-Bewegungsrelation – scheint eine euphorisierende und dynamisierende Wirkung auf die Tanzenden zu haben. Die Angleichung der Tanzbewegungen durch eine äußere Struktur erzeugt eine kollektive Hochstimmung, die sich jedoch nur in wenigen Momenten synchron manifestiert. Die meiste Zeit tanzen die Besucher mit zerstreuten individuellen Bewegungen. *Es stellt sich jedoch die Frage, ob*

4 »The pattern that permeated the proceeding measures expressed eighth-note, quarter-note, whole-note, and four-bar layers of motion quite clearly. The disappearance of these patterns leaves us with a single sound that is continuous, lengthy, and undivided. […] After the interdeterminancy of the proceeding measures, the reconfigured snare drum functions effectively as a new beginning […] with the first eighth note attack on the ›and‹ of beat 1.« (Butler 2006: 146) Für eine weitergehende Beschreibung von *turning-the-beat-around* siehe ebd.: 141ff.

Bewegungsrelationen in dieser Zerstreuung weiter auf die Tanzenden einwirken? Bleiben Angleichungen oder alignments *in der Zerstreuung erhalten?*

4.1.2 Berghain (06.10.2013)

Im Unterschied zum DJ-Set von DJ Lotic im Chesters Music Inn, der in seiner Performance mit verschiedenen Musikstilen und Versatzstücken spielt, bleibt die Verwendung von Beats von Spencer Parker im Berghain in dessen Minimal-Techno-Stil monoton. Auch ohne erkennbare Wechsel in der Musikstruktur werden – ähnlich wie im Chesters Music Inn – Verständigungen zwischen Tanzenden erkennbar, doch beschränken sich diese Bewegungsähnlichkeiten auf vereinzelte Gruppen von drei bis zehn Tanzenden und umfassen nicht die gesamte Tanzfläche. Am eindringlichsten werden diese zeitlich begrenzten Angleichungen am Beispiel horizontaler Schwingschritte sichtbar. Sie treten ähnlich wie das Step-Touch-Motiv oft auf und stehen auch strukturell mit diesem in Beziehung:

Vom Step-Touch-Motiv ausgehend, wird der Schwung aus der Gewichtsübertragung nicht wie beim Step-Touch-Motiv seitlich sequenziell durch die Wirbelsäule nach oben übertragen, sondern in die Richtung der seitlichen Bewegung wird eine Drehung mit den Schultern eingefügt, die sich den Schwung aus der Schrittbewegung zunutze macht. Die Wirkung der Drehung des Oberkörpers überwiegt dabei, sodass der Bounce eine untergeordnete Rolle im Bewegungskomplex bekommt. Durch ein Verstärken der Drehung wird der Oberkörper in Schwung gebracht: Aufgrund der stärkeren Neigung und Drehung des Oberkörpers müssen Kopf und Schultern einen längeren Weg als die Hüfte von einer Seite zur anderen zurücklegen. Um in der zeitlichen Struktur die längere Wegstrecke abdecken zu können, nutzen die Tanzenden Schwung und zentrifugale Kräfte, ohne durch größeren Kraftaufwand und Anspannung der Muskeln die Wegdifferenz auszugleichen. Die Muskeln dehnen sich an der Seite des Rumpfes und bauen dort eine Spannung auf, die durch die Elastizität der Seitenmuskeln eine Schubkraft herstellt und den Oberkörper nach dem Umkehrpunkt beschleunigt. Der Oberkörper bewegt sich mit einer schwungvollen Drehung von einem Schritt zum anderen und mit einer 90-Grad-Wendung in den Schultern von einer Seite zur anderen. Falls ein leichter Bounce in den Knien dazukommt, wird diese Beschleunigung durch das Abfallen in den Knien noch verstärkt. Durch die Geschwindigkeit getragen, segelt der Oberkörper durch den Raum. Als Bewegungskomplex wird ein horizontales Schwingen im Körper ausgelöst, das eine spezifische Elastizität der Muskeln mit einer kreisförmigen Beschleunigung in Verbindung bringt. Je nach Neigungs- oder Drehwinkel des Oberkörpers entsteht eine schwingende Qualität im Körper, die sich aus dem Kraftaufwand, der

Verlagerung der Raumposition und der zeitlichen Struktur zusammensetzt. Diese Qualität ist verbunden mit einer spezifischen Empfindung, da sich Tanzende in die Kurve des Bewegungsweges hineinfallen lassen und so dem Schwingen nachfühlen können (BP Berghain).

Bei der Beobachtung im Berghain ist festzustellen, dass das horizontale Schwingen oft in kleinen Gruppen auftritt und als Übereinstimmung oder Verständigung in kleinen Schwing-Gruppierungen in der Menge von vertikalen Bounce-Bewegungen sichtbar wird. Das Seitschwingen dominiert gleichzeitig die Improvisation mehrerer Tanzender und verschwindet dann innerhalb einiger Minuten wieder aus dem Bewegungsrepertoire der Gruppe. In den einzelnen Gruppen stimmen die End- oder Umkehrpunkte als *cues* jedoch nicht miteinander überein und werden auch nicht auf einen Akzent in der Musikstruktur gesetzt (BP Berghain). Die Schwingintervalle von nebeneinander Tanzenden haben unterschiedliche Bewegungsrichtungen. Als Bewegungsrelation scheint die Richtung unerheblich zu sein. Dies lässt sich zunächst so interpretieren, dass es sich um ein Versatzstück handelt, das von einem Tänzer vorgetanzt und von anderen aufgenommen und unterschiedlich variiert wird. Jedoch gilt diese Variation nur für die Bewegungsrichtung und die zeitliche Setzung. In der Qualität des Schwungs bleiben die Tanzenden dagegen sehr konstant oder gleichen sich sogar an. Bei genauer Beobachtung koordinieren sich die Schwünge bei unterschiedlichen zeitlichen Setzungen, sodass die Oberkörper für ein paar Momente ›gemeinsam segeln‹, was eine Synchronisierung in den *alignments* der Beschleunigung voraussetzt (BP Berghain). Durch den Bewegungsablauf von impulsgebender Beinbewegung und resultierender Rumpfbewegung muss für eine Synchronisierung im Schwung die Hüft- und Neigebewegung genau kalibriert sein. Der ganze Körper reorganisiert sich in der Angleichung. Ähnlich wie im zweiten Kapitel für das Bewegungssystem *Basse Danse* beschrieben, bilden sich Momente von Synchronisierungen im Weg der Bewegungsübertragung von der Hüfte zu den Schultern, die nicht an eine metrische Struktur von End- und Umkehrpunkten, sondern an die Beschleunigung des Körperteils in ihrem Verlauf geknüpft sind. Die Tanzenden synchronisieren sich somit in Teilverläufen in der spezifischen Beschleunigung miteinander und nicht mit den durch andere Tanzende vorgegebenen zeitlichen Intervallen (BP Berghain). In diesem Sinne können im Berghain auch keine gleichen Rhythmen von Intervallen in den Schwüngen beobachtet werden. Da jeder verlagerte Seitschritt eine veränderte Wegstrecke nach sich zieht, wird kein wiedererkennbarer gemeinsamer Rhythmus sichtbar. Dazu verändern sich die Intervalle zwischen Drehung und Raumverschiebung zu schnell.

Wie aber können sich Tanzende mit dem Schwung der Seitschritte abgleichen und alignments *tanzen, wenn die Bewegungsrichtungen gegensätzlich getanzt werden?* Beobachtet man die Wegstrecken genauer, so wirkt auch die Synchronisierung der Beschleunigung diametral. Durch die gebogene Wegstrecke können sich die Synchronisierungen ähnlich zwei gegenüberliegenden Zahnrädern verhalten, die sich im spezifischen Schwung in die jeweils entgegensetzte Richtung stoßen. Die Synchronisierung dieser Schwungbewegungen muss so als eine räumlich ineinandergreifende Beziehung der Oberkörper gesehen werden, die sich zugleich diametral und in gleicher Richtung zueinander verhalten. Die begrenzte Elastizität des Rumpfes bedingt, dass die Bewegungswege des Schwungs zeitlich versetzt umgekehrt werden und dadurch Synchronisierungen nur in kurzen Momenten und in Teilstrecken stattfinden. Bei der Synchronisierung einer längeren Wegstrecke würde die Bewegung die Tanzenden sonst förmlich von den Beinen reißen. Doch bei jedem erneuten Schwung findet der Moment des *alignments* wieder kurz statt. Die Bewegungswege ›haken sich‹ in meiner Tanzerfahrung räumlich und zeitlich ›ein‹ und stoßen sich voneinander ab, ohne sich zu berühren. Meines Erachtens handelt es sich bei den Korrelationen zwischen den Schwungbewegungen nicht um zufällige Ereignisse, die allein aus der Außenperspektive als Bewegungsrelation registriert werden. Hierfür sind einerseits die Momente zu lang, andererseits gleicht sich die Qualität der Beschleunigungen in der Gruppe an und wird dann in ihrer Spezifik für eine Weile beibehalten (BP Berghain).

Es handelt sich nach dieser Beobachtung bei der Organisation zwischen den Tänzern und Tänzerinnen also nicht allein um Versatzstücke, die wie Gesten übernommen und variiert werden. Vielmehr kann die Ausgangsthese gestützt werden, dass Angleichungen sowohl in der Beschleunigung als auch in der Qualität der Bewegung stattfinden. Die Hochstimmung von Groove kann hierbei eher als Zerstreuung denn als Unisono beschrieben werden. Im folgenden Abschnitt wird unter Berufung auf die Laborexperimente 2 und 3 die These untermauert, dass Bewegungsqualitäten als Ordnungsstruktur für den Clubtanz produktiv werden.

4.2 LABOREXPERIMENTE 2 UND 3: ANGLEICHUNG AN EINE ERLEICHTERNDE BEWEGUNGSQUALITÄT

In den Laborexperimenten 2 und 3 wurde die Wirkung von kontinuierlichem seitlichem Schwingen, Bounce und gestischen Bewegungen mit Pausen untersucht, um den Unterschied zwischen der Adaption eines Versatzstückes und der Angleichung von Bewegungsverläufen näher zu beleuchten.

In einem ersten Versuch (LE 2) stellten sich die Probanden kreisförmig auf, ein Tanzender stand in der Mitte des Kreises. Ohne Musik führten die im Kreis Stehenden die folgenden vier Anweisungen aus, um zu zeigen, dass Bewegung auch ohne Musik affiziert:

- (Anweisung 1) alle tanzen;
- (Anweisung 2) alle führen den gleichen Bounce aus;
- (Anweisung 3) alle stehen still;
- (Anweisung 4) alle drehen die Schultern mit erhobenen Armen.

Darüber hinaus sollten die Studierenden zwischendurch die Augen schließen, um der Wirkung gemeinsamer Bewegung durch visuelle Stimuli nachzugehen.

Die visuelle Wirkung von kollektivem Tanz auf die individuelle Bewegung wird nach diesem Versuch von den Studierenden nicht mehr in Frage gestellt. Kein Proband kann mit geschlossenen Augen eine unterstützende Wirkung durch andere Tanzende wahrnehmen. Trotz fehlender Musik wird eine den eigenen Tanz erleichternde Wirkung durch die Mittanzenden empfunden. Die fehlende Musik hat jedoch auch Auswirkungen auf das Experiment: Die Studierenden empfinden es als unangenehm, in der Mitte des Kreises ohne Musik zu tanzen, da ihnen eine klare Struktur für die Weiterführung der Improvisation fehlt. Für das Bewegungsumfeld hat die fehlende koordinatorische Grundlage zwei Konsequenzen: Ohne die strukturierende und laute Musik wird im Experiment ein chaotisches Trampeln beim Tanz hörbar, das die Teilnehmenden als störend empfinden. Auch unstrukturierte visuelle Impulse[5] schmälern die unterstützende Wirkung[6] (LE: 2). Ohne die Musik tanzen die Probanden den Bounce sehr unter-

---

5 Der Unterschied zwischen den unstrukturierten Impulsen beim Bounce im Gegensatz zu den Schulterdrehungen kann in Experiment 2 (LEV 2: 2:44 min bzw. 3:30 min) deutlich gemacht werden. Durch den von der Körperanatomie vorgegeben Aufbau des Skeletts und der Muskeln scheint die Drehbewegung eine ähnliche Ausführung nahezulegen, während beim Bounce die zeitliche Struktur ausschlaggebend zu sein scheint, um die spezifische Körperspannung hervorzuheben. Zwei Probanden beschreiben im Experiment 2, dass der Bounce im gemeinsamen Tanz ohne Musik nicht wie vorher im Experiment 1 von allen Probanden als erleichternd, sondern jetzt als störend empfunden wird (LE: 2).

6 »Ja, aber gerade die Bewegungssache ist total schwierig ohne die Musik, weil jeder so sein eigenes Ding durchzieht. Und selbst das Bouncen war so unterschiedlich, dass es

schiedlich. Manche wippen nur leicht, sodass der Oberkörper fast bewegungslos ist, bei anderen kommt es zu einer Beugung im Oberkörper. Zwar ist die Bewegung als Bounce zu erkennen, doch durch die unterschiedliche Ausführung ergibt sich keine gleichwertige Bewegungsqualität.

Interessant ist nun, dass die unstrukturierte Bounce-Bewegung in der Gruppe ohne *alignments* in den Bewegungsverläufen als weniger erleichternd empfunden wird, als dies in Laborexperiment 1 mit koordinierten Bounce-Bewegungen der Fall ist (LE: 1). Die gemeinsame zeitliche Referenz in der Musik organisiert die Frequenz der Auf- und Ab-Bewegung und kalibriert dabei die Bewegungsqualität im Körper.

Ein Bounce als Bewegungsmaterial oder Versatzstück erscheint somit nicht als ausschlaggebend für die Wirkung im gemeinsamen Tanz. Stattdessen ist es die Art des Fallenlassens, dessen Geschwindigkeit und Spannung im kollektiven Tanz erleichternd wirken. Weder allein die Übernahme der Bewegungssequenz des Schrittmaterials noch seine Variation kann diesem Experiment zufolge eine Erleichterung hervorbringen, sondern die Präsenz einer ähnlichen Bewegungsqualität im Umfeld unterstützt die Improvisation durch ein *alignment* von Bewegungsverläufen. Die Musikstruktur koordiniert die *cues* des Bewegungsanfangs, um den Bewegungsverlauf in seiner Qualität zu kalibrieren; so können *alignments* unter den Tanzenden eine unterstützende Wirkung entfalten.

Bei Anweisung 4 lässt sich zudem eine Angleichung des horizontalen Schwingens unter den Individuen einer Gruppe von Tanzenden beobachten, die auch im Berghain zu verzeichnen war. Die Bewegung einer Probandin wirkt dabei so, als ob sie mit dem Schwung der anderen ›mitsegelt‹ und mitgeschleudert würde (LEV 2: 11:14). *Alignments* von Bewegungsqualitäten im Umfeld können sowohl eine unterstützende Wirkung als auch Angleichungen in der Improvisation auslösen.

Um dem Unterschied zwischen einer erkennbaren Bewegungssequenz und einer Bewegungsqualität weiter nachzugehen, erkundeten wir in einem dritten Experiment (LE 3) die Wirkung von

- (Anweisung 1) kontinuierlichem eigenständigem Tanzen;
- (Anweisung 2) seitlichem Schwingen;

nur ein Wirrwarr war.« Oder: »Wenn die anderen mit der Musik alle im gleichen Takt bouncen, hat das für mich eine euphorisierendere Wirkung, als wenn sie alle ihr eigenes Ding machen. Das Einheitliche hat gefehlt, weil keine Referenz da war, also kein Beat zu hören war, der die Bewegung koordinierte.« (LE: 2).

- (Anweisung 3) Stillstehen und
- (Anweisung 4) Gesten und Posen.

Da das Fehlen von Musik den Teilnehmenden zuvor unangenehm war, wurde dieses Experiment wieder mit musikalischer Unterstützung durchgeführt. Um die vier Tanzanweisungen in der Ausführung ihrer Bewegungsqualitäten voneinander abzugrenzen, wurden die Probanden gebeten, die Bewegungen qualitativ ähnlich auszuführen.

Die meisten Probanden empfinden das horizontale Schwingen in den Schultern als erleichternd und unterstützend für ihre Tanzbewegungen. Sie beschreiben, dass die Wahrnehmung dieser Bewegungsqualität in der Umgebung »ansteckend« und »mitreißend« auf sie wirkt (LE: 3). Als Grund hierfür wird die Bewegung in der Körpermitte angeführt, die in der kreisförmigen Anordnung viele visuelle Bewegungsinformationen für den oder die Tanzende in der Mitte bereitstellt[7] – etwa im Gegensatz zu isolierten und lokalen Armbewegungen. Unterschiedliche Bewegungsrichtungen und Intervalldauern haben dabei keinen Einfluss, solange die Bewegungsqualität im Verlauf ähnlich blieb. Auch in Laborexperiment 3 zeitigt die in der Gruppe getanzte Bewegungsqualität eine erleichternde Wirkung.

Die Posen werden gemäß Anweisung 4 als wechselnde, bewegungslose Körperhaltungen getanzt, die im Experiment nicht den zu erwartenden Störeffekt hervorbringen, der vom bewegungslosen Körper (Anweisung 3) im Experiment ausgeht. Im Umfeld der gehaltenen Posen werden von den Probanden zwei unterschiedliche Erfahrungen beschrieben: Zum einen möchten die Probanden die Pose als ein Versatzstück in die Improvisation einbinden[8] (LEV 3: 8:04). Zum anderen stellen sie ihre eigene Bewegung in Frage, da sie ihren Tanz mit den Posen im Umfeld vergleichen.[9] Die Gedanken, die sich eine Probandin beim Ab-

---

7 »Für mich war die Partie der Schultern [ansteckend], weil es ein zentraler Punkt im Körper ist. Wenn alle an diesem Punkt der Körpermitte etwas Ähnliches machen, hat das dort eine andere Wirkung.« (LE: 3).

8 Eine Probandin hat das Gefühl, dass sie »da eher darauf anspringen möchte« (LE: 3).

9 Bei den Posen »habe ich meine eigene Bewegung in Frage gestellt, weil alle etwas Ähnliches gemacht hatten – like being in a room where everybody starts dancing a choreography or a flash mob and you have no clue what is going on. [...] Da habe ich mich gefragt, was ich hier eigentlich mache. Da habe ich mich doof gefunden. Das war noch schlimmer, als wenn jemand stehen bleibt. [...] Der Unterschied zu 3, wo es ein Widerstand war, war das Gefühl, dass du keiner von ›uns‹ bist. Man war ein Outsider.« (LE: 3) Bei dieser Erfahrung der Probandin wird die Bedeutung der identifika-

gleich der Bewegungen macht, empfindet sie als Widerstand für ihren Tanz. Hier möchte ich eine *vergleichende* Einstellung zu den anderen Tanzbewegungen von einer *angleichenden* Haltung zum Bewegungsumfeld abgrenzen. Diese Differenz verorte ich zwischen einem identifizierenden und imitierenden Bezug zu den rezipierten Bewegungen, im Gegensatz zu einer mitreißenden und ansteckenden Relation, wie sie bei den Schwingbewegungen eintritt. Beide Bezugsweisen scheinen in der Clubtanzpraxis verwendet zu werden und können eine anregende Wirkung auf die Improvisation haben. Bei der Integration der Posen in Anweisung 4 ist bemerkenswert, dass die Bewegungsmotive im Experiment nicht ausgeweitet und weiter variiert werden. Eine Probandin übernimmt die Pose kurzzeitig und geht dann wieder in kontinuierliche Bewegungen über (LEV 3: 8:00).

In Experiment 2 und 3 wiederholt sich ein anderes Phänomen, das schon in Laborexperiment 1 auftrat und eine weitere Frage aufwirft: In allen drei Experimenten wird dem Umfeld während der Anweisung 1 – also dem gemeinsamen, aber individuellen Tanz – eine Wirksamkeit zugesprochen, die bei allen anderen Anweisungen im Experiment nicht erreicht wird. Auch in den Videoaufzeichnungen verändert sich die Dynamik der Probanden sichtbar im Übergang zu der erhöhten Bewegungsfrequenz infolge der ersten Anweisung (LEV 3). *Wenn Angleichungen an ähnliche Bewegungsverläufe wie den Schwung unterstützend wirken, warum empfinden die Probanden den individuellen Tanz mit unterschiedlichen Bewegungsmotiven und scheinbar differenten Bewegungsqualitäten in der ersten Anweisung dann als besonders wirkungsvoll? Wirkt die sichtbar erhöhte Bewegungsfrequenz bei Anweisung 1 als Bewegungsqualität?* Beobachtungen zum Bewegungsschub können im Folgenden die anregende Wirkung der erhöhten Bewegungsfrequenz in Bezug zu Angleichungen verständlich machen.

4.3 Feldstudie Chesters Music Inn: Bewegungsschub

Bei der experimentellen Feldstudie im Chesters Music Inn sollte neben dem stillstehenden Körper als Widerstand für den gemeinsamen Tanz auch die Auswirkung der gegenteiligen Handlung untersucht werden. Hierfür haben die Probanden einen extremen, fast aggressiven oder wilden Tanzstil praktiziert und dessen Wirkung auf andere Clubber beobachtet. Von allen Studierenden wird beschrie-

torischen Dimension von Bewegungsinteraktionen in Bezug zu Zitierweisen und deren Konstruktion von »scriptings of coolness« bzw. Gruppenzugehörigkeit sehr deutlich herausgestellt (Malbon 1999: 58).

ben, dass überproportional intensives Tanzen von außen deutlich weniger negativ aufgenommen wird als ein stillstehender Körper, was beispielsweise durch ein Lächeln kommuniziert wird (FB Chesters: 1–6). Die Besucher im Chesters haben sich von dem raumgreifenden Tanzen aber nicht nur sichtbar nicht stören lassen, sondern zeigten sich durch den intensiveren Tanz sogar animiert.[10] Eine höhere Bewegungsfrequenz – d. h. die erhöhte Anzahl von Tanzbewegungen innerhalb eines bestimmten zeitlichen Spektrums, die sich raumgreifender manifestieren – und die kraftvollere Qualität der dabei praktizierten Bewegungen können kleinere Gruppen in der lokalen Umgebung zusätzlich animieren. Im gemeinsamen, ausladenden und intensiveren Tanz gleicht sich die Gruppe in der Bewegungsfrequenz an. Kleine Inseln wilder Bewegung oder Groove-Inseln von dynamischem Tanz sind dann auf der Tanzfläche sichtbar (BP Chesters). Ein Proband berichtet, dass er die Menschen in seiner Umgebung – je nachdem, ob sie verhalten tanzen oder raumgreifende Bewegungen vollziehen – mit seiner wilden Bewegung anstecken oder abschrecken könne (FB Chesters: 6). Das Gefälle der Bewegungsfrequenz zwischen den Tanzenden scheint ausschlaggebend dafür zu sein, ob sich die Besucher in der Nähe anstecken lassen oder sich angesichts des aggressiven Tanzstils zurückziehen (FB Chesters: 1/3). Je ähnlicher die Bewegungsfrequenz, desto höher fällt die unterstützende Wirkung aus. Es stellt sich die Frage: *Welche Konsequenz hat eine gesteigerte Bewegungsfrequenz im individuellen Körper? Verändert sich durch expressiveres Tanzen auch das Bewegungsmaterial?*

Bei raumgreifenden Bewegungen in derselben musikalischen Matrix bedarf es einer Beschleunigung der in die Bewegungsabläufe involvierten Körperteile, um den weiteren Weg in derselben Zeit wie weniger expressive Tänzer zurückzulegen. Wenn sich Tanzende dabei nicht auf Schwung oder Elastizität stützen, müssen sie einen höheren Kraftaufwand aufbringen, der Arme oder Kopf mit Muskelkraft beschleunigt. Auch bei einer Verdopplung einzelner Versatzstücke in der gleichen Zeitstruktur – etwa, wenn sich im ausgelassenen Tanz die Anzahl von Armkreisen verdoppelt – erhöht sich mit der Bewegungsfrequenz auch der Bewegungsweg, den der Arm zurücklegen muss: Der Armkreis muss dabei durch Schub aus der Schulter beschleunigt werden und bekommt durch erhöhte

10 Probandin 5 konnte berichten, dass »extremes und aggressives Tanzen die Menschen um sie herum angesteckt hat und sie auch exzessiver bewegen lässt. [...] Desto extremer ich mich bewege, und je mehr Energie ich verwende, desto mehr tanzt meine Groove-Insel [oder Umfeld] wie ich.« (FB Chesters: 5).

Muskelkraft zudem eine andere, sichtbare Spannung.[11] Da sich Bewegungsqualitäten durch ihre spezifische Relation von Kraftaufwand und zurückgelegter Strecke im Raum in einer zeitlichen Dauer definieren, verändert der erhöhte Kraftaufwand im Schub auch die Bewegungsqualität des Armkreises.

Im expressiveren Tanz erhöht sich also die Spannung im Körper, die den Bewegungsschub ermöglicht, und gleicht die verschiedenen Tanzbewegungen an eine ›schubartige‹ Bewegungsqualität an. Die Schwerkraft wirkt dabei als konstante und strukturierende Größe, die den Kraftaufwand der Bewegung mitbestimmt.

In der gleichen Handlungsdynamik, in der das *alignment* von den Bewegungsqualitäten von Bounce oder Schwungbewegungen im Laborexperiment 2 und 3 eine unterstützende Wirkung auf den gemeinsamen Tanz hat, wirkt der ausgelassene Tanz animierend, je ähnlicher die Bewegungsfrequenz der Tänzer und Tänzerinnen ist. Indem die Probanden intensiver tanzen und dabei auf andere tanzende Personen mit einer ähnlichen Intensität treffen, benutzen sie deutlich mehr Körperteile und führen ihre Bewegungen mit einer sichtbar höheren Frequenz aus. Dies bedeutet eine qualitative Veränderung der unterschiedlichen Schwung-, Bounce- und Wurfbewegungen hin zu einem angeglichenen Schub. Je mehr Bouncebewegungen oder Armschwünge mit Schub verstärkt werden, d. h. je ähnlicher die Bewegungsfrequenz, desto mehr *alignments* können im qualitativen Verlauf des Schubs wirksam werden. Verschiedene Bewegungsqualitäten von Tanzenden gleichen sich in lokalen Teilverläufen zu einem Bewegungsschub an, etwa wenn der bouncende Oberkörper des einen über die schwingenden Armen eines anderen beschleunigt wird. Diese Bewegungsschübe können sich dann im Prozess der Angleichung gegenseitig mitreißen. Je ähnlicher die Bewegungsfrequenz, desto ähnlicher ist die Bewegungsqualität im Bewegungsschub, in der *alignment* möglich und mitreißende Unterstützung erfahrbar wird. Das Aufeinandertreffen von intensiven und verhaltenen Tanzbewegungen wirkt störend, da die Tanzenden weniger Möglichkeiten haben, sich über den angleichenden Bewegungsschub von den intensiv Tanzenden affizieren zu lassen, deren Bewegung sie in ihrem Bewegungsraum begrenzt (BP Chesters). Tanzende mit ähnlicher Bewegungsfrequenz erwirken ein unterstützendes Bewegungsumfeld, in dem Angleichungen ermöglicht werden (FB Chesters: 2). Hieraus lässt sich ableiten, dass über die Angleichung des Verlaufs von Bewegungsqualitäten – sei es nun im Schub, im Schwingen oder im Bounce – gemeinsamer Tanz eine unterstützende Wirkung entfalten kann. Zusammenfas-

11 Dieser Schub wird sogar bei den Posen in Laborexperiment 3 sichtbar, wenn die Probanden sich auf den Beat schnell von einer Pose in die andere verschieben (LEV 3).

send lässt sich sagen, dass ein Umfeld von gemeinsam getanzten ähnlichen Bewegungsqualitäten eine affizierende und mitreißende Wirkung auf die Tanzerfahrung hat. Die zusammen ausgeführten Bewegungsqualitäten können durch die Musik strukturiert, durch zitiertes Bewegungsmaterial wie den gedehnten Bounce zu *Work It* oder Handlungsanweisungen wie im Laborexperiment koordiniert bzw. durch die Erhöhung der Bewegungsfrequenz hervorgebracht werden. Daraus lässt sich folgern, dass die Wahrnehmung bestimmter Bewegungsqualitäten in der Umgebung die gemeinsame und individuelle Improvisation zu einer Hochstimmung steigern kann, die als Groove kollektiv erfahrbar wird.[12] *Wie ist dabei das Umfeld räumlich angeordnet?* Im folgenden Abschnitt werde ich den Prozess der Etablierung von Bewegungsbeziehungen hin zu einem unterstützenden Bewegungsumfeld nachzeichnen.

4.4 FELDSTUDIE ://ABOUT BLANK: BEWEGUNGSFETZEN ZU GROOVE-FELDERN

Aus den Fragebögen der Clubrecherche im ://about blank lassen sich Bewegungsqualitäten als Ordnungsstruktur für affizierende Angleichungen im produktiven Umfeld beim Clubtanz herauslesen. Die Beschreibungen geben Hinweise auf deren Wirkpotenzial und spiegeln die oben geschilderten Befunde wider: Das Bouncen anderer Tänzer und Tänzerinnen, das durch den Bass strukturiert wird, unterstützt die Bewegungen einer Probandin (FB Blank: 5). Demgegenüber bemerkt eine andere, dass es nicht konkrete Bewegungen sind, die sie in ihre Improvisation übernimmt; sie integriert lediglich deren »Dynamik oder Schnelligkeit«, d. h. die Bewegungs*qualität* (FB Blank: 6). Mehrere Probanden erkennen im Moment des Grooves, dass sie sich in einem Umfeld bestimmter Bewegungsqualitäten befinden[13] und sich an diese angleichen (FB Blank: 1/7/10). In

12 »I often have to laugh a bit [in the Groove] when discovering how easy moving is, especially the shift into when it suddenly gets easy and effortless – like loosing weight or the resistance of gravity. I'm not tired. My moving feels economical and flowing, using the energy that is already set in motion to produce the next movement. Letting gravity assist my swing I don't need to plan too much or think extra about it. (This doesn't mean that my moving is phlegmatic or anything. I'm not sleeping on the dance floor. Quite the contrary. I am very much awake and attentive and making use of the elements surrounding me, letting them ease my work.)« (FB Chesters: 1).

13 Probandin 1 erkennt im »Moment des Grooves etliche Bewegungsqualitäten [wie] schwingen, hüpfen, Arme heben und schwingen sowie bouncen« (FB Blank: 1), wäh-

diesem Umfeld bewegter Körper fällt es Probanden leichter, in einen Groove zu kommen. Das Umfeld wird wie ein Sprungbrett für die eigene Tanzerfahrung genutzt.[14] Die Bewegungsumfelder, die sich aus ähnlichen Bewegungsqualitäten konstituieren, bezeichne ich im Folgenden als *Groove-Felder*.

Groove-Felder bilden sich zunächst sichtbar innerhalb von Gruppen aus, die einen ähnlichen Bewegungskanon (FB Blank: 5) haben und in denen es gängige Praxis zu sein scheint, eine bestimmte musikalische Struktur im Körper mit korrespondierenden Bewegungsqualitäten zu beantworten. Die gleiche zeitliche Struktur kann mit unterschiedlicher Spannung und Bewegungsfrequenz getanzt werden, bei Freundesgruppen treten jedoch häufiger *alignments* auf (FB Blank: 8). Durch Tanz als kulturelle Praxis entwickelt sich im wiederholten gemeinsamen Ausgehen offensichtlich ein ähnliches körperliches Bezugssystem, über das Bewegungsqualitäten mit musikalischen Strukturen verknüpft werden. Wie locker oder wie gedehnt zum Beispiel ein Bounce zu gewissen Beatgeschwindigkeiten getanzt wird und wie sich diese Korrespondenz in der gemeinsam entwickelten Praxis über Wochen, Monate oder Jahre innerhalb fester Freundeskreise, zwischen Stammgästen oder losen Netzwerken von Bekannten mit wechselnder Zusammensetzung wandelt, kann hier nicht genauer untersucht werden. Dieser Zusammenhang ist für mein Argument zur Herstellung von Groove-Feldern jedoch nicht ausschlaggebend, da sich Tanzende im Club auch außerhalb des Bekanntenkreises ein Bewegungsumfeld suchen, das ihrem Geschmack und ihrer Körperpraxis entspricht (FB Blank: 3/4). Eine Probandin stellt sich sogar näher zu anderen, ihr unbekannten Besuchern, um zu erfahren, ob sie in deren Tanz

---

rend Probandin 7 bemerkt, wie sie das »swingartige Hin und Her« (FB Blank: 7) in ihren eigenen Tanz aufnimmt.

14 »I like to dance next to a fully involved body. I use it as a bouncing board to generate my personal Groove experience. As if someone was giving me a thread to facilitate my way there, the *field* is already prepared for me to reach quicker my trance« (FB Blank: 3). Obwohl sich in der Sprache der Clubkultur der Begriff ›trance‹ auch oft als Synonym für Groove findet, ziehe ich es vor, diese Begriffe zu trennen und die Erfahrung im Club nicht als Trance zu bezeichnen. In Handbüchern der Psychologie wird Trance vor allem als Zustand von »deutlich eingeschränkter Ansprechbarkeit« (Asanger 2001: 333) und »Aufgabe der Realitätsprüfung mit eingeengtem Bewusstsein« (Trance 2007: 2343) charakterisiert. Synonyme sind jeweils Hypnose oder »Ekstase« (Trance 2004: 965), welche beide unter anderem durch die »Reduzierung von Sinneseindrücken« (Ekstase 2004: 237) definiert werden. Wie auch Probandin 1 oben beschreibt, ist sie im Groove sehr wach und aufmerksam, was nicht mit einer Reduzierung von Sinneseindrücken gleichzusetzen ist.

Entsprechungen feststellen kann (FB Blank: 4). Ein korrelierender Umgang mit Tanz zu einer bestimmten Musik scheint bei der Etablierung von Groove-Feldern entscheidend zu sein. Die Probanden geben an, sich auf einzelne Besucher auf der Tanzfläche als Referenzpersonen zu beziehen (FB Blank: 5–10). Als Referenzpersonen verstehe ich hierbei diejenigen Tänzer und Tänzerinnen im visuellen Umfeld, die Einfluss auf die eigene Improvisation ausüben und zu denen der Blick immer wieder bewusst zurückkehrt. Von ihnen werden Versatzstücke adaptiert oder es wird versucht, sich ihren Bewegungsverläufen anzugleichen. So können sich im Verlauf einer Clubnacht durch Wiederholungen von tänzerischen Handlungen zu einer gleichbleibenden Musikstruktur Korrelationen von Bewegungsqualitäten zwischen den Referenzpersonen verdichten und neu ausbilden (FB Blank: 3). Bei einer intendierten Betonung schwingender Seitwärtsbewegungen des Schulterbereichs kann ein Proband z. B. einen »kleinen Groove« mit seiner Umgebung erleben (FB Blank: 10). So verhilft nicht nur eine bekannte Musikstruktur eines Liedes (FB Blank: 2) oder ein klarer Beat zu einer Annäherung zwischen den getanzten Improvisationen, sondern förderlich sind auch gemeinsame Wiederholungen im Moment der Improvisation.

Unterstützende, von Referenzpersonen getanzte Bewegungen werden oft durch andere Besucher verdeckt.[15] Die Probanden erklären aber, dass sich nur einzelne Körperteile mit einer ähnlichen Bewegungsqualität in ihrem Wahrnehmungsbereich befinden müssen, damit eine unterstützende Angleichung möglich ist.[16] Um sich den Bewegungsqualitäten anzugleichen und sich von ihnen mitreißen zu lassen, ist keine dauerhafte Beobachtung der Referenzperson erforderlich. Die Aufmerksamkeit der Tanzenden wechselt stattdessen zwischen verschiede-

15 »Ich sehe dann zwar nur ihre Köpfe und vielleicht die Schultern, allerdings kann ich auch dadurch beeinflusst werden. Referenzpunkte sind vor allem die Menschen, neben denen ich absichtlich stehe, bzw. Menschen, deren Tanzverhalten mich anspricht, d. h. sie tanzen entweder ähnlich wie ich oder auf eine Weise, die ich gerne im Augenwinkel sehe, von der ich mich gerne beeinflussen lasse.« (FB Blank: 10).

16 »On a physical level I am attracted by something repetitive, that I can understand quickly, such as a step touch, with a different variation of it: bouncy, swaying. If a big proportion of the body of the person I feel connected with, (could be torso, feet, knees, i.e. 70 % of the entire body) exist in the same nature (bouncy, swaying, tense/tight) as mine, […] I can feel connected to someone bouncing in their knees, while I am bouncing with my head. This connection is intensified when there is more of the body involved in that bouncing, and I have a similar proportion of my body in that same quality.« (FB Blank: 3; siehe auch FB Blank: 10).

nen Referenzpersonen in kurzen Abständen hin und her.[17] Mit einem durch Oberkörper- und Kopfdrehungen erhöhten Bewegungsradius können mehrere Tanzende in den Blick genommen werden, das qualitative Bewegungsumfeld vergrößert sich.[18] Die horizontalen Schwingschritte generieren somit nicht nur einen Schwung im Körper, sondern tragen auch zu einer Vergrößerung des visuellen Blickfelds bei, wobei ein flüchtiger Blick aus dem Augenwinkel auszureichen scheint, um genügend visuelle Informationen für eine Angleichung zu erfassen. Während einer rhythmischen Körperwendung mit einer Umkehrbewegung bleibt nicht viel Zeit, sich auf eine bestimmte Bewegung zu konzentrieren und diese genau zu erkennen. Stattdessen werden meist nur Bewegungsfetzen wahrgenommen, die zusammen mit anderen Referenzpersonen keine Referenzpunkte, sondern eben Referenzfelder konstituieren.[19]

Wahrgenommene Bewegungsfetzen mit einer korrelierenden qualitativen Ausführung verdichten und verknüpfen sich zu einem Groove-Feld, wobei es keinen Unterschied zu machen scheint, ob ein Arm oder der Kopf eines anderen diese Bewegungsqualität ausführt. Eine Probandin beschreibt, dass die Bewegungen in einer präzisen Bewegungsqualität innerhalb einer bestimmten Zeitspanne – sie nennt es »natural time« (FB Blank: 4) – sie mit einem ähnlichen Bewegungsmodus affizieren und zum Groove bringen, ohne dass sie die Bewegungen eins zu eins imitiert. Über den Bewegungsmodus einer Bewegungsquali-

17 Probandin 7 fokussiert meistens drei bis vier Menschen, die im Raum vor ihr und in ihrer Nähe tanzen. Dabei wechselt sie ihren Blick zwischen ihnen ca. alle 30–60 Sekunden (FB Blank: 7).

18 »The more I turn around the better a picture I get of my surroundings.« (FB Blank: 4).

19 »Definitely yes, [I am being affected by others], and I am also often really looking for it. This is really difficult to answer that concrete. One thing that affects me are people with a so-called ›natural time‹, like some drummers – no matter if amateur or professional – can have. When whatever they are doing is just in time with the music in a perfect precision. That it looks like the music I hear. That way it shares or matches something that is already in my consciousness and what I am ›going for‹. […] I think it will bring me closer to the state I am looking for (Groove). I don't even want to do the same thing, the same movements but I do want to be affected, infected, by that time. I can get affected by a way of moving I see in front of me or diagonally in front of me, but sometimes I also find similarities in movement between me and the person dancing next to me – before I found myself being consciously watching him/her. Maybe he/she picked up something from me, or maybe it is enough for me to be affected by just vaguely being aware of the person next to me and having an undefined picture about his/her way of moving.« (FB Blank: 4).

tät können sich Tanzende mit den bouncenden Knien eines anderen verbunden fühlen, während sie selbst den Bounce mit dem Kopf vollziehen. Wenn der Bounce in Kopf und Knien unterschiedlichen Wegstrecken und Entfernungen entsprechen kann, dann sind bei dieser Beziehung nicht die genauen zeitlichen Intervalle ausschlaggebend, sondern *wie* sich der Impuls in den verschiedenen Körperteilen manifestiert. Das Rezipieren von Bewegungsfetzen im Verlauf der Improvisation einer Referenzperson scheint ausreichend zu sein, um die Qualität zu erkennen und sich gegenseitig in einem Groove-Feld zu unterstützen. Anders als bei einer gestischen Bewegungssequenz muss nicht die gesamte Wegstrecke abgewartet und aufgenommen werden. Für die Unterstützung des eigenen Tanzes durch die Gruppe sind – so meine Schlussfolgerung hieraus – also nicht mimetische Prozesse ausschlaggebend.[20] Die Wahrnehmung der Umgebung ist zu unregelmäßig und zu unscharf, um einzelne Bewegungsgestalten zu identifizieren, die der eigene Körper dann verlagert auf andere Körperteile imitieren könnte. Die Übertragung setzt stattdessen an einem qualitativen Bewegungsmodus an, der sich aus gemeinsamen Referenzen – Musik oder Tanz – ableitet und zwischen der Zeit- und Raumform eines konkreten Bewegungsmotivs existiert. Damit soll nicht auf die Limitierung der visuellen Wahrnehmung hingewiesen werden – es gibt sicherlich eine Differenz zwischen dem vom Gehirn ›tatsächlich‹ Erfassten und dem de facto davon ins Bewusstsein Gelangten –, sondern vielmehr ein anderes Verständnis für Wahrnehmungspraktiken geschaffen werden, welches es ermöglicht, mit dieser Vielzahl von transitorischen Bewegungsinformationen produktiv umzugehen.

Aus den vielen transitorischen Bewegungsinformationen werden offenbar die Bewegungsqualitäten herausgefiltert, die zu den selbst ausgeführten Bewegungen passen. Diese Entsprechung wird nicht rational erkannt, sondern kinästhetisch im Moment erlebt. Eine Probandin beschreibt, wie sie die Bewegungsqualitäten eines Gegenübers als Grundlage für ihren Tanz verwendet, welche sie als ›kinästhetische Blaupause‹ bezeichnet,[21] von der aus sie ihre Improvisation steu-

---

20 Es wäre hierbei möglich, den Mimesis-Begriff mit dem hier beschriebenen Prozess zu erweitern. Eine solche Erweiterung würde m. E. jedoch die Differenz und die Spezifität beider Kommunikationsformen verschleiern und Mimesis als Sammelbegriff aufweichen.

21 »The swaying brings forth in me a ›letting go feeling‘ that is more passive and where I am not so active. For me, it seems there is a repetition or a maintenance factor in all those qualities that lead toward a Groove mode. A repetitive factor in a certain duration frame? It creates a kind of print in your own body – your own system – that you

ert. Von diesem Eindruck geleitet und unterstützt, kann sie immer wieder zur Bewegungsgrundlage zurückfinden. Es liegt nahe, dass die kurzen visuellen Kontaktaufnahmen im wechselnden Blick zwischen den Referenzpersonen wie ein Bezugsrahmen wirken, auf den sich die Probandin in ihrem Referenzfeld stützt und aus dem sich ihre eigene Bewegungsgrundlage ableitet. Um diesen Vorgang anschaulich zu machen, stelle man sich ein Skateboard vor, auf dem sich der Skater nur von Zeit zu Zeit mit dem Fuß abdrücken muss, um im Schwung zu bleiben. Dabei muss der Druck der Fußsohle mit dem Schwung des Körpers auf dem Brett präzise koordiniert sein; eine Abstoßbewegung in einer unangemessenen Bewegungsqualität würde den Körper aus dem Gleichgewicht bringen und damit umwerfen. Genauso präzise werden die *alignments* in den horizontalen Schwingschritten miteinander koordiniert, wenn sich Tanzende in kurzen Momenten auf ein qualitatives Bewegungsumfeld stützen und miteinander schwingen.

Die Zusammensetzung von Bewegungsfetzen zu einem Groove-Feld lässt sich durch eine weitere Beobachtung untermauern: Im ://about blank wird künstlicher Nebel verwendet, der von den Probanden bei richtiger Dosierung als angenehm empfunden wird (FB Blank: 10). Dabei wird im Nebel und durch wechselndes Licht ein homogeneres qualitatives Bewegungsumfeld künstlich erzeugt.[22] Es genügt der Anblick eines Kopfes oder Oberkörpers, um sich von einer Bewegung affiziert zu fühlen. Die Körper der Tanzenden werden durch den Nebel und das von hinten auf sie gerichtete Licht isoliert und die visuellen Informationen werden so gefiltert, dass nur bestimmte Bewegungen erkennbar sind. Auf der einen Seite ist nur ein Arm und auf der anderen Seite lediglich ein Kopf wahrnehmbar, und trotzdem reichen diese Bewegungsfetzen für eine Beeinflussung aus. Im wechselnden Licht dunkler Clubs werden nur bestimmte Körperteile von vereinzelten Besuchern hervorgehoben (FB Blank: 8). Wie der Nebel führt dieses Lichtdesign zu einer Reduzierung oder Filterung der Sinnes-

---

can go back to whenever for example I try a new move and fail. It is something supporting me and simple to go back to.« (FB Blank: 3).

22 »There was one point at ://about this night when they used a lot of smoke on the dance floor. There were quite a lot of people dancing, but the floor was by no means packed. With the white smoke around me I lost sight of the people dancing around me, which made dancing feel a bit heavy. There were no reference points anymore. Only when I turned around in a direction where a light-source was directed at me from behind a group of people dancing and I could see the silhouettes of their heads / upper bodies bouncing in a somewhat synchronised movement I felt motivated to continue dancing again.« (FB Blank: 4).

eindrücke. Durch die Filterung bildet sich ein homogeneres Referenzfeld, das wie oben beschrieben Groove-fördernd wirken kann. Stimuli, die das Groove-Feld stören, bleiben so im Verborgenen.[23]

Auf Basis der beschriebenen Beobachtungen kann die Performativität von Bewegungen im Clubtanz näher beleuchtet werden. Es sind nicht nur abgeschlossene Bewegungssequenzen, die signifikant von bestimmten Körperteilen imitiert werden. Vielmehr wird die unterstützende und mitreißende Wirkung durch qualitativ ähnliche Teilverläufe gestützt, in denen die Tanzenden ihre Bewegungen aneinander angleichen. Für dieses *alignment* ist nicht der ganze Körper als Referenzpunkt nötig, sondern ein wirkmächtiges Umfeld von präzisen Bewegungsqualitäten, das von mehreren Tanzenden konstituiert wird. Es setzt sich aus unterschiedlichen Bewegungsmotiven, Körperteilen und Ausführungen zusammen, wobei eine Verständigung auf bestimmte Qualitäten seine Erzeugung bedingt. Durch den repetitiven Charakter der Clubtanzpraxis können sich Tanzende immer wieder auf diese Referenzfelder oder Groove-Felder beziehen und sich in deren Groove hineinziehen lassen.

4.5 Synchronisierung eines qualitativen Verlaufs

Im Vergleich mit dem analytischen Begriff des sozialen Schwarms kann die Ansammlung, in der sich Tanzende in einem performativen Umfeld über lokale Angleichungen verständigen und damit ihre Bewegungen erleichtern, im Folgenden näher erläutert und ausdifferenziert werden.

Auf den ersten Blick erscheint der Clubtanz in Gruppen als prägnantes Beispiel für einen sozialen Schwarm. Auch die Probanden ordnen die Wirkungsweisen des gemeinsamen Tanzes einer Schwarmdynamik zu. Soziale Schwärme zeichnen sich dadurch aus, dass sie im Kollektiv eine »Effizienz« hervorbringen, die sich auf eine Übertragung stützt, bei der »die Dynamik nicht allein eine motorische, sondern ebenso eine affektive ist« (Brandstetter/Brandl-Risi/van Eikels 2007: 25, 29). Bei den Groove-Feldern kann jedoch nicht von einer Schwarmaktivität ausgegangen werden. Die Gegenüberstellung mit Vogelschwärmen ver-

23 Eine Minimierung der visuellen Wahrnehmung kann auch individuell an der Aussage einer Probandin abgelesen werden: »Minimizing my visual perception to the essentials (a wage clue about what is going on around me, a bit of light, colour and shadows/silhouettes of movement preventing me from bumping into other people and giving me points of reference in case I need/want them) makes it easier for me to just be a living body without my eye spotting too much external to focus on.« (FB Blank: 4).

weist auf gegenläufige Organisationsmechanismen, die ich im Folgenden aufzeigen möchte. Schwarmbildung basiert zwar auf lokalen Synchronisierungen – auf ungefähren Abgleichungen oder Abstimmungen in einem Medium – zwischen den Akteuren des Schwarms (vgl. ebd.: 31), doch muss bei Schwarm und Clubtanz von unterschiedlichen Typen von Synchronisierungsprozessen ausgegangen werden. Synchronisierung impliziert immer ein Medium der Übertragung von Wirkungen zwischen Handlungen, das je nach Beschaffenheit und Ordnungsstruktur verschiedene Formen von Abgleichungsprozessen hervorbringt. Die lokalen Angleichungen an Bewegungsfetzen fasse ich im Folgenden als einen für den kollektiven Clubtanz spezifischen Synchronisierungsprozess auf und werde herausstellen, warum dieser sich von einem sozialen Schwarm unterscheidet. Dabei wird ein differenziertes Verständnis von Synchronisierung vorgestellt, welches das Groove-Erleben von Tanzenden im Groove-Feld ermöglicht.

Der Begriff des sozialen Schwarms leitet sich seiner Definition nach von Tierschwärmen ab. Deren Handlungslogiken hat Craig Reynolds im Rahmen von Computersimulationen – *boids* – mit drei einfachen Regeln beschrieben: 1. Bewege dich in dieselbe Richtung wie deine Nachbarn. 2. Bewege dich weg, sobald dir jemand zu nahe kommt. 3. Bewege dich in Richtung des Mittelpunktes derer, die du in deinem Umfeld wahrnimmst (vgl. van Eikels 2013: 204).[24] Obwohl Reynolds diese Prinzipien für eine virtuelle Rekonstruktion entwickelt hat, stellen sie auch in anderen Kontexten Notwendigkeiten für das Funktionieren der Schwarmdynamik dar.

Auf den Kunsttanz übertragen, macht das Beispiel *Accords* (2008) – ebenso wie andere Choreographien von Thomas Hauert/ZOO – deutlich, dass Schwarmregeln als choreographisches Mittel einen Zwang auf die Tanzenden ausüben, durch den eine Schwarmkonstellation erst entstehen kann. Wenn ein Performer sich in eine Richtung bewegt, müssen sich auch die Nachbarn dorthin bewegen, um die synchronisierte Gruppenbewegung hervorzubringen. Wählt einer auch nur für einen kurzen Moment eine andere Richtung, bricht der Schwarm auseinander oder kollabiert. Schwarmprinzipien sind ebenfalls auf dem Club-Dancefloor wiederzufinden: Wenn ihnen ein Tanzender zu nahe kommt, nehmen die Besucher Abstand von ihm oder sie nähern sich an, wenn die Konstellation von Referenzpersonen sich räumlich verschiebt. Im Clubtanz lässt sich jedoch eine diametrale Wirkung der Angleichung ausmachen, die der Synchronisierung von Bewegungsrichtungen entgegenläuft.

24 Siehe Reynolds Computersimulation unter http://www.red3d.com/cwr/boids/ (letzter Zugriff: 06.01.2015).

Die Beispiele, die van Eikels für soziale Schwärme anführt, weisen des Weiteren auf regelbasierte Handlungen hin, derer es für das Zustandekommen der wirksamen Schwarmkonstellation bedarf: Wenn sich japanische Teenager, Demonstranten beim *Battle of Seattle* im Umfeld des WTO-Treffens 1999 oder bei der philippinischen Revolte 2001 per SMS verabreden und gegenseitig Treffpunkte zuweisen, dann wird der soziale Schwarm nur konstitutiv, wenn dieser bestimmte Ort von möglichst vielen angepeilt und erreicht wird. Wird ein Treffen an einer Straßenecke kommuniziert, muss die schwärmende Gruppe sich tatsächlich zu diesem Ziel begeben, damit die regelnde Anweisung ihre Wirkung zeigt (vgl. van Eikels 2013: 36; Rheingold 2005: 157–164).

Diese Prinzipien einer Kausallogik unterscheiden sich von den Handlungslogiken im Groove-Feld. Dort können unterschiedliche Bewegungsmotive getanzt werden, wobei nur Teilaspekte wie beispielsweise die Bewegungen von Kopf oder Arm als Bewegungsfetzen des Groove-Feldes fungieren. Vielmehr sind die Synchronisierungen hier eher als Angebote oder Möglichkeiten zur Angleichung zu verstehen denn als kausale Verknüpfung. Tanzende im Club gleichen sich auf Grundlage eines Feldes von Bewegungsqualitäten je nach Neigung und Angebot an, da diese Abstimmung die eigene Erfahrung steigert. Diese Angleichung kann auch in zeitlichen Abständen geschehen, wenn die Tanzenden die Augen schließen und isoliert weitertanzen. Daher möchte ich in Bezug auf den kollektiven Tanz auch nicht von einem sozialen Schwarm sprechen, sondern van Eikels' Gedanken eines Schwarmeffekts folgen, »der aus der Organisierung einer kleinmaschigen Vernetzung jeweils Einiger mit Einigen [hervorgebracht wird], wobei die Netzsegmente ineinandergreifen und so den Informationsfluss ausweiten« (van Eikels 2013: 204). Die lokalen Angleichungen, die durch die Verständigung auf bestimmte Bewegungsqualitäten sichtbar werden, etablieren auf der Tanzfläche zwischen den Tanzenden einen Schwarmeffekt, wobei ein Schwarm hier als eine Art »strategische Matrix kollektiven Agierens« verstanden werden muss (ebd.). Zwischen den Referenzpersonen ist eine kleinmaschige Vernetzung auszumachen, die durch Angleichungen oder Synchronisierungen vollzogen wird. Ein Groove-Feld im Club kann so als eine strategische Matrix kollektiven Agierens verstanden werden, die das Tanzen erleichtert. Die erfahrbare Erleichterung und die Effizienz, die der Schwarmeffekt durch Synchronisierungsmechanismen mit sich bringt, basieren van Eikels zufolge nicht auf einer Energieübertragung oder einem »Mehr von Energie« (ebd.: 167), sondern auf einer Informationsübertragung. Das Verständnis dieser Informationsübertragung als Synchronisierungsdynamik von Schwärmen, wie sie van Eikels beschreibt, muss für den Clubtanz jedoch spezifisch bestimmt und ein erweitertes Denkmodell von Informationsübertragungen als Synchronisierung entworfen werden.

Van Eikels bezeichnet diese Informationsübertragung für den Tanz als »Impuls-Übertragung« (ebd.: 168), ein Begriff, der auf den ersten Blick auch für den Clubtanzkontext sinnvoll erscheint. Sein Beispiel aus dem Laufsport untermauert zunächst ebenfalls meine Beobachtungen bezüglich der Erleichterung im gemeinsamen Tanz: Wenn sich ein Läufer beispielsweise an einen anderen ›hängt‹, dann soll der stabile rhythmische Zusammenhang »psychophysische Prozesse im Körper verändern und so ggf. bewirken«, dass das Laufen leichter erscheint und der Läufer »tatsächlich länger durchhält« (ebd.).[25] Diese psychophysischen Prozesse werden bei van Eikels jedoch weder weiter erläutert noch auf der Grundlage von Bewegungsanalysen begründet. Eine Übertragung seiner Theorie wird zudem dadurch erschwert, dass in den Sportwissenschaften eine Analyse von Bewegungsrelationen in Synchronisierungsprozessen bislang nicht vorliegt.

In seinen Ausführungen zum Informationsfluss als Übertragung und Wirkung von Synchronisierungsmechanismen bezieht sich van Eikels auf Synchronisierungsdynamiken aus der Physik und betont die rhythmische Komplexität bei der Informationsübertragung im Übertragungsmedium. Er stützt sich bei diesen Überlegungen auf Pikovsky, Rosenblum und Kurths (vgl. Pikovsky/Rosenblum/Kurths 2003), nach denen »Synchronisierung ein Vorgang ist, bei dem mehrere Performanzen oder Prozesse mit distinkten Eigenrhythmen einander wechselseitig so beeinflussen, dass sie einen ungefähren rhythmischen Zusammenhang finden« (van Eikels 2013: 166). Diese Beobachtung wird in der Physik am Beispiel von Metronomen veranschaulicht und geht auf Christiaan Huygens zurück, der im 17. Jahrhundert zwei Pendeluhren beschrieben hat, die nach kurzer Zeit antiphasisch synchron schwangen (vgl. Pikovsky/Rosenblum/Kurths 2003: 8ff.). So schreibt van Eikels, dass es sich bei Synchronisierungswirkungen nicht um Energieübertragungen handelt, sondern um Wechselbeziehungen, die »das Wie (und eventuell auch das Wohin) beeinflussen, aber nicht das Dass« (van Eikels

25 Leider lassen sich in der Sportwissenschaft keine ausführlichen erläuternden Angaben dazu finden. In Blogs zum Radsport wird über kraftschonende Formationen gesprochen, die jedoch auch den Windschatten mit einbeziehen. Im Rudern wird die Frage gestellt, ob der Schlag- oder Bugmann im Zweier ohne Steuermann durch geschickte Variabilität seiner Ruderarbeit in der Synchronisation mehr zum optimalen Lauf des Bootes beitragen kann. Doch müssen Kerstin Witte und Stephan Fahrig erkennen, dass »mannschaftstypische Kriterien einer Qualitätsbeurteilung der Interaktion im Zweier o. Stm. sich von Boot zu Boot zu unterscheiden scheinen« (Fahrig/Witte 2006: 132). Da es sich beim Rudern jedoch um intendierte Synchronisation handelt und nicht wie im Clubtanz um Synchronisierung, sind diese Angaben im Kontext der vorliegenden Arbeit wenig hilfreich.

2013: 167). Wenn Synchronisierung die Organisation konkreter Zeit- und Raumunterschiede darstellt (vgl. ebd.: 170), dann müssten hier zunächst unterschiedliche Konzepte dieser Differenzen erläutert werden.

Zwei Konzepte möchte ich im Folgenden voneinander abgrenzen. Wenn im engeren Sinne von Rhythmus als »Gliederung einer Zeitstrecke« (Auhagen 2008: 437) durch ähnliche Ereignisse gesprochen wird, dann gliedern die Umkehrpunkte der Huygens'schen Pendeluhren in ihrer geordneten Ereignisfolge eine bestimmte Zeitstrecke in ihrem sich angleichenden Rhythmus. Damit geht es van Eikels um die Wechselwirkung von Zeitintervallen, bei denen sich die End- oder Umkehrpunkte phasisch angleichen. Die phasische Angleichung der Pendeluhren bei Huygens vollzieht sich durch leichte Schwingungen des Balkens, an dem die Uhren angebracht sind; er stellt das Medium der Übertragung dar. Die wechselseitige Wirkung braucht immer ein Medium oder bei sozialen Synchronisierungen eine Handlungsdynamik der Übertragung. Davon leitet van Eikels auch den Synchronisierungseffekt ab. Beim Flügelschlag von Vögeln oder bei Laufrhythmen mag dies noch sinnvoll sein, aber für das Verständnis von Synchronisierungen im Clubtanz scheint es nicht hilfreich, da, wie bereits herausgearbeitet, die Intervalle von Tanzbewegungen z. B. bei Armschwüngen nicht lange genug geordnet aufrechterhalten werden, als dass eine Orientierung an den Umkehrpunkten möglich wäre. Als Bewegungsfetzen kann das gesamte Intervall gar nicht erkannt werden. Die Synchronisierung und ihre Effekte finden nicht anhand einer Angleichung der Phasenstruktur statt. Die Zeit- und Raumdifferenzen im Clubtanz können nicht über eine phasische Angleichung der Umkehrpunkte oder allein durch die Bewegungsrichtungen definiert werden. Für die Erfassung von Synchronisierung im Groove-Feld soll daher ein anderes Konzept zur Anwendung kommen, das sich nicht auf die Gliederung einer Zeitstrecke durch *cues* oder einen synchronen Raumweg stützt. Über ein Angleichen – ein *alignment* – von Bewegungsqualität, das über die reine Bewegungsrichtung hinausgeht, können die Zeit- und Raumdifferenzen bei Synchronisierungen im Groove-Feld zusammengebracht werden.

Denkt man beispielsweise die Wendung eines Vogelschwarms in Bezug auf sein Übertragungsmedium, so organisiert sich diese nicht als ein in sich abgeschlossenes Intervall im Raum, das sich durch eine regelhafte Zielvereinbarung von einer Konstellation zu einer neuen immerfort re-choreographiert. Vielmehr vollzieht sich die Gestalt der Wendung in Echtzeit im gekrümmten Verlauf der permanenten Angleichung einer kollektiven Bewegung:

»Das Motiv [als elementare Einheit der Schwarmperformance] versteht sich hier in einem sehr direkten Sinn als Bewegungs-Bild. Es fasst eine affektive Disposition in eine rhetorische Form, um so die Wendung [des Schwarms von Konstellation zu Konstellation] hervorzurufen.« (Brandstetter/Brandl-Risi/van Eikels 2007: 30)

Wird die Synchronisierung der Wendung des Schwarms vom Verlauf des Schwungs her gedacht, dann ergibt sich ihre synchronisierte Form nicht allein durch die Umkehrpunkte oder Neuausrichtung der Raumwege. Ihr Bewegungsbild entsteht aus den Angleichungen im Schwung des Flugs als ein bewegter Zustand, an dessen Kraftaufwand und Geschwindigkeiten sich die Akteure kontinuierlich innerhalb der Schwarmkonstellation anpassen. Diese Synchronisierungsbewegung definiert sich nur rückläufig aus den von der Schwarmkonstellation durchlaufenen Punkten. Die Handlungsmotive der Wendungen mit deren Verlauf können im gegenwärtigen Moment nicht durch die Positionen definiert werden, sondern sie ergeben sich aus ihrer dynamischen Einheit als Bewegung (vgl. auch Deleuze 1989: 13):

»A path is not composed of positions. It is nondecomposable: a dynamic unity. That continuity of movement is of an order of reality other than the measurable, divisible space it can be confirmed as having crossed.« (Massumi 2002: 2)

Nach Brian Massumi erscheinen die Wendungen und ihre Positionen nur in der Retrospektive. »It is as if, in our thinking, we put targets [or positions] all along the path.« (Ebd.: 6) Diese Sicht auf Bewegung verweist auf eine abgegrenzte Gestalt der Bewegung von dem Raum und der Zeit, welche die Bewegung durchläuft. Erst rückblickend wird eine Bewegung als Raumverschiebung sichtbar. Auf den Clubtanz übertragen kann die Tanzhandlung sich im gegenwärtigen Moment nur auf ihre *dynamic unity* im Verlauf beziehen. Im Clubtanz wirkt die Synchronisierung diametral in entgegengesetzter Richtung und auf unterschiedliche Körperteile mit völlig differenten Raumwegen, aber mit gleicher Bewegungsqualität, sodass mit Massumis Aussage die dynamische Einheit – mit der sich die Tanzenden synchronisieren – getrennt vom durchlaufenen Raum gedacht werden kann. Als dynamische Einheit in ihrer spezifischen qualitativen Ausprägung wird die Tanzbewegung im Groove-Feld wirksam. Wird Bewegung in der Tanzimprovisation nicht von einer Angleichung der Bewegungsrichtung oder von dem durchlaufenen Raum in einer bestimmten Zeit her gedacht, ist es der qualitative bewegte Zustand, der die Synchronisierung ermöglicht. Daraus lässt sich ein Denkmodell von Synchronisierung eines bewegten Zustands oder einer Bewegungsqualität ableiten.

Der bewegte Zustand der Körper als dynamische Einheit lässt sich gut am Beispiel von Steve Paxtons *small dance* erläutern. Der Tänzer und Choreograph

Steve Paxton arbeitet in seiner Übung *small dance* aus dem Stück *Magnesium* (1972) mit dem einfachen Stehen und findet in dem, was gemeinhin als Stillstand des Körpers bezeichnet wird, »eine Menge kleinster Bewegungen, die einen aufrechterhalten, obwohl man sich geistig entspannt« (Paxton 1977: 11, Übersetzung S. M.). Die Übung soll den Tänzer in die Lage versetzen, seine Aufmerksamkeit auf die Mikrobewegungen des Körpers zu richten, die dieser in jedem Moment ausführt, um sich aufrecht zu halten. Das Stehen mit seinen kleinsten Teilbewegungen stellt meines Erachtens eine bewegte Einheit dar, die mit ihren minutiösen, aber spezifischen Raumrichtungen, ihrem Kraftaufwand und ihrer Dauer, das Stehen charakterisiert. Es ist ein konstantes Abgleichen mit dem eigenen Gewicht, der eigenen Ausrichtung und der Umgebung.[26] Wird zu viel Kraft aufgewandt, werden einige Bewegungen unterbunden und der Tänzer wirkt steif: Die dynamische Einheit im Körper hat sich im bewegten Zustand verändert. In diesem Sinne ist der Körper immer in Bewegung, nur bleiben Kraftaufwand, Zeitlichkeit und deren räumliche Ausprägung in ihrer Relation zueinander fast gleich; das Stehen ist eine still bewegte Qualität im Körper. Die Verschiebung eines Körperteils im Raum kann die Relationen und Spannungen verändern, wird jedoch auch wieder eine ähnliche still bewegte Qualität hervorbringen. Es sind diese differenten Relationen von Spannungen der Muskeln, ihres Weges durch den Raum und ihrer Zeitdauer, die ich als dynamische Einheit verstehen möchte. Die Relokalisierung von Positionen in einem objektiven Raum ist hierbei nicht ausschlaggebend. Ein laufender Körper kann eine identische Relation von Spannungen in jedem Schritt haben. Die still bewegte Qualität im Körper, ein gleichbleibendes Laufen oder eben ein Schub, Bounce oder Schwung wären solche bewegten Einheiten, an deren dynamischer Einheit von Bewegungsqualitäten sich die Tanzenden im Groove-Feld synchronisieren. Bewegungsqualitäten wären dann die elementare bewegte Einheit des Schwarmeffekts im Groove-Feld.

---

26 Im Wissenschaftsmuseum Phaeno in Wolfsburg kann man ausprobieren, wie die Umgebung die kleinsten Bewegungen des stillen Standes beeinflusst. Geht der Besucher dort in den »verrückten Salon« mit angedeuteten Fenstern und Möbeln, der um 45 Grad gekippt ist (die Schwerkraft wirkt also nicht auf die Bodenfläche, sondern in die Raumecke), fällt es ihm schwer, diese 45-Grad-Neigung zu kompensieren. Was auf einem Berg oder einer Rampe leicht fällt, funktioniert in diesem Raum nicht. Die Besucher synchronisieren sich mit der sichtbaren Raumstruktur, beziehen ihre Haltung weniger auf die Schwerkraft und fallen um. Vgl. hierzu http://www.phaeno.de/ausstellung/ (letzter Zugriff: 10.02.2016).

Versteht man Bewegung nicht als retrospektive Konstruktion eines linearen Weges, sondern als *dynamic unity*, dann geben die Synchronisierungen im Clubtanz eine inhärente Ordnungsstruktur zu erkennen: Die spezifischen Relationen zwischen Kraftaufwand, Bewegungsweg und Zeitstruktur, die eine Bewegungsqualität im Schwung, Schub oder Bounce konstituieren, sind die inhärenten Teile des Groove-Feldes, das sich bei einer Veränderung der Relation in eine andere Qualität transformiert. Dies findet in der flüssigen Improvisation zwar ständig statt, bezieht sich jedoch immer wieder auf den somatischen Eindruck von bestimmten Bewegungsqualitäten. Der wiederholende Charakter von Schwung oder Bounce ruft im Verlauf einen bewegten Zustand als eine ›kinästhetische Blaupause‹ im Körper hervor. Synchronisierung in der Clubtanzbewegung wird somit nicht über den Rhythmus als geordnete Ereignisfolge mit periodischer Unterteilung als Medium der Übertragung vollzogen, sondern muss als Angleichung eines qualitativen Verlaufs von Bewegung gedacht werden.

Indem ich die Vorstellung der sequenziellen Aneinanderreihung von Raumpositionen in der Bewegung durch das Konzept einer qualitativen bewegten Einheit ergänze, kann die kollektive Dynamik von Clubtanz als Schwarmeffekt bezeichnet werden. Hierin wird eine Art strategische Matrix aus dem kollektiven Agieren entlang qualitativer Angleichungen hervorgebracht. Das wirkmächtige Umfeld des Groove-Feldes wäre demnach eine visuelle Matrix von qualitativer Beschaffenheit, die als Handlungsdynamik im *alignment* bewegter Zustände die Improvisation und Bewegung erleichtert und damit Groove konstituiert. Gabriele Brandstetter spricht bei Synchronisierungen im Tanz auch von einem *attunement* – einem gegenseitigen Sich-(Ab-)Stimmen[27] –, das auf eine ähnliche Konzeptualisierung der Synchronisierung hinweist. Sie versucht, mit dem Begriff ›Stimmung‹ Synchronisierung als Resonanzphänomen zu kategorisieren, in dem ein unbewegter Körper durch eine ähnliche Frequenz bewegt wird. Dies führt von der Clubtanzpraktik weg. Wie schon im ersten Kapitel dargestellt, bringen Tanzende die somatische Evidenz der Musik durch akustisches Entrainment für sich selbst hervor. Aus diesem Grund setze ich das Synchronisieren mit Bewegungs-

27 In ihrem Vortrag »Wirbel der Zeit: Synchronisierungen in *Work/Travail/Arbeid* von Anne Teresa De Keersmaeker« bei der 2. Jahrestagung *De/Synchronisieren* des DFG-Schwerpunktprogramms *Ästhetische Eigenzeiten – Zeit und Darstellung in der polychronen Moderne* vom 4.–6. Februar 2016 fasste Brandstetter die Synchronisierungen der Tänzer und Tänzerinnen in der Choreographie als *attunement* auf, um die Tanzinteraktionen zu beschreiben und von synchronen Tanzbewegungen abzugrenzen (vgl. Brandstetter 2017b: 154).

qualitäten im folgenden Abschnitt mit visuellem Entrainment (anstatt mit *attunement*) in Verbindung und bette es in den Musikdiskurs ein.

4.6 VISUELLES ENTRAINMENT ALS ANTIZIPIERENDE ANGLEICHUNG

Wenn die Tanzenden sich bewusst und intentional in Bezug zu ihren Groove-Feldern positionieren, so vollzieht sich die Angleichung oft zu schnell und kleinteilig, um sie als intendierte Handlung zu koordinieren. Im Handlungsmotiv von *alignments* bewegter Zustände organisiert sich die Übertragung, ohne dass es den Tänzern und Tänzerinnen permanent bewusst wäre. Im Folgenden werde ich unter Bezugnahme auf die Entrainment-Theorie genauer auf die psychophysiologischen Prozesse eingehen, auf die sich eine Groove-Erfahrung stützt. Durch eine Einordnung von visuellem Entrainment in die Synchronisierungsprozesse mit Bewegungsqualitäten kann die von den Probanden beschriebene ›kinästhetische Blaupause‹ näher erläutert werden und in Bezug zu anderen improvisativen Musik- und Tanzpraktiken gesetzt werden.

Nicht nur am Beispiel des Youtube-Hits von Snowball, dem tanzenden Kakadu,[28] wurde in der Musiktheorie die affizierende Wirkung von Rhythmusstrukturen auf Bewegungen nachgewiesen. Heinrich Klingmann erläutert in seiner Analyse zu Groove, dass die »Grundlage rhythmischen Erlebens die Wahrnehmung von Differenzen [ist], wobei […] erst durch Wiederholung ein Ereignis rhythmisch interpretierbar werden kann« (Klingmann 2010: 11). In westafrikanischen Musik- und Tanzkulturen konstituiert sich diese wiederholende Grundlage in Elementarpulsationen. Diese sind eine »verbindende innere Wahrnehmung eines Ablaufs kleinster regelmäßiger Pulseinheiten ohne Anfang und Ende und ohne A-priori Akzentuierung« (Kubik 1988: 73). Eine solche innere Wahrnehmung koordiniert die Bewegungsorganisation aller Teilnehmenden bei der gemeinsamen Improvisation. Das Verständnis eines durch zyklische Pulsationen koordinierten Ablaufs ermöglicht die »Antizipation kommender Ereignisse durch das wahrnehmende Subjekt« (Klingmann 2010: 16) und strukturiert in gleicher Weise das Spielen von populären Tanzmusikstilen. Zyklische Beatstrukturen können als Grundlage für rhythmisches Erleben von Groove angesehen

28 Patel/Iversen/Bregman/Schulz/Schulz 2009 haben Bewegungsaffizierung bei Beatmusik bei einem Kakadu nachgewiesen, die den Vogel zu rhythmischen Synchronisierungen bringt. Das Youtube-Video, das diese Forschung inspiriert hat, ist zu sehen unter https://www.youtube.com/watch?v=N7IZmRnAo6s (letzter Zugriff: 07.01.2015).

werden. Für westliche Musikkulturen benennt Justin London in seiner Analyse von psychologischen Funktionsweisen metrischer Strukturen das musikalische Metrum als Grundlage für akustisches Entrainment. Seiner Entrainment-Theorie folgend, beantwortet der menschliche Zuhörer einen externen, periodischen Stimulus mit einem physiologischen Rhythmus und synchronisiert den akustischen Impuls zum Beispiel mit einem Bounce mit dem Kopf (vgl. London 2004: 11):[29] »Musical Meter is the anticipatory schema that is the result of our inherent abilities to entrain to periodic stimuli in our environment.« (Ebd.: 12) Damit sind Musiker und Zuhörer, aber auch Tänzer in der Lage, nachfolgende Ereignisse vorauszusehen, eventuelle Veränderungen festzustellen und sich mit ihnen in Beziehung zu setzen. Jeff Pressing charakterisiert Groove neben dessen Fähigkeit, Körperbewegungen zu beeinflussen, auch durch: »1. perception of recurring pulses, and subdivision structure to such pulses and 2. perception of a cycle of time, of length of two or more pulses, enabling identification of cycle locations« (Pressing 2002: 288). Ein wiederholter Groove als Rhythmusmuster bringt demzufolge Bewegungen und eine Erwartungshaltung hervor, wobei Letztere einen improvisatorischen tänzerischen Umgang mit der Musik in der Identifizierung der Beatintervalle überhaupt erst ermöglicht. Nur in der Sicherheit dieser Erwartungshaltung können Bewegungen mit musikalischen Ereignissen koordiniert werden, auch wenn die Musik dem jeweiligen Akteur unbekannt ist, während zu bekannter Musik eine eingeübte Leichtigkeit feststellbar ist. Nach Jeff Pressing intensiviert die ständige Wiederholung des gleichen Grooves als Rhythmusmuster die Beschäftigung mit sowie die Aufmerksamkeit für diese Patterns und unterstützt durch Automatisierung das Hervorbringen und Synchronisieren von Bewegung (vgl. ebd.: 289). Pressing sieht daher auch den mitreißenden und emotionalen Effekt von Groove-basierter Musik in der Möglichkeit ihrer Antizipation.[30] Als kulturelle Praxis fällt das Mitwippen und die Antizipation des Gehörten bei bekannten Songs leichter als bei einem unbekannten Musikstück. Die Aussage der Probanden, dass sie sich während des Clubtanzes auf die wiederholenden Bewegungsqualitäten stützten und diese auch antizipierten (FB Blank: 3), spiegelt Pressings Einschätzung zu Groove-basierter Musik auf der Ebene des Tanzes wider. Doch bei möglichem visuellem Entrainment von Bewegungsqualitäten im Clubtanz kann nicht von einer metrischen, zyklischen oder periodischen Struktur im Sinne eines wiederholenden Pulses ausgegangen werden. Wie

---

29 Für weitere Grundlagen der rhythmischen Wahrnehmung siehe Kopiez 2005.

30 Siehe hierzu auch die Forschung von Petr Janata zu Verknüpfung von emotionalen Zuständen und sensomotorischem *coupling* zu Groove-Musik (vgl. Janata et al. 2012: 54).

oben beschrieben, wechseln die Zeitintervalle in ihrem Bewegungsweg als Sequenz unentwegt, sodass sich keine Erwartungshaltung in Bezug auf die getanzten Umkehrpunkte oder Akzente, die mit der Musik synchronisiert werden, einstellen kann. Im Clubtanz ist es unvorhersehbar, wann zum Beispiel in den Schwingschritten der Umkehrpunkt stattfinden wird, da sich bereits durch die Fußbewegung die Wegstrecke unerwartet verändern kann und dadurch der resultierende Weg des Schwungs verkürzt wird. Die Bewegungsimprovisationen fluktuieren zu sehr in ihrer flüssigen Verschiebung, als dass ein spezifisches Bewegungsintervall vorhergesehen werden kann. Bei der Synchronisierungshandlung zwischen Tanzbewegungen zu Musik und derjenigen als Interaktionen im Groove-Feld handelt es sich also um zwei unterschiedliche Abgleichungsprozesse.

An diesem Punkt ist es hilfreich, nochmals auf die Überlegungen von Elizabeth Waterhouse, Riley Watts und Bettina Bläsing zu *cues* und *alignment* zurückzukommen (vgl. Waterhouse/Watts/Bläsing 2014: 14). Nach dieser Definition von *cues* als Koordinierung von zeitlichen Anfangspunkten liegt es nahe, dass es sich bei den Synchronisierungen der Bewegungsumkehrpunkte zu den metrischen Schlägen des Beats um *cues* handelt, während sich die Angleichung mit dem qualitativen Verlauf von Bewegung als *alignment* bezeichnen lässt. Ich deute meine Beobachtungen so, dass visuelles Entrainment in Form von *alignment* genauso mitreißend sein kann und sich ähnlicher Verknüpfungsprozesse visueller und physiologischer Bewegungsinformationen bedient. Das Denkmodell einer dynamischen Einheit der Bewegungsqualitäten als koordinierende Struktur ermöglicht ein Konzept von Synchronisierung, das ein Verständnis von Antizipation jenseits von zyklischen Strukturen und vorweggenommenen *cues* denkbar werden lässt. Indem Tanzende ihre Bewegungsqualitäten in Form von *alignments* angleichen, kann visuelles Entrainment in einem Umfeld von zerstreuten Bewegungsreferenzen ohne wiederholenden stabilen Bezugsrahmen gedacht werden und seine antizipierende Wirkung entfalten. Dazu möchte ich weitere Anhaltspunkte aus der Wahrnehmungsphysiologie anführen, die diese Überlegung stützen.[31]

---

31 Interessant ist hier auch die computergestützte Untersuchung von De Bruyn/Moelants/Demey 2009, in deren Analyse der Einfluss der sozialen Umgebung als messbarer und quantifizierbarer Effekt auf individuellen Tanz nachgewiesen werden konnte. »In general, the social context stimulates participants to move more intensively to the music. Furthermore, adolescent participants even show a significantly improved synchronization with the beat of the music in the social condition, illustrating social facilitation.« (De Bruyn/Moelants/Demey 2009: 93).

Bei seinem Versuch, Tanzrezeption als eine kontinuierliche Vorhersage von möglichen Bewegungsflüssen und -bögen zu betrachten,[32] stellt der Neurowissenschaftler Ivar Hagendoorn zwei unterschiedliche Prozesse visueller Wahrnehmung heraus:

»Of the various pathways emanating from the retina only two are directly involved in processing visual information for perception. One conveys information contributing primarily to the perception of movement, while the other is associated with the processing of color and shape.« (Hagendoorn 2004: 81)

Zur Untermauerung der Unterscheidung von Bewegungswahrnehmung und Konturwahrnehmung führt Hagedoorn *blindsight* an, wobei Patienten mit Hirnläsionen stillstehende Objekte nicht wahrnehmen können, bewegte jedoch schon (vgl. Schoenfeld et al. 2002). Die Wahrnehmung von Bewegung geht mit Antizipation einher, wie die Psychologen Karl Verfaillie und Anja Dacms in einer experimentellen Studie bestätigen konnten:

»When confronted with human action, observers [could] anticipate the future posture of the actor and [...] that this anticipation was only obtained when the test posture was preceded by a motion sequence.« (Verfaillie/Daems 2002: 217)

Der Schwung oder der Kraftaufwand eines Schlags als dynamische Einheit wird einen Körper oder einen Ball in eine bestimmte, vorhersehbare Position bringen, die von der rezessiven Propriozeption antizipiert und dadurch aufgefangen werden kann. Der Fänger gleicht sich nicht gedanklich kontrolliert an den Bewegungsweg an, sondern die visuellen Informationen synchronisieren sich mit seinen motorischen Fähigkeiten. Nimmt man an, dass nicht nur metrische Strukturen als *cues* Antizipation ermöglichen, sondern auch die visuelle Wahrnehmung von Bewegungsverläufen im *alignment*, so liegt eine affizierende und sensomotorische Wirkung von Bewegungsverläufen ebenfalls nahe. Die Wahr-

32 Hagendoorn gründet seine Überlegungen auf der Theorie von Spiegelneuronen, nach der die gleichen Hirnareale bei Rezeption und Produktion von Bewegung aktiviert werden, und versucht damit, die animierende Wirkung von Bewegung zu erklären (vgl. Rizzolatti/Craighero 2004). Diese Theorie basiert auf einer neurophysiologischen Beweisführung, aber aufgrund der unterschiedlichen Zugänge und hypothetischen Aussagen können diese Ergebnisse nicht in meine Argumentation einfließen. Zur kinästhetischen Wirkung von Tanz durch Spiegelneuronen siehe auch Foster 2011: 166ff. Zum Thema propriozeptive Empathie siehe Calvo-Merino 2008.

nehmung zeitlicher Prozesse – akustisch und visuell – kann in motorischen Verknüpfungen durch Entrainment Bewegungen in den Wahrnehmenden affizieren, die zunächst nicht geplant oder kontrolliert werden müssen. Somit groovt nicht nur die Musik, sondern auch Tanz kann allein durch das wahrgenommene Umfeld von antizipierbaren Bewegungsqualitäten eine mitreißende und somit auch emotionale Wirkung zeitigen. Aus der Perspektive von visuellem Entrainment kann die kollektive Groove-Erfahrung in einem anderen Denkmodell gefasst werden, das nicht auf mystisch anmutende Begrifflichkeiten wie *connectedness* und *collective energy* als Mikroinformationsübertragungen angewiesen ist.

In der musikalischen Groove-Theorie lässt sich eine weitere Verbindung zwischen Bewegungsqualität und Bewegung affizierendem Groove aufzeigen: Für Heinrich Klingmann tritt ein Groove-Pattern eines Instrumentalisten, bezogen auf das gespielte Bewegungsmuster, als eine »sinnvolle körperliche Erfahrung in einem rhythmisch-musikalischen Umfeld« hervor. Die körperliche Erfahrung wird dabei in Form eines »Bewegungsbildes« (Klingmann 2010: 143) memoriert. In der Spielpraxis verknüpfen sich für Klingmann interagierende Rhythmuspatterns mit Beatintervallen zu »körperlich übermittelte[n] und wahrgenommene[n] Gefühlsqualitäten« (ebd.: 142). Verändert sich in der Spielpraxis eines der gehörten, mit dem eigenen Spiel interagierenden Rhythmuspatterns, dann wird diese Veränderung als eine durch das Pattern gesendete Gefühlsqualität wahrnehmbar. Die gefühlte Verschiebung wirkt sich dann auf das Spiel und die Wahrnehmung aller übrigen Bewegungsmuster aus (vgl. ebd.). Im Rahmen von Groove-Musik scheint nicht die unterteilte Struktur von periodischen Intervallen wirksam zu sein, sondern der Verlauf des ›getanzten‹ Bewegungsmodus koordiniert mit einer kinästhetischen Entsprechung die Interaktion zwischen den Musikern – als ein von ihnen angestrebtes ›Bewegungsbild‹ oder eben als ›kinästhetische Blaupause‹. Aus der Perspektive der Groove-Musik-Produktion nach Klingmann kann bei Groove-Interaktionen sogar in der Musik nicht von Phasenangleichungen ausgegangen werden, sondern auch sie müssen als Angleichen eines kinästhetisch übermittelten qualitativen Verlaufs gedacht werden. Groove als zyklische Phasen zu denken, wäre demnach in der Musik an ein Verständnis von abstraktem Zeitmaß gebunden, das in der westlichen Musik einer Tradition von Musiknotationen und Partituren folgt. In der Praxis improvisierender, sich durch Groove organisierender Musik gleichen sich Musiker nicht an Phasen an.

In diesem Kapitel habe ich versucht, ein Denkmodell der Synchronisierungsbewegung zu entwickeln, das im das Tanzen erleichternden Groove-Feld die Tanzinteraktion organisiert. Die Bewegungsfetzen der Clubtanzbewegungen mit einem ähnlichen qualitativen Verlauf im Umfeld der Tanzenden – das Groove-

Feld – können analog zum Verständnis von Groove in der Musikpraxis als spezifischer Bezugsrahmen einer rhythmischen Matrix im Tanz (vgl. Widmaier 2004: 1) verstanden werden. Von visuellem Entrainment koordiniert, gleichen sich Tanzende an zerstreute Bewegungsqualitäten und deren dynamische Einheit als Tanzmatrix an. Die Antizipation, die Entrainment ermöglicht, folgt nicht einer zyklischen Struktur, sondern der Vorhersehbarkeit der Bewegungsverläufe durch ihren spezifischen Kraftaufwand sowie ihrer Zeitlichkeit und der räumlichen Ausprägung als Bewegungsqualität. Der motorischen Antizipation der visuellen Informationen in der Synchronisierung schreibe ich eine mitreißende Wirkung zu, die die Bewegung für die Tanzenden spürbar erleichtert. Im kollektiven Agieren ergibt sich eine Bewegungsaffizierung durch kontinuierliche kurze Angleichungsmomente im Netz der Tanzmatrix, die einen Schwarmeffekt im Clubtanz hervorbringt, der aber nicht als sozialer Schwarm gedacht werden kann. Mit einem kurzen Exkurs zu meinen Erfahrungen mit visuellem Entrainment als Zuschauer von zeitgenössischer Choreographie möchte ich die Übertragbarkeit des Denkmodells auf andere Kontexte demonstrieren. Im künstlerischen Exkurs werden zwei räumliche Konstellationen von Performern einander gegenübergestellt, die ein produktives Verhältnis von gleichzeitigen Bewegungen in Bewegungsumfeldern deutlich machen und so die Perspektive auf den Clubtanz für das nächste Kapitel schärfen.

4.7 KÜNSTLERISCHER EXKURS 2: GROOVE-FELDER IN *SEVEN THIRTY IN TIGHTS* VON FRÉDÉRIC GIES

In Frédéric Gies' *futuristic social dance*[33] sollen die Tänzer und Tänzerinnen untereinander die Choreographie aushandeln. Gies versteht seine Arbeit *Seven Thirty in Tights* (2013) als einen physischen Dialog zwischen den Performern, in dem jeder Impuls eines Individuums als eigenständige Stimme wahrgenommen werden soll, der die Gruppe beeinflusst. Frédéric Gies verwendet für seine künstlerische Arbeit somatische Praktiken oder *somatics*,[34] aus denen sich die choreo-

33 Siehe dazu die Beschreibung der Arbeit auf der Website von Frédéric Gies: http://fredericgies.com/ (letzter Zugriff: 08.01.2015).

34 Thomas Hanna etablierte ein Verständnis von »somatics« als innere individuelle Erfahrung: »the body as perceived from within by first person perception« (Hanna 1995: 341). Somatische Praktiken – wie Body Mind Centering – sind zunächst als therapeutische Ansätze von Körperarbeit entwickelt worden, die später auf die tänzerische

graphischen Anweisungen konstituieren. Die Performer tanzen weder Tanzphrasen noch eine festgelegte Choreographie. Der gemeinsame Tanz scheint eher durch Absprachen geregelt, in deren Abfolge die Tanzenden ihrer individuellen somatischen Erfahrung in Bezug zu spezifischen körperlichen Zuständen folgen. Durch die choreographische Verwendung von bewegten Zuständen lassen sich Beobachtungen aus der Choreographie auf die Ergebnisse meiner Clubforschung beziehen.

In diesem Kapitel wurden homogene Groove-Felder mit einer Bewegungsqualität herausgearbeitet, die in *Seven Thirty in Tights* in einem Spektrum von Bewegungsqualitäten auftreten und auf ein produktives Verhältnis von differenten Groove-Feldern verweisen. In den sehr unterschiedlichen Bewegungen, die die Performer vollziehen, lassen sich beispielsweise weiche, flüssige und sequenziell ausgeführte Bewegungsabläufe ausmachen, die aus übergeordneter Perspektive den Eindruck von Pulsationen herstellen. Die sich ausdehnende und erschlaffende Körperlichkeit in den Bewegungsstrukturen eint die Performer untereinander und choreographiert sie. In dieser übergeordneten Körperlichkeit von korrelierenden bewegten Zuständen kann die Wirkung von Groove-Feldern und das hierfür jeweils notwendige Arrangement an zwei unterschiedlichen Szenen des Stücks deutlich gemacht werden.

Im Festsaal der Sophiensäle in Berlin werden den Zuschauern im Bühnenraum an verschiedenen Seiten Areale zugeteilt, in denen sie sich in Gruppen auf den Boden kauern. Die zehn Performer in bunten Leggins vollführen in der Mitte des Raumes die Gruppenchoreographie, die sich durch verschiedene Konstellationen und Formierungen hindurch entspinnt. In einer Szene halten sich die Performer in einer langen Reihe an den Händen und lassen die Bewegungsimpulse wie eine lange Schlange durch die verschiedenen Körper gleiten. Vom Schwung des Impulses geleitet, verformt sich die Reihe zu unterschiedlichen Raumkonstellationen und Ausrichtungen, sodass ich in einem Moment an meinem Platz von den Performern halbkreisförmig umringt werde. Obwohl in meinem Blickfeld ein qualitativer Verlauf eines Schwungs von einem Impuls ausgehend übertragen wird, sich dieser Schwung in unterschiedlichen Haltungen der Tänzer und Tänzerinnen konstituiert und dazu noch elektronische Beats zu hören sind, kann ich in der Rezeption kein Bewegungsbedürfnis oder visuelles Entrainment feststellen.

Die Bewegungsqualität im homogenen Bewegungsmodus des Schwungs wird in dieser Szene präzise getanzt und setzt sich aus unterschiedlichen Ausfüh-

Praxis übertragen worden sind. Dort haben sie eigene stilistische Ausprägungen entfaltet.

rungen und Körperteilen zusammen. In der langen Reihe, in der sich die Performer an den Händen halten, wird nur ein Impuls durch die Körper der Tanzenden wie eine Bewegungssequenz weitergeleitet. Verschiebt sich der Schwung auf die nächsten Performer, so bleiben die übrigen stillstehen. Der lange vorhersehbare Bewegungsbogen kann in diesem Moment keine antizipierte motorische Synchronisierung hervorrufen. Im weiteren Verlauf von *Seven Thirty in Tights* tritt in einem anderen Arrangement die Wirkung von Bewegungsqualitäten dagegen als Entrainment-Prozess hervor. Zur mitreißenden Affizierung bedarf es mehrerer gleichzeitiger Bewegungsbögen, damit in meiner Erfahrung ein Groove-Feld entsteht:

In der folgenden Szene des Stückes tanzen die Performer kontinuierlich verschiedene Bewegungssequenzen, die einem Bounce gleichen. Ohne strukturierenden Beat und wahrscheinlich durch choreographische Anweisung wird der Bounce in seinem Verlauf sehr langsam getanzt, wobei die Intervalle über eine Zeitspanne von ca. zehn Minuten graduell schneller werden. Durch die unterschiedlichen Geschwindigkeiten ergeben sich differente Bewegungsqualitäten in den bewegten Zuständen der Performer. Sie befinden sich zerstreut auf der Tanzfläche und wechseln dabei langsam ihre Position, sodass immer neue Konstellationen in meinem Blickfeld auftauchen, in denen jeweils andere Performer verdeckt werden. In einem Moment, in dem sich zwei Performer mit gleicher Geschwindigkeit oder ähnlicher Ausformung des Bounce wippend in mein Blickfeld schieben, bemerke ich, wie sich mein Oberkörper zu bewegen beginnt. Wird einer der Performer wieder verdeckt, wirkt der Bounce der anderen neun Tänzer und Tänzerinnen in unterschiedlichen Bewegungsqualitäten auf meine Oberkörperbewegung ein. Die Qualität des leichten Wippens in meinem Oberkörper verschiebt sich zu einer Geschwindigkeit, die zwischen den Qualitäten der Performer liegt. Die Bewegung variiert, je nachdem wo im Blickfeld korrelierende Bewegungsqualitäten zu sehen sind. Einmal mit den Performern in Bewegung, orientiert sich mein Wippen an der dominanten Ausformung des Bounce und verstärkt oder verlangsamt sich und kann ebenso eine eigenständige Geschwindigkeit ausbilden.

Der Unterschied zwischen beiden Arrangements liegt in der Gleichzeitigkeit von sich beeinflussenden Bewegungsqualitäten. Der Bounce in mehreren Bewegungsverläufen in einem Spektrum von ähnlichen Bewegungsqualitäten mit eigenständigen Bewegungswegen wird gleichzeitig mit dem Blick erfasst. Erst in dieser sich verändernden und verschiebenden Gleichzeitigkeit stellt sich für mich ein Groove-Feld her. Hierfür bedarf es nicht *einer* dynamischen Einheit einer Bewegung, die von vielen gemeinsam als Bewegungsbogen hervorgebracht wird, sondern der Rhythmenpluralismus mehrerer Tanzender kann mich mit einer Bewegung affizieren. Durch die Verschiebung der Positionen etablieren sich im Zentrum und in der Peripherie meines Blickfelds breitflächig unterschiedlich schnelle Ausprägungen des Bounce mit differenten bewegten Zuständen und Bewegungsqualitäten, zwischen denen sich meine Wahrnehmung orientiert. Die verschiedenen Ausprägungen des Bounce stellen mit ihren Performanzen mehrere Anknüpfungspunkte für ein kontinuierliches Abgleichen meinerseits zur Verfügung und bringen in der Gleichzeitigkeit visuelles Entrainment hervor. Die wechselnden visuellen Referenzen resultieren in einem korrelierenden Spektrum, das sich produktiv auf visuelles Entrainment auswirkt. Visuelles Entrainment kann in meiner Wahrnehmung von Tanzperformances offenbar Bewegungen affizieren, wenn ein Bewegungsumfeld und nicht ein singulärer dynamischer Bewegungsbogen von der motorischen Synchronisierung antizipiert wird. Die sich verschiebenden Konstellationen von Performern in meinem Sichtfeld bringen ein fluktuierendes Groove-Feld hervor, das von meinem Körper mit sich verschiebenden Bounce-Bewegungen beantwortet wird. Mein Wippen synchronisiert sich nicht mit den in der Umgebung beobachteten Bewegungen, sondern das Gesehene korreliert mit einem Bewegungsmodus, den ich auf ähnliche Weise bereits hervorbringe. Es kann eine desynchrone Eigenständigkeit im Körper entstehen. Im fluktuierenden Groove-Feld verändert sich je nach Umgebung die Geschwindigkeit meines Wippens, das so differente Zustände annimmt. Es ist eine kontinuierliche Fortschreibung von abwechselndem intensivem bis abschlaffendem Bounce. In der Konstellation von gleichzeitigen Groove-Feldern verknüpft sich meine eigene Bewegung mit deren analoger, aber zugleich differenter Wirkung zu einer Abfolge von Bewegungsqualitäten.

Im dritten Kapitel wurde bereits beschrieben, wie sich Groove auf die kinästhetische Wahrnehmung des individuellen Tanzenden auswirkt, indem Klang- und Bewegungsinformationen ineinandergreifen. In diesem Kapitel wurde nun aufgezeigt, wie sich die Bewegungsübertragung im Groove-Feld organisiert. Die Beobachtungen bei der Rezeption von *Seven Thirty in Tights* verweisen dabei auf ein produktives Zusammenspiel von unterschiedlichen Bewegungsfeldern, denen im folgenden Kapitel nachgegangen werden soll. Dabei werde ich herausarbeiten, wie die beiden Systeme des akustischen und visuellen Entrainments ineinandergreifen und mit den unterschiedlichen Konstellationen von Personen ein produktives Spektrum von Groove-Feldern hervorbringen.

5. Groove als Handlungsmodus: Zwischen Interferenzen und emergenter Fortschreibung

> I'm going to toss my arms – if you can catch them they are yours
> TRISHA BROWN, 2011[1]

Auch wenn den Titel von Trisha Browns Choreographie aus dem Jahr 2011 auf den ersten Blick wenig mit Clubtanz zu verbinden scheint, bringt ihre Formulierung die Organisationsstrukturen kollektiven Improvisierens im Club doch prägnant auf den Punkt. Im Club scheint wie im Stücktitel zu gelten: Ich werfe meine Arme, und falls sie sich in deinen Bewegungen verfangen, verbinden sie sich mit deinen und werden gestärkt. Die Wurfbewegung meines Arms bekommt in der somatischen Erfahrung der Mittanzenden eine Evidenz, als ob die Bewegung von ihnen selbst ausginge. Wie Angleichungen von Bewegungsqualitäten Verstärkungen in der Improvisation der Tanzenden auslösen und wie sich diese durch resultierende Bewegungen fortschreiben, wird in diesem Kapitel näher untersucht. Zusammengebracht wird diese durch das Kollektiv gestützte Fortschreibung mit den Verknüpfungsprozessen zwischen den Tanzenden und der Musik im Groove-Feld. Daraus werden drei Handlungsmodi abgeleitet, welche die Organisation und Handlungsdynamiken im Club prägen. In dem dabei zu entwickelnden Denkmodell kann eine Perspektive auf Groove als spezifischer Kommunikationsprozess durch den individuellen Zustand jedes Besuchers herausgearbeitet werden. Jeder, der sich auf den gemeinsamen Tanz einlässt, trägt zur gemeinsamen und individuellen Tanzerfahrung bei. Diese Perspektive fügt

1 Trisha Brown: *I'm going to toss my arms – if you can catch them they are yours*, Stücktitel (Choreographie) 2011.

dem Verständnis von Tanzversammlungen zu elektronischer Musik im Club als kulturelle Praxis abschließend einen weiteren sozialen Aspekt hinzu.

5.1 BEWEGUNGSBESCHREIBUNG AUS DEN CLUBS: VERSTÄRKTE BEWEGUNGSORNAMENTE

5.1.1 Chesters Music Inn (13.11.2013)

Wenn sich im Chesters Music Inn die Stimmung zu Missy Elliott aufheizt, werden die Wippbewegungen in den Knien zum Bounce vertieft und der Bewegungsweg der Impulsübertragung verlängert sich vom tiefsten Punkt der Kniebeuge bis zum Kopf. Während der Dauer der Gemeinsamkeit verstärkt sich die Bewegung im Groove-Feld und wird raumgreifender. Hierbei wechseln die Tanzenden nicht etwa schnell in ein anderes Bewegungsmotiv – wie es bei isoliert Tanzenden nach einer kurzen Beschäftigung mit einem bestimmten Bewegungsmaterial oft zu sehen ist –, sondern während der Zeitspanne der Angleichung bleiben die Tanzenden länger bei dem gemeinsamen Bewegungsmaterial. Durch die Verstärkung in den Beinen wird gleichzeitig der Schub des Impulses verstärkt, sodass eine größere Kraft auf Schultern und Arme wirkt. Die Arme werden dabei angewinkelt und über das Brustbein gehoben. In der mittleren Spannung der erhobenen Arme kann sich der Impuls der Bounce-Bewegung so auf den Arm übertragen, dass er nicht nur in einer ähnlichen Qualität mitwippt, sondern hin und her geworfen wird. Die Krafteinwirkung ist so groß, dass in der lockeren Spannung aus dem Wippen ein Wurf wird. Das Intervall der Würfe, das durch die beiden Umkehrpunkte von außen zurück nach innen definiert wird, liegt dabei zwischen den Beats und bringt über die geworfene Qualität eine eigene Musikalität hervor. Der verstärkte Bounce produziert einen Überschuss im Körper, welcher sich als eigenständige Bewegungsqualität ausdifferenziert. Vom Wurf des Arms geleitet und durch seine Wiederholung nach und nach verstärkt, werden Kopf und Oberkörper zur Seite geworfen. Wenn die Tanzenden ihre Improvisation vom gedehnten Bounce in eine geworfene Bewegungsqualität überführen und in eine Körperwendung übergehen, nehmen die Schritte, die die Wendung vollenden, den Beat wieder auf und beziehen sich mit der neuen Bewegungsqualität zurück auf die Musik (BP Chesters).

Aufgrund von flüssigen Impulsübertragungen im Clubtanz können, wie in Kapitel 1.3 beschrieben, eigenständige Bewegungsebenen als Konsequenz von Bewegungsmotiven entstehen. Von der Bewegung her betrachtet erweitert sich im Bezug zur Gruppe aber die Perspektive: Das Groove-Feld erleichtert nicht nur die Bewegung, sondern die Gruppe der Tanzenden verstärkt die gemeinsam getanzte Bewegungsqualität – wie hier den Bounce –, sodass die Impulsübertragung kollektiv verstärkt zu einem geworfenen Arm ausdifferenziert wird. Die Tanzenden im Umfeld scheinen auf diese Weise zu einer zweiten Rhythmuslinie im Körper zu verhelfen. Der geworfene Arm leitet sich zwar vom Bounce der Musik ab, aber in der Konsequenz der kollektiv verstärkten Impulsübertragung erlangt er eine Eigenständigkeit, welche nicht der Logik von akustischem Entrainment folgt. Ähnlich einem Ornament entwickelt die Bewegung im Bounce eine erweiterte Materialität im Vollzug und wird zum Wurf mit einer veränderten Beschaffenheit der Ursprungsbewegung. Durch die Materialität des Körpers – seine Elastizität und seine anatomische Struktur – entsteht eine Erweiterung oder ein ›Mehr‹ mit eigener Präsenz und Performanz. Dieser performative Überschuss, der eine formale Eigenständigkeit in einer neuen Bewegungsqualität erreichen kann, wird durch die Verstärkung der impulsgebenden Bewegung durch das Groove-Feld generiert. Der Wurf löst sich nicht von seiner musikalischen und tänzerischen Grundlage, wird jedoch auch nicht zur Musik getanzt.

Um die Beziehung zwischen tänzerisch-musikalischer Grundlage und resultierender veränderter Bewegungsqualität begrifflich zu fassen, bezeichne ich die resultierenden Bewegungen der zweiten Bewegungsebene als Bewegungsornamente. Vera Beyer und Christian Spies beschreiben bildtheoretisch, dass das Ornamentale als eine Struktur zu verstehen sei, »die zwischen der materialen Ebene des Trägers und der sich davon lösenden Dimension der Darstellung, und zwischen der Regelmäßigkeit eines Musters und der Unregelmäßigkeit der Figuration […] vermittelt« (Beyer/Spies 2011: 17). In der Impulsübertragung in den Clubtanzbewegungen manifestiern sich verschiedene Modi von impulsgebender und resultierender Bewegung, zwischen denen das Ornamentale als Struktur vermitteln kann. Zudem schreibt Kai van Eikels der Schwarmbewegung eine Ornamentalität zu, »eine wesentliche Umwegigkeit, die das Improvisatorische als ein ständiges Produzieren von performativen Überschüssen, von Schlenkern, Arabesken, kollektiven Bewegungsornamenten hervortreten lässt« (van Eikels 2013: 325). Die kollektiven Bewegungsornamente innerhalb eines Schwarms vollziehen sich durch die Wendungen von Akteuren in Bezug zur Gruppe und nicht zu einem einzelnen Körper. Übertragen auf die kollektiv verstärkten Schlenker in den resultierenden Bewegungen, möchte ich den Überschuss im Körper, der neue Bewegungsqualitäten entwickelt, trotzdem als Bewegungsornament bezeichnen.[2] Ich verstehe diese Bewegungsornamente als eine distinkte, eigenständige Bewegungsebene, die im Moment der kollektiv verstärkten resultierenden Bewegung nicht auf die Musik ausgerichtet ist, sondern sich parallel zum Musikalischen entfaltet. Wird die Bewegungsqualität des Bewegungsornaments als neues Bewegungsmotiv in die musikalische Struktur eingebettet, wechselt die Improvisation nicht als Interpretation der Musik oder als Adaption von Tanzbewegungen im Umfeld, sondern emergiert aus der Materialität des Körpers. Verstärkt die Gruppe die getanzte Bewegung, ergeben sich aus dieser zweiten Bewegungsebene eine neue Qualität und die Möglichkeit einer körperinhärenten Entwicklung des Bewegungsverlaufs, die als im Körper entstandene Bewegungskonsequenz von den Tanzenden nicht geplant werden muss. Die Beschreibungen der Probanden zu Groove im dritten Kapitel skizzieren einen wie automatisch ablaufenden Tanz, der – durch die anatomische Struktur, physikalische Aspekte und die zugelassene Möglichkeit von Impulsübertragungen des Bewegungsapparats – auf eine bestimmte Art ›selbsttätig‹ wird. Die Verstärkung der Bewegung durch das gemeinsame Tanzen kann sich in neuen ornamentalen Bewegungsebenen niederschlagen, mit denen die Improvisation fortgeschrieben und ein ausdifferenziertes Bewegungsmaterial für die Tanzenden hervorgebracht wird.

Wenn Angleichungen von Bewegungsqualitäten in Groove-Feldern zu einer Verstärkung und Weiterentwicklung der individuellen Improvisation beitragen, dann kommt intensiv und kontinuierlich Tanzenden auf der Tanzfläche eine besondere Bedeutung für die Entstehung und die Stabilisierung eines Groove-Feldes zu. Die Bewegungsintensität dieser Tänzer und Tänzerinnen wirkt dann wie ein Katalysator, der die oben beschriebene Dynamik anzustoßen vermag. In meiner Studie aus dem Jahr 2010 konnte bereits beobachtet werden, dass sich um intensiv Tanzende eine Traube von Tänzern, ähnlich einer Groove-Insel, bilden kann (vgl. BP Berghain 2010). Dementsprechend hebt Phil Jackson die Notwendigkeit von Tanzenden im Club hervor, die für die Versammlung wie Katalysatoren wirken und anderen die körperinhärente Entwicklung ihres Tanzes in der kollektiven Verstärkungsdynamik erleichtern: »In many ways these people [who have danced for five hours] are the energetic heart of a club, because without a dance floor to provide a central point of reference the energy in the space swiftly dissipates.« (Jackson 2004: 19) Aus dieser Perspektive werde ich die Dynamik von kollektiver Verstärkung genauer untersuchen. Denn auch während der Recherche im Berghain war eine Situation zu beobachten, die die Wirk-

2 Die genaue Beziehung zwischen impulsgebender und resultierender Bewegung wird in Kapitel 1.3 beschrieben.

samkeit einer durch eine Groove-katalysierende Person bedingte Verstärkungsdynamik nahelegt.

5.1.2 Berghain (06.10.2013)

Am Morgen der Bewegungsrecherche befinden sich im Berghain in der hinteren linken Ecke etwas weniger Besucher als in der Raummitte, sodass Konstellationen und Anordnungen zwischen den Tanzenden in diesem Bereich deutlicher sichtbar werden. Die meisten Besucher sind zum DJ ausgerichtet, während nur wenige in die Mitte des Raumes blicken. Seitlich positionieren sich Tanzende enger. So ergeben sich lose Reihungen von Besuchern, zwischen denen ein mittlerer Abstand eingehalten wird. Die Anordnung entspricht eher einem Nebeneinander als einem Hintereinander. Neuankömmlinge gliedern sich seitlich ein, anstatt sich in den Freiräumen zwischen den Gruppen zu platzieren. Ein Tanzender, der kontinuierlich an seinem Tanzplatz improvisiert, bildet den Ausgangspunkt für eine Gruppierung oder Konstellation, der sich mehrere Besucher anschließen. Zum Beispiel ist dies in folgender Dreiergruppe gut nachzuvollziehen: Um einen ausgreifend Tanzenden A herum ordnen sich zwei weitere Tänzer B und C an. Tänzer B positioniert sich hinter A und beginnt sich leicht zu bewegen, während Tänzer C seitlich am Platz mit wenigen horizontalen Schwungbewegungen tanzt. Als der fortlaufend intensiv Tanzende A seine Bewegung an diese Seitschwünge angleicht, verschiebt sich sein Step-Touch-Motiv zu horizontalen Schwüngen seitlich. Die wenigen horizontalen Schwungbewegungen von Tänzer C werden scheinbar von dem intensiv Tanzenden A aufgenommen und durch seine Schwungkraft im raumgreifenden Tanz in die horizontalen Schwingschritte transformiert. Durch die Angleichung verstärken sich die Bewegungen von Tänzer C, und der Tanz von B wechselt mit einer Intensivierung hin zu Schwingschritten. A verstärkt in diesem Groove-Feld der drei Tanzenden nach einer kurzen Weile seinen Schwung hin zu einer Drehung, die ihn jedoch aus dem Gleichgewicht bringt, sodass er sich mit einer tiefen Kniebeuge auffangen muss. Die auffangende Bewegung wird sofort als Motiv fortgeschrieben, als Bewegungsqualität in die Schwingschritte integriert und anstatt des Bounce getanzt. Bewegungsqualitäten verstärken sich zu Ornamenten, die sich wiederum zu einem Grundmotiv stabilisieren können. Als Tänzer A einen Moment später die Konstellation dieser Besucher verlässt, scheint der Schwung der Drehung in Richtung Bar auf die anderen zu wirken. Tänzer C dreht seinen Oberkörper weiter in den horizontalen Seitschritten in der Bewegungsrichtung zur Theke. Als Tänzer A seine ›Mittänzer‹ endgültig verlassen hat, verringert sich jedoch bei Tänzer C die ausgreifende Bewegung. Tänzer B hört ganz auf zu tanzen. Verlässt

A als Katalysator die Konstellation, zerfällt die verstärkende Wirkung des Groove-Feldes, was in einer nachlassenden Bewegung der anderen sichtbar wird. Die Zurückgebliebenen brauchen eine Weile, um in einem Neuanfang mit anderen Bezugspunkten ihren Tanz wieder zu steigern (BP Berghain).

Aus dieser Beobachtung lässt sich ableiten, dass im gemeinsamen Tanz auch ohne musikalische Koordinierung durch *turning-the-beat-around* oder einen bekannten Track die Bewegungen der Clubber verstärkt und die Improvisationen vorangetrieben werden. Die im Laborexperiment 1 (Kapitel 3) festgestellte Erleichterung des individuellen Tanzes durch Angleichungen an Bewegungsqualitäten manifestiert sich im Club in einer Verstärkung und Ausweitung des Bewegungsimpulses. Die bewegte Anwesenheit von Tänzer B und C unterstützt den Tanz von Tänzer A, sodass die ornamentale Verstärkung des Schwungs in einer Drehung resultiert. Die widerständige Materialität des Körpers in der Drehung führt im Fallen und Wiederauffangen zu einer neuen Bewegungsqualität und wird produktiv für die Improvisation genutzt. Schon in kleinen Gruppen ermöglicht die Versammlung von Tanzenden eine Verstärkung, welche die Improvisation weiterentwickelt, ohne direkt Bezug auf eine bestimmte Bewegung eines Gegenübers nehmen zu müssen. Es handelt sich in der improvisatorischen Fortschreibung weniger um eine virtuose kreative Entscheidung, die bewusst auf eine Referenz antwortet, sich ihr entzieht oder sie weiterentwickelt. Vielmehr können kollektiv verstärkte Bewegungsimpulse durch Angleichung die Körper in neue Konfigurationen bringen. So kreist der Improvisationsprozess eher um die körpereigene Materialität und das Spiel mit ihrer Verstärkung (Gewicht, Balance, Schwung, Bounce, Fall) als um einen Dialog mit einer außenstehenden Person. In ihrer pluralen Angleichung von drei Tanzenden bewirken Bewegungsqualitäten miteinander eine improvisatorische Entwicklung, ohne dass eine gestische Konversation zwischen den Tanzenden vollzogen würde.

In der folgenden Beobachtung stellen neben der strukturierenden musikalischen Matrix im sich wiederholenden Beat die Referenzpersonen ein konstantes Bewegungsumfeld zur Verfügung, in dem sich mehrere Groove-Felder überlagern und differenzieren und sich die Verstärkung der Bewegung auf mehrere Bewegungsqualitäten ausweitet:

In einer Gruppenkonstellation von vier bis fünf Personen arrangiert sich eine beobachtete Improvisation zwischen einem fallenden Bounce und dem horizontalen Schwingen. Während eine Tänzerin A mit seitlichen Schwüngen improvisiert, lässt sie sich – von den Bewegungen der beiden Tanzenden B und C in ihrem Umfeld verstärkt – mit den resultierenden Bewegungen mitreißen und dreht ihren Kopf weiter, sodass ihr Blick hinter sie fällt. Dort hält sich ein Tanzender D auf, der sich bereits an ihren Bounce im Schwung angeglichen hat, von dem eine erkennbare Animierung ausgeht. Tänzerin A vertieft sich in der Drehung plötzlich ebenfalls in den Bounce. Tänzer D hat dabei einen Partner neben sich, der den Bounce ebenso akzentuiert tanzt. Nun befindet sich die Tänzerin A im Wirkungsfeld von zwei Groove-Feldern, die jeweils auf ihre eigenständige Bewegungsebene einwirken. Bewegungsfetzen von zwei qualitativen Verläufen stehen damit zur Unterstützung der Tänzerin zur Verfügung, von denen sie ihre Bewegung wechselseitig verstärken lässt. Es scheinen zwei oder mehr visuelle Matrizes ineinanderzugreifen, in die sich die Tänzerin einbettet. Auf beiden Ebenen wird die Improvisation raumgreifender und wirkt in der Beobachtung freier als vorher (BP Berghain).

Bewegungsqualitäten, wie ein Schwingen oder Bouncen, können sich netzartig auf der Tanzfläche zwischen verschiedenen Gruppierungen ausbreiten, kleine Groove-Felder etablieren und Bewegungen kollektiv verstärken. Auf der Tanzfläche überlagern sich dann unterschiedliche Groove-Felder, in denen einzelne Tanzende zwischen Gruppierungen vermitteln. Durch die Bewegungsmodi der impulsgebenden und resultierenden Bewegungen entstehen parallel interagierende Bewegungsrelationen. Die visuellen Stimuli knüpfen dann auf mehreren Ebenen des Körpers bzw. der Improvisation an. Aus den sich überlagernden und analog wirksamen visuellen Matrizes ergibt sich im Kontext der musikalischen Referenz eine Fülle von verschiedenen Informationsflüssen, die interagieren und in deren Netz die Tanzenden weitergetragen werden. Dieses Netz erleichtert und verstärkt den Bewegungsantrieb. Die Fortschreibung bzw. Erweiterung der Improvisation bringt wiederum die besondere ›schwebende‹ Rhythmuserfahrung von Groove – mit ihrer vermeintlichen Energie und *connectedness* – durch verschiedene Bewegungsebenen hervor.

5.2 FELDSTUDIE ://ABOUT BLANK: GROOVE-GRUNDLAGE

Die Verstärkung und körperemergente Erweiterung des eigenen Bewegungsmaterials, die in den Bewegungsbeschreibungen beobachtet werden können, werden durch die Aussagen zu Groove in den Fragebögen der Probanden untermauert. In der Feldstudie im ://about blank wird darüber hinaus sichtbar, wie die verschiedenen Informationsflüsse von Musik und Tanz über die Dauer einen gemeinsamen Bezugsrahmen herstellen, der Synchronisierungen ohne Sprünge oder Brüche in der Improvisation erleichtert.

Aus den Aussagen der Probanden kann eine kollektive Verstärkung der Bewegung abgeleitet werden, wenn sich zum Beispiel der Raum der Bewegungsebenen[3] vergrößert und eigene Rhythmuslinien in den Schultern, Armen und Händen hervorgebracht werden. In der gemeinsamen Dynamik, in der sich die Tanzenden gegenseitig »aufmuntern/motivieren« (FB Blank: 7) müssen mit Blick auf eine ornamentale Bewegungsrelation[4] die impulsgebenden und resultierenden Bewegungen ›ungehemmt‹ getanzt werden, da die Impulsübertragung von blockierten Gelenken behindert wird.[5] Beine und Füße geben den Probanden den Rhythmus vor, und der Oberkörper bewegt sich ornamental angepasst oder antagonistisch dazu (FB Blank: 7). Bewegungen wie Klatschen oder das Fallenlassen des Kopfes können als isolierte Bewegungen verstanden werden (FB Blank: 7). Wenn für die Probanden die Bewegungen im Groove »deutlicher und ausfallender« werden, ruft dieses »erleichterte ungehemmte Tanzen starke Glücksgefühle hervor« (FB Blank: 7). So liegt es nahe, dass der emotionale Aspekt von Groove und die oft beschriebene Hochstimmung im Club auf die Verstärkung der Bewegungen im Groove-Feld durch mehrere Personen zurückzuführen ist[6] (FB Blank: 10). Ein Proband unterstreicht, dass die Erweiterung seiner Improvisation nicht von ihm geplant oder gar vorhergesehen worden sei.[7]

---

3 Probandin 7 beschreibt die Verstärkung der Bewegungen im Groove so: Die »Arme werden in die Luft geworfen, mehr Platz [wird] eingenommen, o. Ä.« (FB Blank: 7).

4 Proband 3 versteht ornamentale Bewegungslinien, die sich nicht auf die Musik beziehen, als »detail on top of a already engage body. […] Something that happens simultaneously (layering) but has a different nature in their quality. I mostly could project into ornaments located in the hands, or the head, or some body part that doesn't put the body into balance challenge.« (FB Blank: 3).

5 Die Arme fühlen sich im Groove auch »freier« an, wobei sich die Beine »leichter« anfühlen (FB Blank: 9).

6 »I want people to dance around me, preferably in all directions, [because] the movement of other bodies moving around me usually supports my dancing in a way that couldn't be possible when I dance alone. But then again, I don't want them to be too close. I don't want them to touch me. […] But that requires some sort of organisation already, and my experiences tells me that, that is more likely to happen later on in the night when people already danced in the same space for some time.« (FB Blank: 4).

7 Der Bewegungsprozess im Groove »passiert jedoch nicht so, dass ich mir denke ›jetzt bewege ich den linken Arm etwas schräg nach rechts oben‹, sondern ich bewege mich so, wie ich mich vorher bewegt habe oder wie ich es von jemand anderem adaptiert habe und das Neue strömt dann einfach dazwischen. […] Häufig wundere ich mich dann auch, dass ich mit meinen Armen wirklich ›so‹ gemacht habe und tatsächlich meinen Kopf ›so stark‹ von links nach rechts bewegt habe. […] Aber ich glaube, dass gerade Bewegungen des Oberkörpers (bouncendes nach vorne Bewegen), die auch

Das »Neue, das so einfach dazwischen strömt« (FB Blank: 10), kann als Erfahrung aus den resultierenden Bewegungen der Impulsübertragung aufgefasst werden, die sich aus dem Bounce und während des Bounces gleichzeitig im Körper herstellt. Dieses ›Neue‹ leite ich aus der kollektiven Verstärkung der resultierenden Bewegung ab, die vom gemeinsamen Tanz ausgeht. Das ›Neue‹ ist hier nicht das intendierte Ziel einer erweiterten Bewegungsgenerierung, die den Tanzenden ein immer größer werdendes Bewegungsrepertoire zur Verfügung stellt. Es meint lediglich die kurzzeitige Fortschreibung der kinästhetischen Aufmerksamkeit.

Die musikalische Grundlage und das gemeinsame Angleichen dürfen nicht statisch bleiben und müssen immer wieder durch verändertes Bewegungsmaterial verstärkt und damit ausdifferenziert werden. Ohne eine Veränderung in der Musik (FB Blank: 4/5) oder im Tanz (FB Blank: 3) können Groove und der Clubtanz nicht lange Zeit aufrechterhalten werden. Die meisten Probanden beschreiben, dass eine monotone Wiederholung sie aus dem Groove bringt und sie dann mit dem Tanzen aufhören.[8] Die Balance zwischen verstärkender Angleichung und Entwicklung der Improvisation scheint ausschlaggebend für das gemeinsame Tanzen. In der Improvisation des Grooves oszillieren die Bewegungsmotive mit ihren Bewegungsqualitäten zwischen ihrer Funktion als wiederholende verstärkende Grundlage und der aus ihnen resultierenden Entwicklung, die wieder zu einer strukturierenden Grundlage werden kann. Entwicklung oder ein anderes Bewegungsmaterial meint hier nicht eine Ausformung von unendlich ›Neuem‹, sondern umkreist verschiedene Bewegungsqualitäten, zu denen die Tanzenden in einer wiederkehrenden Schleife immer wieder zurückkehren (BP Chesters). Groove muss vor diesem Hintergrund als eine aus bestimmten bewegten Zuständen resultierende Abfolge von Bewegungen gedacht werden.

Dabei entwickelt sich nicht *ein* gemeinsamer Groove, den sich alle Tanzenden aneignen; vielmehr ist Groove ein individueller, auf das kinästhetische Erleben ausgerichteter Improvisationsmodus mit einer sich selbst fortschreibenden Bewegungsperformance, der sich in der Unterstützung durch die Versammlung von gemeinsam Tanzenden herstellt. Tanzende in einem Groove-Feld müssen dabei nicht die gleiche Qualität als impulsgebende Bewegung verwenden, sondern diese Qualität kann bei einem Mittanzenden als resultierende Bewegung in einem anderen Punkt des improvisatorischen Prozesses liegen. Der individuelle

den Kopf und die Arme bewegen, im Groove häufig gleichzeitig passieren bzw. übertragen werden.« (FB Blank: 10).

8 »I stop because of repetition, or non-evolution or out of boredom.« (FB Blank: 3).

Tanz entwickelt sich halb autonom, halb kollektiv und verändert sich fortlaufend in einem Prozess von kollektiv verstärkter Wiederholung.

Mit den Referenzpersonen entsteht im Groove-Feld eine über die Zeit strukturierte »Bewegungsgrundlage« (FB Blank: 10), in der nicht bestimmte Bewegungen der Körperteile im Dialog stehen.[9] In diesem Rahmen konfigurieren und intensivieren gemeinsam, aber nicht zeitgleich getanzte Bewegungsqualitäten die Bewegungsinteraktion. Die vorherige Synchronisierung des Bounce mit der Musik gibt den Tanzenden die Geschwindigkeit und Intensität der Beinbewegung vor, die die Qualität und den impulsgebenden Kraftaufwand für das resultierende Bewegungsmaterial definieren. Durch die Beinbewegungen verlaufen die resultierenden Bewegungen innerhalb eines bestimmten Spektrums, in dem die Oberkörperbewegungen zwischen Clubbern korrelieren können. Dabei weisen die Bewegungsqualitäten keine allzu große Differenz auf. Hier kann eine Verbindung zum intensiven Tanz-Experiment im Chesters Music Inn gesehen werden, das je nach individuell praktizierter Bewegungsintensität als abschreckend oder ansteckend empfunden wurde (Kapitel 4.3). Die resultierenden Bewegungen haben zwar eine gemeinsame Konfiguration durch die Musik oder das Bewegungsmotiv, aufgrund der Besonderheit und Spezifik jedes Körpers mit seiner Tanzerfahrung und seinen anatomischen Voraussetzungen treten die Bewegungsornamente jedoch different auf. Innerhalb dieses Konfigurationsrahmens wird ein breites Spektrum von Synchronisierungsmöglichkeiten bereitgestellt.[10] In diesem Spektrum liegen die Bewegungsqualitäten räumlich zerstreut, aber qualitativ nah beieinander, sodass genügend Angleichungsmöglichkeiten für eine Synchronisierung vorhanden sind und der Bewegungsfluss nicht unterbrochen und zur Unterstützung eine komplett andere Bewegung getanzt werden muss. Eine Probandin beschreibt die unterstützende Interaktion zwischen zwei Tanzenden eben nicht als Variation, als Austausch von Körperlichkeit oder Bewegung, sondern als eine anhaltende, kontinuierliche Intensität.[11] Die Handlung be-

---

9 »Ich glaube, dass gewisse Bewegungen gerade im Groove nicht mehr übertragen werden, da man sich ja gewissermaßen [mit seinen Referenzpersonen] eine Groove-fähige Bewegungsgrundlage gebastelt hat.« (FB Blank: 10).

10 Für Probandin 1 nehmen die »Bewegungen in den Beinen einen direkten Bezug zur Musik [auf]. Der Oberkörper passt sich eher dem eigenen Rhythmusgefühl an«, was eine Trennung zwischen musikalischen Bewegungen und einer tänzerischen Bewegungsebene untermauert (FB Blank: 1).

11 »I feel I experience the Groove when I am on the same concentrated physical involvement than someone else. That can support us to go into ‚a superior level' of

zieht sich weniger auf eine Reaktion auf einen äußerlichen Impuls, sondern die äußerliche Einwirkung erschafft eine gemeinsame dynamische und auszuhandelnde Bewegungsgrundlage, die mehrere Bewegungsqualitäten mit einschließt.

Eine Probandin beschreibt, dass die Interaktionen – das Sich-Abstimmen – nicht notwendigerweise bewusst wechselseitig vollzogen werden müssen.[12] Tanzende stimmen sich zwar zwischenzeitlich immer wieder mit ihrem Groove-Feld ab, damit ihre erweiterten Bewegungsebenen über eine längere Dauer unterstützt werden. Die Referenzpersonen beantworten diese Angleichung jedoch nicht bewusst. Dieses *tuning* machen sie sich zu eigen, indem sich Tanzende auf die Bewegungsqualitäten in ihrem Umfeld einlassen. Sie gleichen bewusst oder unbewusst in gewissen Abständen ihre körperliche Involvierung mit ihren Referenzpersonen ab, um die Bewegungsgrundlage zu konfigurieren und sich so immer wieder in dem verstärkenden Feld zu verorten.

Die Tanzenden befinden sich in einer Balance von sich umkreisender Wiederholung und Veränderung, die eine gemeinsame Bewegungsgrundlage und eine gemeinsame Intensität hervorbringt, ohne dass das Gleiche getanzt werden muss. Innerhalb des Spektrums dieser Bewegungsgrundlage sind Synchronisierungen und damit Verstärkungen einfacher möglich, da in der Improvisation keine großen Sprünge für eine Angleichung notwendig sind. Im Folgenden wird beschrieben, wie sich die konkreten Übergänge zwischen Bewegungsqualitäten im Spektrum der Bewegungsgrundlage vollziehen und wie die Bewegungsinteraktionen eine ungebrochene Fortschreibung ermöglichen.

---

physicality. It has nothing to do with a change of physicality, more with keeping the same intensity in both of our individual body for a long time.« (FB Blank: 3).

12 »In my first dance session I was surrounded by people in which I could encounter a very similar physical implication as mine. I had the impression we shared a certain level of intensity together, we developed a sense of Groove, with those two specific people. It was a kind of triangle formation between us, me, being behind those two girls. The three of us seemed to be leading our own independent dancing, making our own individual choices, we were sometimes tuning ourselves to the same beat, coming to the same swaying, times to times, in fluctuation. On a ten minutes session, similarities in our dancing happened several times. At some point I left the dancing floor, came back and the two girls were still there, and it was very easy to catch up. None of us three seemed to know each other. Later on we realized one of the two girls previously dancing with me earlier that night was part of Sebastian's student group. When I asked her about her experience, it turns out that she didn't notice our previous interaction on the dance floor. Strange how this sporadic relation was so tangible for me, and didn't seem to be understood reciprocally.« (FB Blank: 3).

5.3 LABOREXPERIMENT 4: VERKETTUNGEN IN PLURALER KOMMUNIKATION

In den vorherigen Kapiteln wurde dargestellt, dass sich Tanzende im Club miteinander an ihre bewegten Zustände angleichen und dass diese Synchronisierung eine Erleichterung der impulsgebenden Bewegungen bzw. eine Verstärkung der resultierenden Bewegungen zur Folge hat. Folgt man den Berichten der Probanden, kristallisiert sich mit dieser Angleichung ein Spektrum von Bewegungsqualitäten als Bewegungsgrundlage heraus, das nicht für alle gleich oder in bewusster gegenseitiger Aushandlung vollzogen werden muss. Im Folgenden möchte ich anhand von Laborexperiment 4 zwei unterschiedliche Handlungsmodi nachzeichnen, in denen De- und Synchronisierungen unterschiedliche weiterführende Konsequenzen für die Fortschreibung der Improvisation hervorrufen: die reziproke Weiterentwicklung und die plurale Kommunikation.

Das Laborexperiment 4 wurde in der zweiten Hälfte der Übung und nach der ersten Feldstudie im ://about blank erarbeitet. Um Abfolgen von Groove-Momenten nachzugehen und die Konsequenz der Angleichungen in Groove-Feldern mit deren scheinbar verflochtenen Informationsübertragungswegen zu entwirren, wurde versucht, die Komplexität durch die Reduktion der Anzahl an Tanzenden und wechselnden Referenzpersonen für das Experiment zu vereinfachen. Es wurden zwei Gruppen mit jeweils drei Tanzenden gebildet, wobei die Teilnehmenden nur die Angehörigen der eigenen Gruppe als Referenzpersonen betrachten sollten (und nicht die übrigen Tanzenden im Raum). Darüber hinaus sollte jeweils eine Person aus jeder Gruppe eine Brückenfunktion übernehmen und auch zwischen den Gruppen als Referenzperson fungieren.

Durch die geringe Zahl der Probanden und ein weniger dichtes Feld von Bewegungen kann in diesem Laborversuch, durch eine Videoaufzeichnung (LEV 4) gestützt, den Folgen einer Angleichung im Groove-Feld weiter nachgegangen werden. Diese Videoaufzeichnung ermöglicht es zudem, Bewegungsbeispiele als Bildmaterial zur Verfügung zu stellen, was im Club durch das Videoverbot nicht möglich war. Die Bewegungsbeschreibungen können für diese Arbeit visuell untermauert und besser anschaulich gemacht werden.[13] Wie oben erwähnt, verfü-

13 Wie in allen Laborexperimenten tanze ich im Rahmen eines partizipativen Forschungsansatzes mit der Studentengruppe mit. Ich habe versucht, für meine Argumentation Beispiele auszuwählen, in denen ich nicht das Tanzbeispiel selber hervorbringe und damit meine eigene Theorie untermauere. Bei Laborexperiment 4 ist dies schwierig, da ich bei sechs Personen in Dreiergruppenkonstellationen immer sofort beteiligt bin. In den ohnehin künstlichen und schematischen Beispielen von Groove können

gen die Probanden über Cluberfahrung; ihre Tanzpraxis basiert also auf diesem individuellen Vorwissen. Die idiosynkratischen Tanzweisen der Studierenden sind zwar nicht repräsentativ für alle Tanzweisen in Clubs, können jedoch Strukturen und Organisationen der Improvisation und Kommunikation in Clubs verdeutlichen.

Zunächst kann festgehalten werden, dass Bewegungsqualitäten im Experiment durchgehend über die Brückenpersonen von einer Gruppe zur anderen übertragen werden können und eine Angleichung zwischen Groove-Feldern über einzelne Personen möglich ist.[14] Dabei muss eine Adaption, die auch durch mimetische Übertragung gestützt sein kann, von der Wirkung pluraler Groove-Felder abgegrenzt werden. Das wechselseitige Annehmen, Übernehmen und Angleichen von Bewegungsmaterial zwischen zwei Personen kann als dialogischer und gerichteter Prozess angesehen werden, während im Handlungsmodus der pluralen Kommunikation sich die Angleichung immer schon desynchronisiert und eine zerstreute Öffnung des Bewegungsmaterials herstellt. Im Folgenden werde ich versuchen, beide Kommunikationsprozesse voneinander abzugrenzen.

In einem Dialog wird ein drehender Schritt mit einem darauf folgenden Hüpfer von Tänzerin A und Tänzer B im wechselseitigen Spiel weiterentwickelt. Als B die Hüpfer verstärkt in doppelter Zeit tanzt und dazu einen Akzent nach hinten setzt, nimmt A diese akzentuierende Qualität mit den Armen kurzzeitig auch mit auf. Sie tanzt und variiert ein Bewegungsornament, wenn sie mit den Armen mehr Kraft in die resultierende Bewegung bringt, als aus dem Hüpfer im Arm resultieren würde (LEV 4: 10:00–10:50).

In diesem Beispiel entwickeln sich die Improvisationen der beiden Tanzenden parallel zueinander. Der impulsgebende Grundschritt wird durch die gemeinsame Handlung verstärkt, einer der Partner entwickelt sie als resultierende Bewegung weiter. Durch die gleiche Bewegungsgrundlage und die binäre Beziehung ist die Improvisation des anderen Partners auf die Adaption der neuen Bewegung gerichtet und macht eine abweichende Entwicklung unwahrscheinlich. Durch die Adaption etabliert sich für beide eine neue impulsgebende Bewegung und erleichtert durch die gemeinsame Ausführung die Ausformung ei-

---

meine ausgreifenden Bewegungen Interaktionen deutlicher sichtbar machen, und aus diesem Grund habe ich trotz meiner Involvierung in den Untersuchungsgegenstand diese Beispiele im Folgenden verwendet.

14 Ein Proband berichtet, dass »aus eurer Gruppe so ein Drehen zu uns rüberkam. Das Drehen war so was ganz anderes, das vorher nicht in unserem Spektrum drin war. Und das war dann gut. Das war Schwung, der so reinkam.« (LE 4).

nes Bewegungsornaments. Ich spreche hier von Adaption, da sich diese Synchronisierung sichtbar nacheinander entfaltet und die gleiche wechselseitige Entwicklung zwischen den Tanzpartnern vollzogen wird. Es ist eine adaptierende Angleichung, da keine Sprünge in der flüssigen Improvisation nötig sind, aber eine bestimmte Bewegungsidee im Tanz zielgerichtet übernommen wird. Diese Dialogform muss von den gleichzeitigen, abgleichenden Synchronisierungen abgegrenzt werden, die ich als plurale Kommunikation bezeichnen möchte. Eine solche plurale Kommunikation kann am Beispiel eines ausgreifenden Seitschritts mit Wendung veranschaulicht werden:

Zuerst wird die schubvolle Bewegungsqualität durch einen ausgreifenden Seitschritt bei Probandin A sichtbar. Durch den größeren Schritt in der Gewichtsübertragung bekommt der Oberkörper in der resultierenden Bewegung einen stärkeren Schub, der der Tanzenden einen Schwung vermittelt, welcher in einer Wendung hin zu einer Drehung überführt wird. Tänzerin B übernimmt diese Bewegungsqualität und vergrößert ihren Schritt. Dieser Schwung wird von Tänzerin C übernommen und überträgt sich schnell auf die andere Gruppe. Durch eine dritte Person in der Gruppe wird der Schub zur Seite im ausgreifenden Seitschritt als Groove-Feld wirksam. Die Tanzenden schieben sich gegenseitig oder weichen sich nach allen Seiten aus. Kommt ein Tanzender mit dem Schub in die Richtung der Kinesphäre eines anderen, so gleicht sich dieser der Bewegungsqualität an, beschleunigt und verschiebt seine Bewegungsbahn, um dem Gegenüber nicht zu nahe zu kommen. Durch die Neuausrichtung der Bewegungsbahn entsteht ein Schwung, den der Tanzende für eine Wendung nutzt und so auf dem Schub des Partners weiter ›segelt‹. Das Mehr an Schwung durch die Neuausrichtung führt in der Enge des Raumes dazu, dass dieser Tanzende wiederum in die Nähe eines anderen Tanzenden gerät und sich sein Bewegungsweg erneut verschiebt. Das gegenseitige Neuausrichten und der dabei entstandene überschüssige Schub werden für die Improvisation produktiv. Tanzende weichen nicht nur den Bewegungen aus; Lücken, die im Tanzraum durch den ausgreifenden Schritt in der Gruppe entstehen, werden wieder geschlossen. Dies zieht gleichermaßen eine Angleichung und eine Neuausrichtung der ›Bewegungsbahn‹ nach sich (LEV 4: 3:35–4:25).

Gleicht ein Tanzender den Schwung seiner Bewegung und die Bewegungsbahn an ein Umfeld von mehr als drei anderen Tanzenden an, bringt die Bewegungsbahn sie auf Kollisionskurs mit einem, einer oder mehreren anderen. Die daraus resultierende Justierung und die Angleichung an die neue Bewegungsbahn fügen dem Gewicht des Körpers einen überschüssigen Schwung hinzu, der dann als Wendung die Bewegungsqualität verstärkt. Es entsteht ein plural hergestelltes Bewegungsornament, das sich in der angleichenden Kreisbewegung von den anderen linearen Bewegungen de-synchronisiert. Bringt diese Wendung den Tanzenden wieder in die Bahn eines weiteren Tanzenden, wird dessen Bewegung schwungvoll verstärkt.[15] Hierbei müssen sich die einzelnen Gruppenmitglieder in einer ähnlichen Bewegungsqualität und Geschwindigkeit befinden, da sonst das plurale wechselseitige Angleichen schwer koordinierbar ist und der Schwung immer wieder unterbrochen wird. Nur in einem Spektrum von schwungvollen Bewegungsqualitäten kann der Schwung flüssig bleiben und die Neuausrichtung für eine Beschleunigung genutzt werden. Im Schub wirken mehrere Tanzende gleichzeitig und gegenseitig aufeinander ein und unterstützen und differenzieren sich zugleich in den lokalen Synchronisierungen. In der gleichzeitigen Angleichung an zwei unterschiedliche Bewegungswege entsteht eine dritte *de*-synchrone Bewegung. Im Umfeld der unterschiedlichen Schwungbewegungen verfängt sich die eigene Bewegung zwischen zwei Schwungrichtungen und wird auf einen eigenen Weg mit einer eigenen Differenzierung ›geworfen‹. Die kollektive Bewegung verstärkt hier den impulsgebenden Schritt; der aus diesem resultierende Schwung bringt eine ungeplante Fortschreibung der Improvisation mit sich.

Hierbei werden der Schub und die plurale Kommunikation erst wirksam, wenn die dritte Person sich in die Qualität begibt. Zu zweit kann die Ausweichbewegung nicht auf eine gegensätzliche Angleichungsbewegung treffen, sondern wird von der eigenen Improvisation absorbiert und der Schwung im Körper vollendet. Im homogenen Feld der ausgreifenden Seitschritte öffnet sich die Improvisation für ihre Umgebung. Trifft der Schwung auf eine oder mehrere differierende Schwungrichtungen, wird er immer wieder abgelenkt, de-synchronisiert sich und wird weitergetragen. Als Groove treiben De- und Synchronisierung die Abfolge der Schwungbewegungen immer weiter vor sich her. Plurale Angleichungen (de-)synchronisieren sich ungerichtet auf einen Anknüpfungspunkt zu, der zufällig in deren Bewegungsweg eine neue angleichende Wirkung auf den Schwung ausübt. Plurale Kommunikation erwirkt in diesem Beispiel eine Fortschreibung, noch bevor die resultierende Bewegung vervollkommnet wird. Es wurde bereits herausgearbeitet, dass im Club die Tanzenden zwischen verschiedenen Bewegungsqualitäten changieren und sich plural zwischen unterschiedlichen Groove-Feldern befinden. Im Folgenden wird die Dynamik der pluralen Kommunikation auf das Spektrum von Bewegungsqualitäten im Groove-Feld

15 Eine Probandin beschreibt, dass sie »viele gute Erfahrungen mit dem Umdrehen [hatte], weil es dann eine große Chance für Überraschungsmomente und daraus resultierende Beschleunigungen« gibt (LE: 4).

übertragen und die Interaktion zwischen Bewegungsqualitäten näher in den Blick genommen.

Neben den Verschiebungen im Raum als Konsequenz eines homogenen Groove-Feldes mit einer Bewegungsqualität werden im Laborexperiment 4 weitere Bewegungsebenen in der Improvisation sichtbar, deren Verknüpfung in der künstlichen Situation nachvollzogen werden kann. Die Angleichungen an das Spektrum von Bewegungsqualitäten im Groove-Feld der Laborstudie verstärken gegenseitig den Tanz der Probanden. Dabei richten sich nicht nur Bewegungswege neu aus, sondern auch Qualitäten wechseln schnell und werden gemeinsam ausdifferenziert. Durch die Partner werden Improvisationen vorangetrieben und weiterentwickelt.[16] Bleibt das Groove-Feld mit seinen Referenzpersonen bestehen, transformieren sich Groove-Momente durch verschiedene Bewegungsqualitäten, die aus der vorherigen Verstärkung des Tanzens in Bewegungsornamenten resultieren.[17] Es entstehen gemeinsam ausgehandelte Grundlagen in einer sich kollektiv generierenden Improvisation, die jedoch stets an die individuellen Bewegungsschleifen von impulsgebender und resultierender Bewegung oder Isolierung im Körper jedes Einzelnen geknüpft bleiben. Geht ein Tanzender in eine dezidiert andersartige Bewegungsqualität über, die nicht in das Groove-Feld zurückgeführt werden kann, bricht das Groove-Feld zusammen.[18] Überlagerte Bewegungsebenen und deren Fortschreibung durch mehrere Bewegungsqualitäten werden in den folgenden Beobachtungen anschaulich:

16 Dies ist am besten im Beispiel bei 15:00 min im Video der Laborexperiments 4 sichtbar, in dem sich die Verständigung auf Bewegungsqualitäten kaskadenartig fortentwickelt.

17 Der Akzent auf den Downbeat wird bei 14:30 min der Aufzeichnung von Laborexperiment 4 als erste Verständigung von A auf B in einem Fallenlassen in eine tiefe Kniebeuge getanzt und von B mit einem nach unten gerichteten Hüpfer verbunden, der von C aufgenommen wird. Dieses Groove-Feld verstärkt den gemeinsamen Bounce, wodurch in einem Bewegungsornament die Arme nach oben geworfen werden. Das wiederum geht in eine Drehung über, die von den zwei anderen Tanzenden sofort integriert wird und sie scheinbar mitreißt.

18 So beschreiben zwei Probanden: Es »ist umso schwieriger, je unterschiedlicher die Gruppen sind. Selbst wenn man sich in den Zweier-Pärchen synchronisiert hat, ist man dann voll aufgelaufen bei seiner eigenen Gruppe. Die das ja nicht automatisch angenommen hat.« Und: »Irgendwo ist dann auch die Grenze, wo man alles übernimmt. Es muss in das persönliche Bewegungs-Vorstellungsvermögen reinpassen. [Die Veränderung] darf auch nicht allzu abrupt sein.« (LE: 4).

Eine Probandin A markiert durch ihren Ausruf (LEV 4: 12:29) den Beginn eines von ihr empfundenen Groove-Feldes in Form von Drehungen mit schwingenden Armen. Aus diesem generiert A dann zur neuen Musiklinie kleine Armkreise vor ihrer Hüfte, die mit einem zusätzlichen Schub getanzt werden (LEV 4: 13:40) und die Probandin B als seitlich wechselnden Schub im Kopf als neue intensive Qualität in ihre Drehung einbezieht. Dieser Schub wird dann bei Tänzer C im Kopf- und Schulterbereich sichtbar, der nicht mit der Bewegungssequenz, aber mit der Schub-Bewegungsqualität der Arme von Probandin A zusammengedacht werden kann. Der Schub bringt C in eine schwungvolle Drehung. Der Schwung, der in der seitlichen Gewichtsübertragung von Tänzerin B angelegt war, verfängt sich in der Schwungbewegung von C und reißt sie mit. Durch ihre eher vertikale Ausrichtung im Bounce mit Step-Touch treffen zwei differente Schwungbewegungen aufeinander, und die Synchronisierung des Schwungs wird de-synchron in eine kurze Drehung überführt (LEV 4: 13:48).

In diesem Beispiel wird eine Verkettung von Bewegungsqualitäten sichtbar, die sich nicht parallel zwischen zwei Tanzenden fortschreibt, sondern sich diagonal mit drei Personen zwischen den impulsgebenden und resultierenden Bewegungsebenen entspinnt. Die Abfolge der Improvisation bleibt individuell, doch verfangen sich die resultierenden Bewegungen – hier z. B. der Schwung in der Gewichtsübertragung – in der Bewegung der Partner. Die Tänzerin B gleicht sich gleichzeitig mit dem vertikalen Bounce und dem Schwung der Horizontalschritte ab und bringt als dritte Bewegung eine de-synchrone vertikale Drehung hervor. Die improvisierten Bewegungen müssen in einem Spektrum von ähnlichen Bewegungsqualitäten liegen, damit die plurale Angleichung parallel vollzogen werden kann. Die Probanden erklären, dass sie die Angleichungen so empfinden, als ob sie »flüssig ineinander übergehen würden« (LE 4). In Laborexperiment 4 lässt sich beobachten, dass Verkettungen entstehen, wenn die Bewegungsornamente, die sich als resultierende Bewegungen ›notwendigerweise‹ ergeben, in ein bereits etabliertes Groove-Feld mit der Bewegungsqualität des Ornaments hineingetanzt werden. In diesem Umfeld können die Bewegungsverläufe in der gleichen Bewegungsqualität, z. B. der Arm-Ornamente, zufällig auf ähnliche Bewegungen der anderen treffen und sich darin verfangen. Verfängt sich ein Bewegungsornament im Groove-Feld, wird es verstärkt und kann als neue impulsgebende, intendiert getanzte Bewegung übernommen werden. Diese Dynamik spiegelt auch die Passage aus der eingangs zitierten Choreographie wider: »I'm going to toss my arms, if you can catch them they are yours.«

Die flüssige Übertragung von Impuls zu Ornament erfordert die Bereitschaft des Einzelnen, Bewegungsimpulsen nachzuspüren und sich auf sie einzulassen. Der Versuch in Experiment 4, bewusst auf Verständigungen zu achten und in der

Brückenfunktion die Aufgabe der Vermittlung zu übernehmen, war für die Probanden daher schwierig. Die Improvisation entwickelt sich nach ihrer Wahrnehmung durch die Verstärkung auf der zweiten Bewegungsebene und nicht zwangsläufig durch intentionale Entscheidungen.[19] Eine neue ornamentale Bewegungsqualität wird den Tanzenden nicht unbedingt sofort bewusst und tritt für sie erst nach der Angleichung der Mittanzenden als etwas Neues und zugleich Eigenes in die Wahrnehmung. Hierbei scheint die generische – sich entwickelnde – Anlage der Groove-Felder unabdingbar für die Cluberfahrung zu sein. Die Probanden beschreiben, dass sie sich in ihrem Bewegungsmaterial auch blockiert fühlen können, wenn sie sich in der Gruppe aufhalten: Das von ihnen getanzte Step-Touch-Motiv war zu spezifisch und eintönig (LEV: 4). Wenn sich das Bewegungsmaterial in seiner gemeinsamen Verstärkung nicht weiterentwickelt, hört der Groove-Moment auf. Die Probanden müssen in einer Art Brückenfunktion unterschiedliche Bewegungsqualitäten für ihre Gruppe etablieren. Ein breit gefächertes Groove-Feld mit mehreren Tanzenden erscheint dabei notwendig, damit sich Groove in transformierenden Angleichungen plural weiterentwickeln kann. Die Balance zwischen verstärkender Wiederholung und körperemergenter Fortschreibung verhilft erst durch mehr als zwei Tanzende zu einer Verkettung der Ornamente. So berichten die Probanden, dass eine Synchronisierung von nur zwei Personen als schwierig empfunden wird und für die Entstehung eines die Bewegung erleichternden Groove-Moments die dritte Person ausschlaggebend sei (LE 4). Die Bewegungsqualität kann somit nur zu Groove werden, wenn eine dritte Person am Angleichungsprozess teilnimmt. Bewegungsqualitäten, die lediglich von einer Person getanzt werden, können ihre Wirkungsmacht nicht entfalten und haben weniger Auswirkungen auf die visuelle Bewegungsmatrix.

Es kann festgehalten werden, dass Zweierkonstellationen einen anderen Modus hervorbringen und erst in einem Feld von Bewegungen einer Gruppe die benötigte Dauer für die verstärkende Wirkung von Groove kontinuierlich aufrechterhalten werden kann. Das Feld hält gleichzeitig wiederholende, angleichbare und verstärkende Bewegungen für eine Verkettung bereit, lässt jedoch auch einen Freiraum, damit sich die Verlaufseffekte von impulsgebender und resultie-

19 »Ich wusste zum Beispiel nicht, welche Bewegung von unserer Gruppe kommt. Ich hab rüber geschaut und die haben es genauso gemacht. Dann haben wir das vielleicht auch von denen. Bei dem was du machst, weiß ich ja auch nicht, ob das von dir kommt oder von woanders. [...] Wenn man das merkt, dass man etwas übernommen hat oder in Gang gesetzt hat, achtet man vielleicht auch viel mehr darauf, wie es bei anderen ist. Wobei das dann vielleicht nur zufällig so aussieht. Oder man merkt es selber nicht«, was von seiner Bewegung jetzt Teil des Groove-Feldes ist (LE 4).

render Bewegung in ihrer eigenen körperinhärenten Zeitlichkeit vollziehen können. In der Zweierkonstellation – anfangs als Dialogform beschrieben – sind nur einzelne Bezugspunkte sichtbar. Die Improvisation muss sich immer wieder neu auf diese eine Person beziehen und die Bewegung adaptieren. Als Paar reagieren die Tänzer und Tänzerinnen konkret auf die gesehenen Tanzbewegungen als äußerliche Impulse. Außerdem muss in der Zweierkonstellation der Blick auf eine Person gehalten werden, die das ungehemmte und ornamentfördernde Tanzen blockiert. Im Groove-Feld mit verschiedenen Bewegungsqualitäten wird die Bewegung ›offen‹ in den Raum geworfen und verfängt sich bei ähnlicher Bewegungsgrundlage im Umfeld. In der Synchronisierung wird die Bewegung abgelenkt, sodass eine dritte, differenzierte Bewegung als Ornament entsteht, die vorher noch nicht beim Partner gesehen wurde. Dialoghafte Adaption und plurale Kommunikation werden von den Probanden verwendet. Die das Tanzen erleichternde Wirkung einer Verkettung als *collective energy* wird erst in den pluralen Groove-Feldern erzeugt. In der experimentellen Feldstudie möchte ich weiter deutlich machen, dass kollektive Angleichungen sich nicht nur im Laborexperiment auf plurale Kommunikation stützen, sondern Groove-Felder auch im Clubkontext bewusst durch gesetzte Bewegungsqualitäten etabliert werden und sich dort plural verknüpfen.

5.4 Feldstudie Chesters Music Inn: Sich in Groove-Feldern verfangen

Die Probanden haben die Annahme bestätigt, dass Groove-Felder[20] im Club etabliert werden und sich die Groove-Erfahrung dabei performativ verstärkt. Im Chesters Music Inn können die Probanden mehrere kleine Groove-Felder ausmachen, die zwischen zwei bis sieben Personen groß sind. Wenn bestimmte Bewegungsqualitäten wie Seitschwünge oder Bounces bereits von zwei Personen getanzt werden, können die Probanden diese aufgreifen und dadurch einem Groove-Feld seine Wirkung geben. Weitere Tanzende im Bewegungsumfeld gehen dann merklich in diese Bewegungsqualität über, eine kommunikative Ver-

20 In der Übung wurden die Verständigungen in einem Umfeld von Referenzpersonen zunächst ›Groove-Inseln‹ genannt. In Verlauf der Verschriftlichung erschien es meines Erachtens jedoch näherliegend, hierfür den Begriff ›Groove-Felder‹ zu verwenden.

ständigung auf diese Qualität wird beobachtbar.[21] Intensiveres Tanzen mit mehr »Energie«[22] (oder besser: Schub) in der Bewegung wirkt sich im Sinne Phil Jacksons wie ein Katalysator auf die Etablierung eines Groove-Feldes aus (vgl. Jackson 2004: 19).

Als bewusstes Eingreifen in die Organisation des kollektiven Tanzes tritt die Intensivierung vor allem dann auf, wenn Tanzende sich auf dieselbe Rhythmuslinie in der Musik beziehen und sich die Tanzbewegungen in einem ähnlichen Konfigurationsrahmen als Bewegungsgrundlage befinden.[23] Hierbei ist zu bedenken, dass Groove-Felder mit einer homogenen Bewegungsqualität eine eher theoretische Kategorie darstellen, die für die Analyse und Entwirrung der Organisationsstrukturen in dieser Arbeit relevant ist. Solche Felder sind auf der Tanzfläche zwischen Tanzenden zwar immer wieder zu beobachten, in der Clubtanz-Praxis kristallisiert sich dieses homogene Feld jedoch nur für eine kurze Dauer heraus (FB Chesters: 1/5).[24] Durch die Vermischung von Verstärkung und Differenzierung im individuellen Körper sind im Bezug zu wechselnden Partnern und

---

21 Probandin 5 nimmt vor allem Bouncen, Schwingen oder die Schulterbewegungen von anderen Tanzenden auf und kann damit wiederum die Bewegungen der Mittanzenden verstärken, weitere zu dieser Qualität beeinflussen und so ein Groove-Feld etablieren. Probandin 4 erkennt »Bewegungsähnlichkeiten (oft in unterschiedliche Richtungen oder anderen Variationen) und versucht, diese bewusst zu einem Groove-Feld zu ergänzen«. Probandin 3 fühlt sich als Teil eines Groove-Feldes und kann dieses auch initiieren oder verstärken. Probandin 2 und 4 haben den Fragebogen zum Chesters Music Inn nachgeholt und beziehen sich hier auf eine andere Party.

22 Die Etablierung eines Groove-Feldes »funktioniert oft, aber nur wenn ich viel Energie in mein Tanzen stecke« (FB Chesters: 5).

23 »Those were moments when I felt that everyone was at least listening to the same music and accepting some kind of common ground for what they were doing. It was easier to find a position in-between three people and fill in the gaps between their movements creating something we could (potentially) all share in common.« (FB Chesters: 1) Probandin 1 konnte nur in wenigen Momenten Verständigungen zu einem Groove-Feld etablieren, wenn die Personen auf der Tanzfläche »a) [were] actually moving and b) doing that in the same rhythm«. Probandin 5 fügt hinzu, dass »je abgehackter und desto mehr verschiedene Bewegungsformen bei mir auf einmal aufeinander folgen, desto überforderter bin ich, und das ist eher ungrooviger.« (FB Chesters: 5).

24 »Die Groove-Felder [als sichtbare Verständigung durch Bewegungsähnlichkeit] existieren ganz kurz (z. B. kurz nach dem Wiedereinsetzen des Beats) oder auch länger, meistens aber nicht über fünf Minuten hinaus (zumindest, nicht mit einer bestimmten Verständigung als Basis).« (FB Chesters: 6).

einer Überlagerung von Groove-Feldern von außen sichtbare Angleichungen nur für kurze Momente erkennbar. Die Verkettung in den multiplen Groove-Feldern bleibt für die Tanzenden dennoch individuell fassbar und wirksam.

Die Verkettung zwischen impulsgebenden und resultierenden Bewegungen zwischen den Akteuren in einem Groove-Feld, wie sie im Laborexperiment beschrieben wurde, kann auch in der Feldstudie nachgewiesen werden. Es sind Bewegungen im Bereich des Oberkörpers und der Arme zu beobachten, die von den Probanden bewusst in ihr Umfeld eingebracht werden und sich dort fortschreiben. Ein Proband betont, dass es ihm schwerfällt, für seinen Tanz eine Verknüpfungskette oder »Kaskade« (FB Chesters: 6) im bewusst produzierten Groove-Feld produktiv zu machen. Eine persönliche Groove-Erfahrung durch ein künstlich hergestelltes Groove-Feld kann er bewusst nicht erreichen. Wenn er sich auf ein vorher etabliertes Groove-Feld einlässt, kann dieses seine Bewegungen jedoch verstärken.[25] Daran wird deutlich, dass sich eine Groove-Erfahrung zwar durch Bewegungsqualitäten, Groove-Felder und Verkettungen organisiert, aber nicht planvoll von den Tanzenden hervorgebracht werden kann. Eine künstlich und bewusst entschiedene Improvisation nach diesen Mustern verhindert scheinbar eine zufriedenstellende Tanzerfahrung. In der Verkettung wirken sich sichtbare Angleichungen gleichzeitig »auf mehrere Teile des Körpers« (FB Chesters: 6) aus. Die Kontrolle verschiedener Wirkungsstränge während des eigenen Tanzes erfordert ein zu hohes Maß an Konzentration und Verständnis, um die Improvisation fortführen zu können. Für eine andere Probandin sind die Bewegungen in der Verknüpfungskette, auf die sie sich konzentrieren müsste, »zu schnell und zu klein« (FB Chesters: 4), um diese weiterzuführen.[26] Die bewusst entschiedene Improvisation untergräbt die Bereitschaft, zum Zuhörer seiner Handlungen zu werden – doch gerade daraus resultiert die Lust am Improvisieren. Groove entsteht nicht durch Kontrolle, sondern genau durch das Gegenteil: das Zulassen von affizierten und resultierenden Bewegungen. Die Intention, bewusst in Bewegungsabläufe einzugreifen, steht im Widerspruch zu der

---

25 »Die Kaskade kann ich aufrechterhalten, wenn ich weiter bewusst Bewegungen (oder genau die, welche die Kaskade ausmachen) von den anderen übernehme. Ein Groove-Feld kann ich aber nicht wirklich erzeugen, außer vielleicht für die anderen um mich herum. Ich selbst komme nur schwer in den Groove, da ich zu bewusst tanze und meine Bewegungen plane. Wenn ich allerdings aufhöre, die Kaskaden aufrecht zu erhalten, kann ich in das schon bestehende Groove-Feld der anderen ›eintreten‹, da ich nun nicht mehr so auf meine genauen Bewegungen achte.« (FB Chesters: 6).

26 »Die Eindrücke sind im visuellen […] Feld zu zahlreich, um differenziert in Bewegungsabläufe eingreifen zu können.« (FB Chesters: 4).

Bewegungspraxis im Club. Wer es vermag, sich ohne bewusste Planung auf das Geschehen einzulassen, dem scheint es dagegen leicht zu fallen, die Angleichungen in die Improvisation zu verweben. Im »unmittelbare[n] Verknüpfen« fließender Bewegungen miteinander versammelt die Probandin Bewegungen mehrerer Tanzender und »fügt sie mit etwas Eigenem zusammen« (FB Chesters: 4). Wenn Bewegungsornamente im Moment des Groove-Feldes auf ähnliche Bewegungsqualitäten treffen, sind diese Referenzpunkte bereits als Grundlage der eigenen Improvisation enthalten und ihre »Bewegungen können ineinander übergehen und fließen von Armen zum Oberkörper und zu den Beinen« (FB Chesters: 5). Die resultierende Bewegung wird nur weitergeführt, wenn eine Übertragung diese verstärkt. Wie ein Surfer auf einer Welle in die Richtung der Welle paddeln muss, um von ihr getragen zu werden, wirken sich diejenigen Bewegungen aus dem Umfeld des Tanzenden auf die Improvisation aus, die bereits in der resultierenden Bewegung angelegt sind.[27] Die Übertragungsbewegung ist die Steigerung der vorherigen Bewegung (FB Chesters: 3) und in die flüssige Impulsübertragung bereits eingebettet. Wenn Bewegungsqualitäten von mehreren Seiten auf den Tanzenden einwirken, eröffnet sich im Umfeld ein breites Netz, in dem die Tanzenden ihre Bewegungen durch visuelles Entrainment steigern bzw. verstärken. Der Blick und infolge von visuellem Entrainment auch die Bewegung verfangen[28] sich so in der Improvisationsbewegung des Umfelds. Tanzende folgen einer bereits angelegten Bewegung. Dabei machen sie das von den Partnern und Partnerinnen verstärkte Bewegungsmaterial zum Leitfaden ihrer eigenen Bewegungen. Diese Angleichung wird, ähnlich einer Welle, als beschleunigend und verstärkend empfunden.[29]

---

27 »Der Groove wiegelt langsam auf, bis er wie eine Welle über [die Tanzenden] einbricht. Das Treiben auf der Welle wird, je länger man an ihr festhält, intensiver.« (FB Chesters: 4).

28 »The spatial dimension, how much space and energy was used while dancing – seemed to catch my eye when duplicated by multiple bodies.« (FB Chesters: 1).

29 »If I close my eyes during a groove moment, I have to open them again just shortly after. I can close them for a second or so, but [with closed eyes] I feel that I start loosing my network of elements that actually brought me there, or helped me on the way. Or that I am preventing a potentially new surprising push of energy that might keep me in for longer – obviously I don't want to risk that. I would describe the changing of the groove with a wave motion. Sometimes it is strongly present, for a fraction of a second I might feel that I am loosing it or that it is disappearing but then suddenly there is a wave of movement, where I can dive in and continue floating for a while. Or it might me gone and lost completely. It ends when I can't find a new input to continue

Für die Tanzenden scheint es ausschlaggebend zu sein, dass die affizierenden Bewegungsqualitäten sich verketten und die differenzierende Entwicklung – in Bewegungsornament, Wegverlängerung, Neuausrichtung oder isolierter Bewegungsebene – wiederum eine Möglichkeit der Angleichung findet, um so den Groove aufrechtzuerhalten.[30] Trotz der Möglichkeit einer Verschiebung von Groove-Feldern muss eine kontinuierliche Einbettung der Bewegungen in das Feld gegeben sein. Setzt sich die Ausdifferenzierung der Impulsbewegung durch die Verstärkung eines neuen Groove-Feldes nicht weiter fort oder verlässt die Referenzperson die Konstellation, bricht die Kette zusammen; der Groove hört auf.[31] Durch eine Änderung in der Musik bricht die zeitliche Struktur weg, die das angleichbare Spektrum der Bewegungen im Groove-Feld herstellt. Auch hier kann die Verkettung zusammenbrechen, bis sich die Tanzenden wieder auf einen ähnlichen Modus tänzerischer ›Involvierung‹ geeinigt haben.

Die transitorische Präsenz von Bewegungen im Umfeld, die nicht geplant und fast zufällig auf die resultierenden Bewegungen der Tanzenden treffen, legt es nahe, dass mehr Groove-Felder, eine größere Versammlung von Bewegungen und die Möglichkeit von Angleichungen die Verkettung der Bewegungen zu einer Groove-Erfahrung erleichtern. Eine Probandin nimmt mehrere Verständigungen gleichzeitig im selben Groove, aber mit unterschiedlichen Personen

floating on. If the one [wave] I have, fades off or becomes boring or heavy after being repeated for too long. I get my weight back.« (FB Chesters: 1).

30 »Unter den Leuten in einem Groove-Feld gibt es immer Differenzen. Der Groove entsteht durch Angleichungen von bestimmten Bewegungen, trotzdem hat jeder Tanzende nach wie vor eigene individuelle Bewegungsmuster. Aus diesen individuellen Bewegungsmustern (die durch viele unterschiedliche Bewegungsqualitäten und Richtungen zahlreiche Kombinationsmöglichkeiten aufzeigen), können wieder neue Verständigungen entstehen. Die Angleichungen entfernen sich meistens räumlich ein wenig vom Groove-Feld. Durch diese ständige Verlagerung und Verschiebung einzelner Angleichungen überschneiden sich Groove-Felder immer wieder.« (FB Chesters: 4).

31 »Es kommt vor, dass sich das Groove-Feld, in dem man sich gerade befindet, auflöst (z. B. weil jemand es verlässt), dann passiert es auch, dass mein Groove aufhört. Auch eine Änderung der Musik kann meinen Groove beenden. Für den Fall, dass keine äußeren Bedingungen meinen Groove beenden, hört er spätestens nach 20 Minuten auf. Nach dem Groove hat man meistens keine große Lust mehr weiterzutanzen, da man sich von nun an wieder anstrengen muss, wenn man sich aber dazu ›zwingt‹ weiterzutanzen, dann kann es passieren, dass man sehr bald wieder in den Groove kommt.« (FB Chesters: 6).

wahr, die sich »als individuelle nebeneinanderstehende Verflechtungen« manifestieren. Sie spricht bei dieser Verflechtung von »multiplen Groove-Erlebnissen, die kaum voneinander zu trennen sind und ineinander übergehen«.[32] Im Groove-Feld treten häufig mehrere Übereinstimmungen auf, welche für den Groove unterschiedlich relevant sind (FB Chesters: 6). Wenn sich die Konstellation zwischen Referenzpersonen als Hauptbezugspunkt auflöst, existiert zwar das homogene Groove-Feld nicht mehr, aber bei einer großen Gruppe von Tanzenden im Umfeld mit einer Auswahl von Angleichungsbewegungen besteht die Möglichkeit, dass sogleich ein weiteres Groove-Feld entsteht.[33]

Die Verkettungen überlagern sich zu mehrdimensionalen Gittersystemen – zu Labyrinthen –, in denen Tanzende in ihrer kinästhetischen Wahrnehmung potenziell endlos weitergetragen werden oder ›umherschweifen‹ können. Die Vielzahl angleichbarer und damit verstärkender Bewegungen auf der Tanzfläche macht eine Groove-Erfahrung möglich und verdeutlicht, warum es bei gleichbleibend affizierender Musik einfacher ist, gemeinsam im Club zu tanzen als allein zu Hause. Die Möglichkeit, sich von Bewegungsqualitäten mitreißen zu lassen, die die Verkettung des individuellen Tanzes stützen und als resultierende Bewegungen fortgeschrieben werden, besteht nur in der Versammlung von Tanzbewegungen. In wechselnden Groove-Feldern ist jeder Tanzende Empfänger aber auch zugleich Sender. Aus einer analytischen Außenperspektive ist es schwierig festzumachen, wann welche Bewegungen für andere wirksam werden und die Verkettung voranbringen und wann nicht. Das Spektrum zwischen strukturierender musikalischer Grundlage, gemeinsamer Praxis und angeglichener tänzerischer Involviertheit – die eine Verkettung möglich machen – produziert eine für die Bewegungsanalyse schwer zu bewältigende Flut von Bewegungen. Diese verlaufen nie gleichartig und sind zudem von außen kaum zu differenzieren. Nur in Kombination von herausgehobenen Momenten, beschriebener Bewegungserfahrung und Laborstudie konnte ein Denkmodell entwickelt werden, das

32 Probandin 5 bestätigt die Erfahrung von »mehreren Grooves direkt nacheinander« (FB Chesters: 3) von Probandin 3. Und Probandin 5 weiter: »Sobald ein Mitglied des Groove-Feldes eine Angleichung mit Tänzern und Tänzerinnen außerhalb des Feldes entwickelt, verschiebt sich das Groove-Feld. Dadurch können neue Verständigungen und wiederum neue Groove-Felder entstehen, […] die sich auch überschneiden.« (FB Chesters: 5).

33 »Außerdem ist zu beobachten, dass das Groove-Level der Felder variiert, dass nicht die ganze Zeit alle Mitglieder den gleichen Groove miteinander haben.« (FB Chesters: 6).

verdeutlicht, wie sich Tanzimprovisation in der Versammlung auf der Tanzfläche im Club organisiert und kollektiv strukturiert.

5.5 GROOVE ALS VERKNÜPFTE BEWEGUNGSINTERAKTION IM CLUBTANZ

»Improvisieren entwickelt [...] die menschliche Fähigkeit, auf ungeplante, so nicht vorhergesehene Situationen zu reagieren, zu einem eigenen Prinzip. ›Improvisation‹ steht für eine besondere Einstellung des Handelns, für besondere Handlungsformen und -techniken, für eine besondere Weise, Handeln wahrzunehmen, und ein besonderes Verständnis dessen, was Handeln ist – alles resultierend aus der Beziehung zum Unvorhersehbaren, die [auf] das Reagieren auf Unvorhergesehenes eingeht.«
(van Eikels 2013: 316)

Ausgehend von den oben ausgeführten Beobachtungen möchte ich im folgenden Abschnitt konkretisieren, was die Besonderheit der Handlungsformen in der kollektiven Improvisation als verknüpfte Handlungsmodi im Club ausmacht. Die Dynamiken des Interagierens zwischen Tanzenden auf der Tanzfläche und deren Konsequenzen können als eine Verstärkung und Ausweitung der individuellen Handlungen des Einzelnen angesehen werden. Die Improvisationshandlung im Club stützt sich auf Wahrnehmungsprozesse im akustischen und visuellen Entrainment. Diese bringen die Tanzenden in ein ähnliches Spektrum von Bewegungsqualitäten. Durch die strukturierende musikalische Matrix und eine gemeinsame Praxis bleiben die Tanzbewegungen zwar frei und unvorhersehbar, aber innerhalb eines musik- und clubspezifischen Konfigurationsrahmens, der in der Unvorhersehbarkeit Angleichungen bzw. Synchronisierungen ermöglicht. Die Vielzahl der Tanzenden in einem Umfeld mit angleichbaren Bewegungsqualitäten kann individuelle Brüche kompensieren. Treten sie auf, können sie durch andere Tanzbewegungen aufgefangen werden, sodass sich kontinuierliche Informationsflüsse für die Tanzenden herstellen, entlang derer die kinästhetische Erfahrung mitströmt. Daraus ergibt sich eine Handlungsdynamik, die sich in drei unterschiedliche Handlungsmodi auffächern lässt:

Im ersten Handlungsmodus improvisieren einzelne Tanzende im Club bewusst zu einer Musik mit einer zyklischen Beatstruktur. Mit Hilfe von akustischem Entrainment setzen sie bestimmte Bewegungsmotive in ihrem Verlauf in die musikalische Matrix. Je nach Zusammenstellung kann durch die Intermodalität von Rhythmen jede einzelne musikalische Ebene des Grooves der Musikstruktur als Verknüpfungspunkt angesehen werden, an dem sich unterschiedliche

Körperteile orientieren können. Die Musik wird durch die Körperbewegung zeitlich ›vermessen‹, und die Möglichkeiten dieser Angleichung sind bei der vielschichtigen Groove-Struktur nahezu unendlich (vgl. Zbikowski 2004: 286).

Die gleiche Intention, mit der Tanzende sich zur Musik bewegen, kann auch in dem Bestreben gesehen werden, die Bewegungen von Tanzpartnern bewusst zu adaptieren. Deshalb kann dieser Vorgang dem ersten Handlungsmodus zugerechnet werden. In einem kontinuierlichen Abgleichen beziehen sich Tanzende auf die endlosen Beatpatterns und integrieren gesehene Bewegungsmotive innerhalb einer Intention zur Improvisation. Durch die von Fikentscher beschriebene »booth-floor«-Interaktion (Fikentscher 2000: 81) zwischen DJ und Tanzenden könnte bei der ersten Handlungsform von einer Endlosschleife gesprochen werden. Die Tanzenden beziehen sich kontinuierlich auf die Musik, und der DJ bezieht seine Performance auf die Tanzbewegungen.

Der zweite Handlungsmodus wird durch eine unterschiedliche Intention und eine andere Einstellung zum Körper bestimmt. Das Spezifikum dieser Handlungsdynamik kann als ein sich ›Einlassen‹ auf und ein ›Zulassen‹ von Impulsübertragungen definiert werden. Tanzende erzeugen Impulse, die von den zur Musik getanzten Bewegungen ausgehen. In ihren Bewegungsqualitäten münden sie in anatomische Konsequenzen wie Raumerweiterung, Richtungsänderung, Isolierung oder Ornamentierung. Folgt ein Tanzender den Konsequenzen seiner Impulse in seinem Körper und spürt den anatomischen Gegebenheiten nach, führen diese zu einer neuen Haltungsrelation. Durch den Rückbezug auf die Materialität des Körpers entwickeln sich Bewegungen, ohne dass diese bewusst geplant sein müssen. Diese Fortschreibung von impulsgebenden Bewegungen zu resultierenden Bewegungen generiert Bewegungsmaterial aus einer körperlichen Emergenz, die immer wieder auf die intendierten Bewegungen zur Musik zurückgeführt werden. Durch die zulassende Haltung entwickelt sich im Körper eine Distanz zum eigenen Tun. Tanzende können sich von ihrer eigenen Handlung überraschen lassen. Im Sinne der Improvisation nach Hans Friedrich Bormann, Gabriele Brandstetter und Annemarie Matzke werden die Clubber zu Rezipienten ihres eigenen Tanzes und dessen Konsequenzen (vgl. Bormann/Brandstetter/Matzke 2010: 13). Die ›nicht-musikalischen‹ resultierenden Bewegungen müssen wieder mit der Musikmatrix verflochten werden. Es ist ein verknüpfter Abgleichungsprozess – zum einen mit der Musik, zum anderen mit dem eigenen Körper. Der zweite Handlungsmodus von Clubimprovisation differenziert durch ein Zulassen im Körper das Bewegungsrepertoire und stellt der Monotonie der Beatstruktur von elektronischer Tanzmusik auf der tänzerischen Ebene eine Vielzahl von Möglichkeiten entgegen. Bewegungsqualitäten sind dabei die Ordnungselemente, durch die sich die Groove-Erfahrung strukturiert, während die ›Handlungstechnik‹ von Groove im Tanz in der verkörperten Fähigkeit liegt, eine impulsgebende Bewegung ungeplant zu einer resultierenden Bewegung fortzuentwickeln. In der flüssigen Übertragung wird diese in ihrer Wiederholung zu einer Groove-fähigen Bewegungsqualität. Der zweite Handlungsmodus führt mit der flüssigen Impulsübertragung, Differenzierung und einer daraus stabilisierten neuen Impulsübertragung usw. körperinhärent eine weitere Endlosschleife in die Improvisation ein, in der die Tanzenden ihre Bewegungen kontinuierlich mit neuen Haltungsrelationen und der Musik abgleichen.

Die Verstärkung durch Groove-Felder, die erst mit mehr als zwei Tanzenden produktiv werden, bildet den dritten Handlungsmodus, der sich in den Feldstudien für den Clubtanz nachweisen lässt. Durch die unterstützenden Groove-Felder und das gemeinsame Spektrum an Bewegungsmaterial entsteht eine Schleife zwischen stabiler Bewegungsqualität und Bewegungsornament, die zurückführt zu einer durch die kollektive Verstärkung stabilisierte Differenzierung des impulsgebenden Bewegungsmotivs. Diese Differenzierung geht über den zweiten Handlungsmodus hinaus und kann in der pluralen Kommunikation eine dritte de-synchrone Angleichung hervorbringen, von der sich die Tanzenden überraschen lassen. Durch das Verfangen von Ornamenten im Groove-Feld stabilisiert sich die Endlosschleife. In der sich fortschreibenden Improvisation oszillieren, mäandern oder irren Tanzende freudig durch ein Labyrinth getanzter Bewegungsqualitäten. Die flüssige Tanzimprovisation ist wie ein Fluchtpunkt, der immer schon aus der Gegenwart in eine Zukunft drängt und den Tanzenden mit der Erfahrung dorthin mitreißt. So kann bei der Groove-Erfahrung von einem Modus ausgegangen werden, bei dem sich drei kontinuierliche Informationsflüsse in Wahrnehmung und Handlung überkreuzen, gegenseitig bestärken und die Wahrnehmung prägen: die akustisch motorische Verarbeitung der zyklischen Musik, etwa mit den Beinen, die verstärkende Synchronisierung des Tanzes mit dem Umfeld, die in der Angleichung auch Differenzierungen hervorruft, und das Nachspüren der Impulse des eigenen Körpers, der in der flüssigen Ausarbeitung der Bewegungsmotive die Wahrnehmung immer wieder vor neue Haltungsrelationen und Körpererfahrungen stellt.

Aus der Perspektive von drei verknüpften improvisatorischen Handlungsmodi kann so ein Denkmodell hergeleitet werden, welches die Grundlage und Organisationsstruktur der Cluberfahrung verständlich macht:

Schematische Darstellung der überlagerten Feedbackschleifen

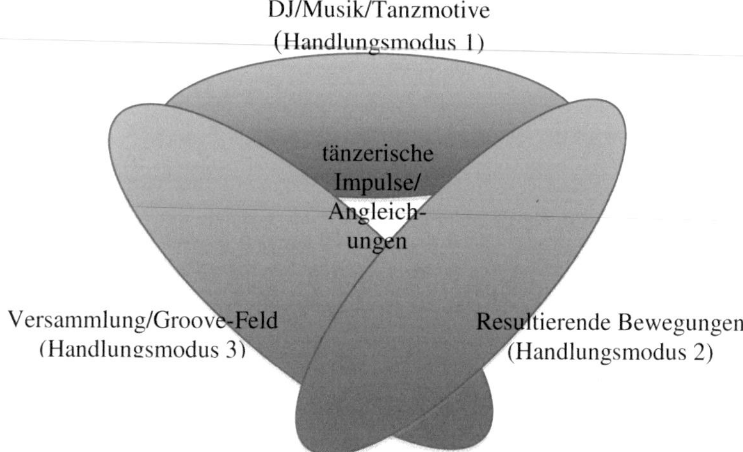

Die verknüpften Handlungsmodi, die es den Tanzenden ermöglichen, sich im Fluss von Musik und Tanz zu verlieren, basieren auf tänzerischem Groove als verknüpfte Handlungsform von Wahrnehmung und Verarbeitung von fortlaufenden Bewegungsverläufen. Ich bezeichne diesen Groove als *tänzerisch* und nicht als *choreographisch*, da er sich als Handlungsmodus nicht auf ein kompositorisches Ganzes bezieht. Der tänzerische Groove kann nicht als Choreographie im Sinne einer Tanzschrift gedacht werden, die als Aufschreibesystem von Tanz die Körperbewegung räumlich und zeitlich fixiert und »in eine Aufführbarkeit« überführen kann (Brandstetter 2005: 53). Tänzerischer Groove als körperliches Emergenzphänomen vollzieht hierbei keinen kompositorischen Fortschritt, keine lineare Evolution oder narrative Struktur, in der die Tanzenden am Ende an einem anderen Ort oder einem erweiterten tänzerischen Material ankommen. Tanzende kehren immer wieder zum Bounce, Schwingen oder Schlagen zurück, ohne dass diese hierbei eine veränderte Form aufweisen müssen. Im Folgenden möchte ich die Überlegungen von Kai van Eikels über kollektives Improvisieren durch die Perspektive der verknüpften Handlungsmodi im Clubtanz erweitern und das zirkulierende Interaktionssystem im Club als Kommunikation theoretisieren. Die im Club gemachten Beobachtungen können die Konzepte von Flow und kollektiver Improvisation, die aus der Musik bzw. dem Jazz hergeleitet werden, erweitern.

5.6 INTERFERENZEN DER TANZFLÄCHE

»›Emergieren‹ [beim kollektiven Improvisieren] heißt hier der geläufige Differenzierungsmodus (selbst-)organisierter Zerstreuung in gelegentlicher Anpassung an die jeweilige Umwelt der Beteiligten. Das besagt, dass Emergieren alles andere als überrascht. Wollen wir einen ›Affekt der Emergenz‹ beschreiben, lautet dessen sprachliches Porträt: *Ach ja, genau.*« (van Eikels 2013: 387)

In der Handlungsdynamik des dritten Modus der Angleichung ergibt sich aus der Unterstützung, Erleichterung und Verstärkung durch den gemeinsamen Tanz der Beteiligten, dass ein Modus der körperlichen Emergenz zwischen impulsgebender und resultierender Bewegung aufrechterhalten und erweitert wird. Die Tanzenden gelangen im Bounce oder Seitschwung zu tänzerischem Material, das bereits in der vorherigen Bewegung angelegt war, um von dort zu einer anderen, nicht geplanten oder kontrollierten kinästhetischen Erfahrung zu kommen. Auf den Clubtanz übertragen stellt der »Affekt der Emergenz« (ebd.) jenes Erfahrungsmoment dar, in dem sich die Bewegungsornamente im Groove-Feld verfangen und ein Bewegungsmotiv als intendiert getanzte Bewegung stabilisieren, die in der vorherigen Bewegung bereits angelegt war: »*Ach ja, genau*« (ebd.). Im Sinne von Rainald Goetz' Überlegungen zu Rave handelt es sich dabei nicht nur um den Bass, der freudig erwartet wiederkehrt, sondern auch um den Bounce (vgl. Goetz 1998: 22): Die Clubber empfinden es dann als »wunderbar« (ebd.), dass der Bounce sich wieder in ihre Improvisation hineindrängt. Groove als Modus ist dieser freudige Zustand zwischen einer wiedererkannten und einer zukünftigen Gegenwart, auf die ich im Folgenden eingehen und die ich von Flow abgrenzen möchte. In diesem zirkulierenden, sich selbst fortschreibenden System entsteht durch die Kommunikation ein Zustand, der mit dem Konzept der Interferenz von Michel Serres interpretiert werden kann, mit dem sich eine erweiterte Perspektive auf die Versammlung von Tanzenden entwickeln lässt.

Im Affekt der Emergenz hat das Neue, das entsteht, keinen übergeordneten Wert für die Improvisierenden. Tanzende erschaffen oder entwickeln keine neuen Bewegungen, damit ein anderer darauf antworten kann – oder, um damit eine Komposition als geglücktes gemeinsames Ergebnis zu generieren. Der Bewegungsfluss zwischen Tanzbewegungen ist nicht ergebnisorientiert. Die verknüpften Handlungsmodi befördern allein das persönliche Erleben der Improvisierenden, das van Eikels schon für die Performance im kollektiven Improvisieren herausgearbeitet hat. Die Improvisation zwischen den Teilnehmenden verdichtet oder verdünnt sich; es ergeben sich Spannungen, raumgreifendes Loslassen; die Bewegungen beschleunigen oder retardieren; es wird mit Angleichungen oder sprunghaften Wechseln gespielt (vgl. van Eikels 2013: 388). In Bezug auf Körperspannung, Bewegungsfrequenz oder überlagerte Bewegungsebenen mit ihrer spezifischen kinästhetischen Erfahrungsdimension steigert kollektives Improvisieren im Clubtanz die Musikerfahrung zu einem intim-subjektiven Körpererleben, das durch das Kollektiv erst ermöglicht wird.

In der Dynamik des gemeinsamen Tanzens wird in der Verstärkung des Groove-Feldes eine Konsequenz für jeden in dessen Umgebung hergestellt. Diese Verstärkung treibt die ersten beiden Handlungsformen wie ein Motor weiter voran. Groove als Verflechtung von Handlungsmodi kennt weder Anfang noch Ende. Er findet eine Grenze potenziell nur in der absoluten Verausgabung oder im Zusammenbrechen einer der drei Endlosschleifen. Er umkreist ähnliches Bewegungsmaterial – aber nicht um Neues zu entwickeln, sondern um diesen Zustand zwischen einem kollektiv verstärkten und einem differenzierten Bewegt-Sein zu stabilisieren. Im Hier der intendierten impulsgebenden Bewegung und im Anderswo der bereits verstärkten zukünftigen Bewegung im Bewegungsornament entsteht die Erfahrung eines mäandernden somatischen Stromes ohne Ziel im eigenen Körper.

Zwischen resultierenden und impulsgebenden Bewegungen operiert eine anatomische Notwendigkeit, die auf verschiedene Weise wirksam werden kann. Dabei ist die Erfahrung der Aufhebung einer linearen Entwicklung, eines Bedeutungsverlusts von normativen Kriterien wie ›richtig‹ oder ›besser‹ zentral. Darum muss tänzerischer Groove auch von Flow-Erlebnissen abgegrenzt werden, die der Ethnologe Ben Malbon (vgl. Malbon 1999: 135ff.) oder der Psychologe Mihaly Csíkszentmihályi in der Clubtanz-Erfahrung sehen (vgl. Csíkszentmihályi 1998: 138). Csíkszentmihályi definiert Flow wie folgt:

> »Erstens, die Erfahrung findet gewöhnlich statt, wenn wir auf eine Aufgabe stoßen, der wir uns gewachsen fühlen. Zweitens müssen wir fähig sein, uns auf das zu konzentrieren, was wir tun. Drittens und viertens, die Konzentration ist gewöhnlich möglich, weil die angefangene Aufgabe deutliche Ziele umfasst und unmittelbare Rückmeldung liefert. Fünftens, man handelt mit einer tiefen, aber mühelosen Hingabe, welche die Sorgen und Frustrationen des Alltags aus dem Bewusstsein verdrängt. Sechstens, erfreuliche Erfahrungen machen es möglich, ein Gefühl von Kontrolle über Tätigkeiten zu erleben. Siebtens, die Sorgen um das Selbst verschwinden, doch paradoxerweise taucht das Selbstgefühl nach der flow-Erfahrung gestärkt wieder auf. Und schließlich ist das Gefühl für Zeitabläufe verändert.« (Csíkszentmihályi 1998: 74)

Csíkszentmihályi versteht Flow als eine Erfahrung, die mit Aufgaben und erfolgreich verfolgten Zielen einhergeht; als etwas, das mit Kontrolle verbunden ist.

Hiervon ist Groove als Verknüpfung von Handlungsmodi zu unterscheiden. Tanzende geben im Groove Kontrolle auf, um impulsgebende Bewegungen zu resultierenden Bewegungen werden zu lassen, damit diese sich wiederum in den Bewegungen der Tanzenden im Umfeld verfangen können. Die Verstärkung vollzieht sich ohne geplantes Zutun. Die Improvisation zielt nicht darauf ab, sich im Groove-Feld einer Person direkt anzugleichen oder die Angleichung an ein Bewegungsornament so perfekt wie möglich auszuführen. Im tänzerischen Groove werden die Tanzenden – im Gegensatz zu *challenge circles*[34] – nicht von ihrer Umgebung herausgefordert, sondern ihre resultierenden Bewegungen treffen unvorhergesehen im Groove-Feld auf andere und werden so verstärkt. Das Bewusstsein ist nicht ausgeschaltet – den Tanzenden sind ihre Bewegung und ihr Tanz durch den Fokus auf ihre Propriozeption sogar gesteigert bewusst. Bei tänzerischem Groove handelt es sich bei der verknüpften Handlungsdynamik nicht um eine Handlung im Flow, die etwa wie beim Tennis versucht, einen Ball zielgerichtet in das gegnerische Feld zu schlagen. In diesem Sinne ist die Einstellung zur Handlung in der kollektiven Improvisation im Clubtanz, die eine Handlungsdynamik zwischen Beteiligten ermöglicht, auch nicht als obligatorisches Reagieren auf einen äußeren Impuls in Form einer Aufgabe oder Verabredung zu verstehen, sondern als ein aufmerksames Folgen und Zuhören der kollektiven Verkettungen im eigenen Körper.

Zwar sind sich Groove und Flow als persönliche Zustände in einem organisierten oder geordneten Handlungsprozess ähnlich (vgl. Csíkszentmihályi 1988: 20, vgl. auch Kapitel 3.5 dieser Studie), dennoch konstituiert sich die Groove-Erfahrung im Gegensatz zu Flow (vgl. Csíkszentmihályi 1998: 57) in einem geordneten flüssigen Ineinandergreifen der Handlungsmodi, bei dem die Informationen nicht mit den Absichten im Einklang stehen. Im Zustand des tänzerischen Grooves geht es gerade um die visuellen Informationen, die sich in der pluralen Kommunikation von der intendierten impulsgebenden Bewegung differenzieren. Im Ineinandergreifen und im kontinuierlichen Fortschreiben als Organisationsstrukturen von gemeinsamem Tanz müssen Tanzende nicht zielgerichtet reagieren oder die widersprüchlichen Informationen auflösen, sondern sich von Musik oder Tanz – im Sinne des französischen Wortes *entraîner* – mitreißen lassen. Mit der Einstellung, Bewegungen zuzulassen, kontrolliert der Tanzende nicht, wohin oder wofür er eine Bewegung ausführt. Im Moment des Interagierens im Tanz schreibt sich die Bewegungsabfolge durch das Kollektiv und nicht als gerichtete Reaktion fort. Nicht der Dialog, sondern die plurale Kommunikation konnte in

34 *Challenge circles* werden in Kapitel 2.1 erklärt.

der vorliegenden Untersuchung als Bewegungsinteraktion herausgearbeitet werden.

Aus diesem Grund möchte ich zur Beschreibung der Handlungsdynamik den Begriff der Interferenz nach Michel Serres einführen, der in seiner Philosophie der Kommunikation versucht, anstelle der Logik der *Re*ferenz eine Logik der *Inter*ferenz zu begründen. Ich beziehe mich hier auf Serres, weil er in seiner Analyse der Wissenschaften und der Enzyklopädie danach trachtet, sein Verständnis von Denken nicht auf eine äußere Referenz oder ein vorangestelltes hierarchisches System wie die Mathematik zu bauen.[35]

Diese Denkweise lässt sich für den Clubtanz produktiv machen, da auch die Übertragungsdynamiken der tänzerischen Kommunikation die Bewegungsgenerierung systeminhärent zu konfigurieren scheinen. Es gibt keine ›Tanz-Schule‹, die eine richtige Bewegung vorgibt, auf die sich alle Tanzenden beziehen können. Die Ausdifferenzierungen und Entwicklungen vergegenständlichen sich durch die wirksamen Übertragungen und Angleichungen im Bewegungsspektrum des Groove-Feldes. Serres denkt die Wissenschaften als ein Gitter oder Netz von Verknüpfungen, die sich gegenseitig durch die Übertragung definieren:

> »Denn die Wissenschaft weist ebenso viele Konfigurationen auf, wie man mittels der aufeinanderfolgenden Zustände einer regelmäßigen Variation über die Wurzel dieses Ausdrucks zu benennen vermag: Implikation, Explikation, Applikation, Komplikation, Multiplikation usw. Von daher scheint mir die Invariante unmittelbar zugänglich; sie bezeichnet wiederum einen Ort, der keiner ist, eine Referenz, die keine Stabilität besitzt, aber die reine Bewegung der Übersetzung von einer Sprache in eine andere, die reine Möglichkeit, Formen zwischen Blättern zu transportieren, die sich teilweise oder vollständig überlappen, die eine Beziehung zueinander haben, obwohl sie unabhängig voneinander sind, die reine Möglichkeit des Austausches, der Übertragung, ohne eine erste oder letzte Referenz, die reine Möglichkeit der Interferenz.« (Serres 1992: 45)

Die resultierende Bewegung ist der impulsgebenden Bewegung implizit und diese wiederum wurde erst durch die Multiplikation im Umfeld, auf die sie als Bewegungsornament traf, zu einer impulsgebenden Bewegung. Die Verkettung entsteht dabei nicht zwischen zwei Polen, nicht binär, sondern singular und plu-

35 Michel Serres spricht dabei von »einer Philosophie der Kommunikation, in der die Enzyklopädie ihren Ausdruck findet und die darstellt, was sie ist, geradeso wie sie die Welt zum Ausdruck bringt, die Welt wie sie ist und wie die Wissenschaften sie lesen und begründen, eine Philosophie der Kommunikation, die ohne Substanz, das heißt ohne Festigkeit und Referenz ist« (Serres 1992: 12).

ral zugleich. Das Bewegungsmotiv als Referenz hat in der Logik der verknüpften Handlungsdynamik von Groove keinen Ort, von dem eine Referenz gesetzt wurde oder von dem es herstammt. Ein Tanzender hat keine Position, von der ein *give* eines *give and take* in der Improvisation (van Eikels 2013: 333) übertragen wird, oder kein Gegenüber, welches das Gegebene aufnehmen kann. In der gleichzeitigen Übertragung von Bewegungen werden nur diejenigen verstärkt, die bereits in einer vorherigen Bewegung angelegt waren, und ihr verstärkendes Groove-Feld entsteht nur, wenn diese Bewegung vorher für andere Akteure produktiv werden konnte. Tanzende im Club haben in den Endlosschleifen dieser gegenseitigen Verstärkung keine anfängliche Position, von der eine Information gerahmt ausgeht, um bei einem Empfänger als solche anzukommen. Alle drei Handlungsdynamiken – stabile Bewegungsqualität, Bewegungsornament und plural verstärkte Bewegungsqualität – sind zeitgleich wirksam, und Tanzende befinden sich im Modus des tänzerischen Grooves gleichzeitig in allen drei Positionen. Dieser bewegliche Ort ist eine zerstreute Position im Kommunikationsnetz (vgl. Serres 1992: 198) des Clubs, in dem aufgrund des Stroms aus empfangenen und gesendeten Informationen die Kommunikation ›hier‹ im kinästhetisch wahrgenommenen Moment und unüberschaubar überall im Umfeld und in den ornamentierenden Körperteilen stattfindet. Die Tanzenden befinden sich parallel in einer Vielzahl von Groove-Feldern, in einer Vielzahl von Zeiten, die stets andere in der eigenen Improvisation und dieselben in der musikalischen Matrix sind.

Ich verwende Michel Serres' Konzept der Interferenz[36] als einer »Situation, in der sich plurale Räume entfalten« (Serres 1992: 200), um die Rhythmuserfahrung von Clubtanz zu beschreiben und mit diesem Modell die Organisationsstruktur von ineinandergreifenden Informationsflüssen im Clubtanz zu erfassen. In diesem Sinne ist Groove im Tanz kein Motiv, keine Qualität wie in der Musik, sondern ein tänzerischer Modus von Interferenz, ein Modus der Wahrnehmung und Verarbeitung von flüssigen Übertragungen, Übersetzung und Transport von Informationen mit multiplen Partnern und Feldern.

In der Interferenz des tänzerischen Grooves ist die Beziehung der Tanzenden als Empfangende des Kommunikationsprozesses auf eine Vielzahl von Bewegungsfetzen ausgerichtet. Bewegungsornamente an den Extremitäten gleichen sich nicht nur an Personen an, sondern ihre Bewegungsebene wird durch Bewe-

---

36 Das Interagieren im Club als Interferenz korrespondiert auch mit der Bedeutung des Begriffs in der Physik. In der Physik meint Interferenz die Änderung zweier interagierender Amplituden, die sich im Zusammentreffen verstärken oder abschwächen können.

gungen verstärkt, die in anderen Gliedern ihrer Partner lokalisiert sein können. Der eigene Körper ist zwar eine Entität, jedoch zugleich geteilt, da seine verschiedenen Glieder gleichzeitig an unterschiedliche Interferenzen anknüpfen. Durch verschiedene sich angleichende und resultierende Bewegungsverläufe auf unterschiedlichen Ebenen kann sich die Verknüpfung von einem Arm mit dem Kopf eines anderen stärker als strukturelle Einheit anfühlen, als die der Integrität des anatomischen Körpers. Im Modus der Interferenz verschiebt sich ein Gefühl von Subjektivität wie im Netz des Informationsaustauschs in Serres' Philosophie der Kommunikation: Das Subjekt taucht im Rhythmus von Signalen auf und verschwindet im selben zufälligen und variablen Rhythmus, wie die Zirkulation aufscheint und sich verdunkelt (vgl. Serres 1992: 202). In der zerstreuten Sendung und im verteilten Empfang entsteht eine Dynamik der wirksamen Verteilung, die für alle Akteure im Umfeld verstärkend, aber auch abschwächend auf das Erleben der Subjektivität in der kinästhetischen Erfahrung in unterschiedlichen Körperteilen wirken kann. Diese Verteilung und Zerstreuung hat im Sinne der Ethik des kollektiven Improvisierens nach van Eikels einen im wörtlichen Sinne ›a-sozialen‹ Charakter (vgl. van Eikels 2013: 399).

Diesen ›a-sozialen‹ Charakter beim kollektiven Improvisieren möchte ich für den tänzerischen Groove als *a*-subjektiv denken, wie es auch der Kulturwissenschaftler und Poptheoretiker Diedrich Diederichsen für den Clubtanz getan hat (vgl. Diederichsen 2014: 341). Das Soziale in der Versammlung im Club wird nicht negiert oder ins Gegenteil verkehrt. Das soziale Moment bezieht sich nicht mehr auf handelnde Adressierte, die sich gegenüberstehen, sondern generiert sich im Modus von Interferenz aus der Zerstreuung der Körperteile, die mit anderen Bewegungsfetzen anderer Körperteile Verbindungen eingehen. Aus kommunikativer Sicht adressieren die Handlungen niemanden; sie haben keine Subjektivität, die gezielt auf den einzelnen Clubber gerichtet wäre. Dieses *mix and match* impliziert den Respekt der Tanzenden gegenüber einer Situation in der Versammlung außerhalb einer bestimmten Person, Gruppe oder kulturellen Norm. In dem Moment, in dem Clubbesucher die Tanzfläche betreten, verhalten sie sich innerhalb des dort getanzten Bewegungsspektrums, das die verknüpfte Handlungsdynamik fördert. Stillstehen, Adressieren, zu ausgreifendes oder zu nahes Tanzen vermeidet man respektvoll. Die Tanzenden befinden sich in einer Abhängigkeit voneinander, da die Handlungsdynamik erst beim gemeinsamen Tanzen produziert wird. Der asubjektive Respekt wird den Anwesenden durch die Handlung selbst gegeben. Die Dynamik des Kommunikationsprozesses konfiguriert und befördert einen respektvollen Umgang mit der Situation. Potenziell kann im Club jede Bewegung getanzt werden, doch durch das implizite Wissen um die Handlungsdynamik kollektiver Improvisation spielt sich diese quasi notwendigerweise respektvoll gegenüber den Anwesenden in einem situativ definierten Handlungsrahmen ab, in dem nur bestimmte, vom Kollektiv gestützte Bewegungen wirksam werden können. Mein Tanz und der Tanz der Nachbarn sind davon abhängig. Die Zuordnung des Ansehens oder Status innerhalb der Gruppe wird in der kollektiven Improvisation im Groove-Feld durch die Interaktion mit Bewegungsfetzen und Teilverläufen anstatt mit direkten Partnern unterwandert. Die kollektive Improvisation führt nach van Eikels zu weniger hierarchischen Verhältnissen (vgl. van Eikels 2013: 398). So gestehen die Tanzenden jedem fremden Besucher auch in der Tanzversammlung in ihrer Handlung Respekt und einen eigenen Spielraum zu und bringen die eigenen Bewegungen durch die Handlungsdynamik in ein auch durch den Fremden gerahmtes Spektrum von Bewegungen. Entscheidend ist hierbei nicht eine vorhandene Vorstellung von der Versammlung als Ganzes oder eine Identifikation mit allen Teilnehmern, sondern wer in wessen Umfeld mit welchem Körperteil mit welchem Bewegungsverlauf zusammen tanzt. Durch die Vermischung der Referenzpersonen und die schnelle Überlagerung der Groove-Felder und der Kommunikationswege sind die in der Nähe Tanzenden nicht klar identifizierbar. Die Tanzfläche generiert weniger die Vorstellung einer Gemeinschaft von Individuen[37] als ein Wirkungsfeld von Performanzen. Die Ethik der Club-Versammlung speist sich aus einer lokalen Notwendigkeit des Umfelds, erweitert sich jedoch auf alle anderen Akteure auf der Tanzfläche, da diese wiederum das Umfeld derjenigen stützen, die das jeweils eigene Umfeld ausmachen. Es ist eine Ethik der Interferenz – der Übertragungsflüsse, des Transports – oder eines Austauschnetzwerks, in dem lokal agiert wird.

Als Abschluss der Untersuchungsergebnisse wurde in diesem Kapitel ein Denkmodell für die Organisation von Clubtanz vorgestellt, das erklärt, warum es einfacher ist, mit anderen Personen zu tanzen als allein. Durch drei verknüpfte Handlungsmodi entsteht Groove als ein Modus von Interferenz, in dem die gegenwärtige kinästhetische Erfahrung wie ein Fluchtpunkt weitergetragen wird. Tanzende befinden sich in einem euphorischen Zustand zwischen sich überkreuzenden und geordnet ineinandergreifenden Informationsflüssen. Das subjektive Erleben eines mäandernden somatischen Stromes wechselnder Bewegungsqualitäten emergiert kollektiv aus der Vielheit der Bewegungsverläufe mit überlagerten, isolierten eigenen Bewegungsebenen. Die Improvisation generiert weder Neues, noch ist sie geplant oder kontrolliert, sondern sie umkreist das Bewe-

37 Für eine genaue Analyse, wie sich Gemeinschaften durch eine gemeinsame Vorstellung von Zugehörigkeit konstituieren können, siehe Benedict Andersons *Imagined Communities – Reflections on the Origin and Spread of Nationalism* (Anderson 1991).

gungsmaterial, um den Zustand von Groove zu erreichen. In der durch Groove-Felder gestützten Handlung wird kein Gegenüber adressiert. Es ist vielmehr die Handlungsdynamik selbst, die die Ethik der Improvisationshandlung der Tanzversammlung ausmacht. Die Situation, in der jede eigene Bewegung durch die Verknüpfung wieder zurückgeführt und für den eigenen Tanz produktiv werden kann, generiert eine respektvolle Haltung, in der das persönliche (De-) Synchronisieren nicht durch eine äußere Idee oder Person legitimiert ist. Zum Ende des Kapitels werde ich das Konzept von Groove als Interferenz in einem letzten Exkurs auf die künstlerische Arbeit *Symphony X* (*installation version*, 2012) von Ari Benjamin Meyers und Tino Sehgal übertragen, in der sich die Erfahrung eines mitreißenden mäandernden somatischen Stromes in Körper und Raum kollektiv in der Performance herstellt. Die Performance eröffnet Perspektiven für eine Übertragung des hier vorgestellten Groove-Konzepts auf andere Kontexte, zeigt aber zugleich seine Grenzen auf.

5.7 Künstlerischer Exkurs 3: Modus der Interferenz in zeitgenössischer Performance: Ari Benjamin Meyers' und Tino Sehgals *Symphony X* (*installation version*)

Tänzerischer Groove und die darin enthaltenden Handlungsdynamiken beziehen sich immer wieder zurück auf die musikalische Matrix. Die als potenziell endlos angelegte Rhythmik und das an sie anschließende Handeln machen deren Spezifik aus. Für den Jazz wurde diese Rezeptionsweise bereits von Diederichsen herausgearbeitet, der in dessen Genealogie auch die Clubkultur und elektronische Tanzmusik sieht (vgl. Diederichsen 2014: 215). Im Jazz wie in der elektronischen Tanzmusik ermöglicht die zirkulierende Struktur ein Erleben von Fluss, in den der Zuhörer partizipativ einsteigen oder den er wieder verlassen kann, ohne dass die musikalische oder tänzerische Handlung der anderen Akteure abgebrochen werden muss. In Ari Benjamin Meyers' und Tino Sehgals *Symphony X* (*installation version*, 2012) generiert die Komposition mit ihren sich wiederholenden Patterns ein ähnliches Gefühl von Fluss, das durch die Bewegung der Musiker im Zuschauerraum noch verstärkt wird. Zwischen Klang- und Bewegungsinformationen werden in der Performance plurale Räume geschaffen, an die sich die Zuschauer/Zuhörer anschließen können. Es wird eine Dynamik sichtbar, die der einer verknüpften Handlungsdynamik zunächst gleicht, doch stellt *Symphony X* eine Differenz zwischen Groove als verknüpftem Handlungsmodus und einer mitreißenden Bewegungsdynamik heraus. Im Folgenden werde ich die Wirkung von homogenen Groove-Feldern von der Intention zu tanzen abgrenzen und daraus eine Perspektive für die Übertragbarkeit des Groove-Modells auf die künstlerische Performance-Serie */ groove space* und andere Kontexte entwickeln.

Ari Benjamin Meyers' und Tino Sehgals gemeinsame künstlerische Arbeit Symphony X (installation version, 2012)[38] *ähnelt eher einem Konzert oder einer Installation als einer Tanzperformance. Im Düsseldorfer Ständehaus, in dem die Kunstsammlung NRW – K21 – untergebracht ist, bewegen sich die Performance-Besucher am Einlass zunächst in der großen luftigen Vorhalle, außerhalb des Bereichs der von Sehgal platzierten und zerstreuten leeren Stühle und Notenständer. Zu Beginn der Performance treten 16 Musiker ein, begeben sich gezielt auf einen Platz, das Licht erlischt und Meyers zählt die Musiker ein. Die Post-punk-/neo-minimalistische Musik entfaltet sich ab der ersten Note in endlosen Patterns im Verlauf von 75 Minuten auf mehreren Ebenen. Tino Sehgal hat für die Performance eine Raum-Choreographie entworfen, in der die Musiker die Komposition entlang ihrer vier Teile in verschiedenen Bewegungskonstellationen interpretieren. Sie wechseln ihre Plätze, spielen im Stehen, setzen sich auf den Boden und laufen mit ihren Instrumenten durch den Raum.*

Durch die Kontextualisierung des Konzerts *Symphony X* in einem Museum wird den Besuchern gleich zu Beginn klar, dass sie sich während des Konzerts durch den Raum bewegen können. Nur für die Musiker sind Stühle bereitgestellt. Aufgrund der Dunkelheit während der ersten Minuten der Vorstellung richtet sich die Aufmerksamkeit schnell auf die akustische Wahrnehmung. Die Veränderung der Hörerfahrung durch die eigene Bewegung tritt gesteigert in das Erleben der Performance. Aus der Mischung von elektronischen Instrumenten – die durch sechs kreisförmig angeordnete Lautsprecher hörbar werden – und den verteilten akustischen Instrumenten im Raum ergibt sich eine Klang-Landschaft, welche sich die Besucher durch ihre Bewegung aneignen können. Durch die Bewegung der Musiker katalysiert und geleitet, streifen die Zuschauer, die Stühle umkreisend, durch den Raum, setzen sich gemeinsam auf den Boden, tanzen und laufen den Musikern hinterher – dies ist die eigentliche Choreographie der Performance. Dabei geben die Besucher mit Alltagsbewegungen dem Bedürfnis nach, sich zur Musik zu bewegen, und lassen sich dabei zugleich von den Bewegungen der anderen Besucher leiten. Es ergeben sich Bewegungslinien im Raum,

38 Die Installations-Version von *Symphony X* wurde 2012 im Rahmen des Spring-Dance-Festivals in der Stadsschouwburg Utrecht auf der Bühne mit Zuschauern uraufgeführt. Ich habe die Vorstellung 2014 im Rahmen der Spielzeiteröffnung des Tanzhauses NRW gesehen.

entlang derer die Schritte der Besucher verlaufen. Unter den Besuchern entstehen Gruppierungen, in denen Bewegungen zu den rhythmischen Patterns als Bounce gerinnen oder in denen sie sogar in Tanz verfallen. Doch nicht alle tanzen: Einige Besucher stehen an der Wand oder setzen sich zwischen die Musiker. Den Raumkonstellationen entsprechend, schließen sich andere daran an, und homogene Groove-Felder entfalten sich im choreographischen Raum. Die rhythmische Musik unterstützt das Bedürfnis, sich zu bewegen. Es fällt schwer, in diesem Konzert stillzustehen oder sitzen zu bleiben, da der gesamte Raum in Bewegung ist. Dabei baut sich in dieser Installation aber kein Gruppendruck auf, aufgrund dessen sich eine sitzende Person exponiert oder ausgegrenzt fühlen würde. Zuhörer haben die performative Freiheit, das zu tun, wonach ihnen gerade ist, ohne einem bestimmten Plan folgen zu müssen. In der performativen Freiheit lässt sich in *Symphony X* eine Differenz zwischen tänzerischem Groove und pluraler Kommunikation aufzeigen.

Am Ende der Vorstellung bewegen sich die Musiker durch den Raum; von der treibenden Musik animiert, bewegen sich viele Zuschauende ebenfalls durch den Raum. Jeder Schritt ist dabei ein Impuls zu weiteren Bewegungen, der in einer Verschiebung der Körperachse resultiert und sich als Gehen in den Raum fortschreibt. In diesem gemeinsamen Gehen entsteht eine Bewegungsqualität mit einem leichten Schub. Kommt ein Besucher dem anderen entgegen, weicht er diesem aus und unterbricht den Schub nicht, der von der Bewegungsqualität ausgeht. Im Ausweichen kommt der Besucher zu nah an einen Musiker, sodass er sich wieder abwendet und eine andere Richtung einschlägt. Bewegungsfetzen im Schub des Gehens wirken auf die Besucher in einem pluralen Umfeld ein und schieben sie immer weiter wie in einem Groove-Feld durch den Raum. Ich spüre einen Schub im Körper, der mich immer weiter durch den Raum schiebt, und in seiner pluralen Kommunikation stellt sich in Bezug zur Musik eine somatische Evidenz her.

Ich ströme, von den anderen Bewegungen getragen, durch den Raum. Diese Erfahrung von Fluss verändert sich, als ich an einer Stelle im Raum ankomme, an der zur Musik getanzt wird. Während ich durch den Raum schweife, muss ich nur immer weiter mein Gewicht übertragen und bleibe in einem intendierten Laufrhythmus. Im Umfeld von Laufen und Tanzen überlagern sich zwei Groove-Felder. Um mich den Tanzenden anzuschließen und in den Bounce zu kommen, muss ich diese Schwelle überwinden und meine Intention zu laufen hin zum Tanzen ändern. Im homogenen Groove-Feld bedarf es keines Wechsels der Qualität, sondern nur einer De-Synchronisierung entlang einzelner Elemente wie hier der Raumrichtung. Der Wechsel von einer Bewegungsqualität zu einer anderen, obgleich durch das Groove-Feld erleichtert, muss intentional zugelassen werden.

Der Körper muss in einer bewussten Entscheidung zwischen zwei Bewegungsqualitäten die Tanzaktivität erhöhen, damit sich zwei Bewegungsebenen verknüpfen können. Erst die Aktivität lässt den Besucher in den verknüpften Modus von Groove eintreten. Eine homogene Bewegungsebene kann als somatische Evidenz durch den Raum wandern. Sie muss jedoch vom Tanzen und dessen somatischer Erfahrung abgegrenzt werden, in dem die Bewegungsqualitäten fluchtpunktartig wechseln.

In der Installation drängen sich mir zwei Eindrücke der Interferenz von Groove auf: im Tanz als Groove von verknüpften Handlungsmodi und im homogenen Groove-Feld der Laufbewegungen. Die Handlungsdynamik beim Laufen generiert eine Dramaturgie der eigenen und kollektiven Bewegungen im Raum, die aus der Versammlung hervorgeht. Es entsteht eine Choreographie aus Bewegungslinien, die sich in einem Netz von Informationen überkreuzen. Im Laufen wird keine gezielte Richtung vorgegeben oder direkt mit einem Gegenüber kommuniziert. Ein Groove-Feld als Teilaspekt von tänzerischem Groove als plurale Wahrnehmungs- und Bewegungshandlung scheint als Gruppenphänomen nicht nur an explizite Tanzbewegungen gebunden zu sein, sondern kann auch in Alltagsbewegungen seine Wirkung entfalten. Die Besucher von *Symphony X* scheinen auf vorhandene Techniken zurückzugreifen, um im Sich-Anschließen die Performance zu erleben. Ausgreifende Tanzbewegungen sind nicht explizit notwendig, damit somatische Evidenz und ein Gefühl von kollektiven Bewegungen entstehen. Bereits bei Alltagsbewegungen tritt diese Evidenz auf, die durch ein kontinuierlich bewegtes Umfeld erzeugt wird. Es kann hier nicht von tänzerischem Groove gesprochen werden. Die kollektive Handlungsdynamik treibt mich durch den Raum, aber sie ist nicht als Wechselspiel zu sehen, das die Zuhörer durch ein Spektrum von Bewegungsqualitäten immer weiter vor sich her treibt. Die Choreographie kann eher mit den künstlich im Laborexperiment hergestellten homogenen Groove-Feldern verglichen werden, die eine durch plurale Kommunikation sich fortschreibende Bewegung herstellen. Diese Perspektive verweist auf eine Übertragung einzelner Handlungsmodi auf andere Kontexte wie Kunst oder auch den Alltag, in denen Bewegungen ebenfalls mit einer kollektiven Bewegungsaffizierung verbunden sein können. *Inwieweit lässt sich aber tänzerische Dynamik von Groove-Feldern im dritten Handlungsmodus von den anderen beiden trennen? Gibt es auch Groove-Felder ohne Musik? Reichen kontinuierliche Bewegungsqualitäten in der Bewegung aus, um dieses Phänomen als Choreographie zu definieren und seine somatische plural produzierte Evidenz zu erleben?* Die Beobachtung von Groove-Feldern inmitten von Alltagsbewegungen wie dem Laufen verweist auf eine Anwendbarkeit des Denkmodells in Bewegungsumfeldern außerhalb von Tanz.

Zum Abschluss dieser Arbeit möchte ich die künstlerischen Experimente der Serie */ groove space* vorstellen, die im Kontext von zeitgenössischem Tanz unterschiedliche performative choreographische Versammlungen außerhalb von zirkulären akustischen Beatstrukturen und Clubtanz zu erzeugen versucht. Die Experimente weisen auf eine teilweise Übertragbarkeit des Phänomens auf andere Bewegungskontexte hin und können so neue Forschungsperspektiven auf Gruppendynamiken außerhalb des Clubs eröffnen.

6. Choreographischer Groove im zeitgenössischen Tanz: *groove space* – ein künstlerischer Ausblick

Die Performance-Reihe */ groove space*[1] wurde als künstlerisches Form- und Raumexperiment in Berlin (*synekism / groove space,* 2014), Zürich (*maneuvers / groove space,* 2014), Freiburg (*chorus / groove space,* 2015), Jakarta (*volution / groove space*, 2015) und Tokyo/Düsseldorf (*x / groove space*, 2016)[2] erarbeitet. Zum Abschluss des künstlerisch-wissenschaftlichen Forschungssettings wurde der Versuch unternommen, die Organisationsstrukturen aus dem Club auf die

1 In diesen Performances sollte explizit das mögliche Wechselspiel zwischen Performern und Zuschauern untersucht werden. Aus diesem Grund wurde der Produktionsprozess so gestaltet, dass eine Zuschauergruppe als Co-Forscher wöchentlich in allen Städten in den Erarbeitungsprozess integriert wurde. Um weiterhin den forschenden Aspekt dieser Choreographien im Gegensatz zum Werkcharakter einer Aufführung hervorzuheben, wurde in jeder Stadt ein Gastspiel der vorherigen Variante gezeigt und mit einem Ticket des zu erarbeitenden Stückes verbunden. Zuschauer sollten durch diese Vergleichsmöglichkeit zum Mitforschen angeregt werden.

2 Die künstlerischen Arbeiten *x / groove space, synekism / groove space* und *chorus / groove space* sind unter http://www.sebastianmatthias.com/forschung/gefuehlter-groove-ergaenzende-materialien/ einsehbar. Zudem können die Trailer der anderen Teile sowie das Format der *Update-Videos* gesichtet werden, die den gesamten Entwicklungsprozess in zweiwöchigen Abschnitten dokumentieren. Das Format war in Zusammenarbeit mit dem Tänzer Jubal Battisti und der Tänzerin Harumi Terayama dazu gedacht, Zuschauern, die als Mitforscher am Entstehungsprozess beteiligt sind, in den anderen Städten einen Zugang zur Entwicklung zu ermöglichen und die weitergehende künstlerische Forschung transparent zu machen (vgl. dazu: http://www.sebastianmatthias.com/forschung/video-updates-2015/).

performative Kunstform Tanz zu übertragen. Dabei werden die Organisationsprinzipien von Clubtanz als choreographische Strukturen in den künstlerischen Kontext überführt. Hierbei geht es nicht um eine Bebilderung meiner theoretischen Ausführungen über Clubs, sondern die beobachteten Dynamiken werden als choreographisches Mittel praktisch angewendet. Zur Übertragung von Groove auf die Performance wurde zu Beginn des künstlerischen Experiments die Forschungsfrage formuliert, wie choreographische Systeme beschaffen sein müssen, damit sich alle Anwesenden, ähnlich wie auf der Clubtanzfläche, gegenseitig in ihren Bewegungen unterstützen können. Dass von Performern getanzte Bewegungsqualitäten auch Zuschauer zu Bewegungen animieren können, wurde schon in Bezug auf *Danserye* gezeigt, */ groove space* sollte darüber hinaus untersuchen, wie Zuschauerbewegungen umgekehrt auch Tänzerbewegungen erleichtern können. Aufgrund der Annahme, dass tänzerischer Groove sich nur innerhalb eines gemeinsamen Spektrums von Bewegungsqualitäten zwischen Performern und Zuschauern herstellen lässt, habe ich die Bewegungen und deren Bewegungsqualitäten, die die Grundlage des choreographischen Materials der Performances bilden, auf fünf Bewegungskategorien bezogen, wie sie in einem Theaterraum als Handlungen von Zuschauern zu erwarten sind, so etwa verweilen, umherwandern, den Raum durchqueren, sich zwischen Personen auf einen Platz zwängen oder zur Musik mitwippen. Da diese Handlungen in einem Theaterraum sehr heterogen auftreten und nicht auf ein gemeinsames Wissen zurückzuführen sind, haben das tänzerische Team[3] und ich urbane Orte in den in das Projekt integrierten Städten aufgesucht, an denen wir Groove und bewegungsdynamische Prozesse ebenso vermuteten wie Bewegungsspektren, die mit den fünf Bewegungskategorien von Zuschauern im Theaterraum vergleichbar sind. Jede Version der Performance-Serie verfügte über ein eigenes künstlerisches Raumkonzept, folgte aber derselben choreographischen Fragestellung, um so durch die unterschiedlichen Experimentier-Settings neue Perspektiven auf Groove im Bühnenraum zu erhalten. Aus der künstlerischen Arbeit lassen sich Rückschlüsse auf die Übertragbarkeit von tänzerischem Groove auf andere Kontexte ziehen. Im folgenden Abschnitt werde ich kurz drei Performances der Reihe *synekism / groove space, chorus / groove space* und *x / groove space* vorstellen. Mit der

3 In der Reihe */ groove space* habe ich mit einem tänzerischen Kernteam und wechselnden Kollaborateuren gearbeitet. Zu meinem Kernteam gehören Jubal Battisti, Lisanne Goodhue, Isaac Spencer, Harumi Terayama, Deborah Hofstetter sowie die Dramaturginnen Mira Moschallski und Anna Mülter. Die Tänzer Idan Yoav, Kiriakos Hadjiioannou, Oskar Langstöm, Zen Jefferson sowie die Dramaturgen Marcus Droß, Jan Burkhardt und Nanako Nakajima waren in bestimmte Teile der Serie involviert.

Choreographie *Danserye* bilden sie den künstlerischen Teil dieser Studie. Die dort zu beobachtenden Erscheinungsformen von Groove bieten vielversprechende Ansätze für und Ausblicke auf weitere Forschungsfelder und künstlerische Anwendungsgebiete.

6.1 *SYNEKISM / GROOVE SPACE*: CHOREOGRAPHISCHER GROOVE ALS TANZPERFORMANCE

Synekism / groove space wurde 2014 mit einer Soundlandschaft von Tamer Fahri Özgönenc, die sich verschiedener Arten von Lautsprechern bedient, und Skulpturen von Eva Berendes entwickelt. Die an urbane Artefakte wie Absperrungen, Gitter und Sperrmüll angelehnten Skulpturen fungierten als Sitzmöglichkeiten und Schutzräume, während die Soundlandschaft die Zuschauer und Zuschauerinnen dazu einlud, den Raum mit Bewegungen zu erkunden und zu durchqueren. Das Umherwandern oder Sitzen des Publikums wurde choreographisch mit den vorgefundenen Bewegungsqualitäten beim Umherwandern auf dem Maybachufermarkt in Berlin-Neukölln, beim Verweilen im Weinbergspark in Berlin-Mitte oder bei der kollektiven Raumdurchquerung im Transittunnel der U-Bahnstation Stadtmitte (U2-U6) zusammengebracht. Die daraus entstandenen Bewegungsqualitäten bilden die Grundlage der Choreographie *synekism / groove space*[4]. Aus dieser Perspektive sollte dem sogenannten Groove der Stadt Berlin (oder der jeweiligen anderen Stadt) nachgegangen werden. Im künstlerischen Prozess hat sich dabei choreographisches Material ergeben, das aus der Perspektive der Tänzer und Tänzerinnen sowie aus der damit verbundenen somatischen Tanzpraxis (vgl. auch Kapitel 1.5) einer Groove-Erfahrung zuzuordnen ist:

Für jede urbane Situation und jede aus dieser von uns herausgefilterte Bewegungsqualität für die Choreographie wurde ein homogenes Groove-Feld entwickelt,[5] das die Beziehung der Tanzenden untereinander und deren Angleichungen präzisiert. Mit Blick darauf, wie sich die Tänzer und Tänzerinnen einander

---

4 Siehe dazu die Aufzeichnung unter http://www.sebastianmatthias.com/forschung/gefuehlter-groove-ergaenzende-materialien/.

5 Im parallelen Entwicklungsprozess der künstlerischen und wissenschaftlichen Arbeit haben sich unterschiedliche Begriffe für ›Groove-Feld‹ im Kunstkontext etabliert. In der choreographischen Arbeit wird der Begriff ›*social arrangement*‹ verwendet, der auch in den Update-Videos vorkommt. Zum besseren Verständnis habe ich aufgrund der nicht vollständigen, aber doch grundlegenden Übertragbarkeit beider Begriffe im vorliegenden Text ›Groove-Feld‘ anstatt *social arrangement* verwendet.

angleichen, ihre eigene Improvisation erleichtern und fortschreiben können, wurde im Probenprozess mit bestimmten Raumpositionen, Abständen und Handlungstechniken experimentiert. Diejenigen choreographischen Anweisungen, die für die Tanzenden und die Rezipienten auf erkennbare Weise Bewegung oder eine somatische Evidenz affizieren, wurden spezifisch für jede Bewegungsqualität festgelegt. Die choreographische Anweisung übernimmt dabei die Funktion der zum Teil fehlenden strukturierenden Musik. Das Sounddesign wurde als autonom vom choreographischen Material angesehen, und nur zwei Szenen im Stück verkoppeln musikalische Zeitstrukturen wie Beats und tänzerisches Material. Auch in den anderen Szenen kann sich ein erleichterndes Bewegungsumfeld konstituieren, das es den Tänzern und Tänzerinnen ohne Rückgriff auf eine strukturierende Matrix einfacher macht, sich bruchlos kontinuierlich an das Umgebungsfeld anzugleichen.

Zum Beispiel können die Tanzenden der Bewegungsqualität ›M‹ (für Markt),[6] *die beim Umherwandern auf dem Maybachufermarkt in Berlin entwickelt wurde, plural miteinander kommunizieren. Beim Vorwärtspendeln, Wandeln oder Schwanken durch den Markt läuft die Gewichtsübertragung im Körper sequenziell ab. Im seitlichen Schritt nach vorn wird der Impuls von den Beinen in eine Rotation im Körper weitergeleitet, welche die Marktbesucher in eine neue räumliche Ausrichtung bringt. Auf dem Markt wäre das Angleichen an die anderen Marktbesucher durch die Freiräume, die Richtung und die gleitende Entspannung der Hüften in der individuellen sequenziellen Gewichtsübertragung definiert, entlang derer sich Marktbesucher durch die Ansammlung von Menschen leiten lassen. In der künstlichen Marktsituation müssen die Tanzenden nah beieinander positioniert sein, damit die Gewichtsübertragung das gleitende Pendeln im Groove-Feld plural affizieren kann. Die Tänzer und Tänzerinnen pendeln nicht nur von einem Bein auf das andere; in der rotierenden Gewichtsübertragung verschiedener Körperteile in der abstrakten Bewegungsqualität auf engem Raum überkreuzen sich Blicke und Bewegungswege oder es entstehen Freiräume, die eine De- und Synchronisierung ermöglichen. Dem Schub der ausgreifenden Schritte im Laborexperiment 4 (LE 4) oder den Seitschwüngen im Club (BP Berghain) vergleichbar, können sich die Tanzenden durch eine Änderung der Bewegungsrichtung an ihre Partner angleichen oder ihre Bewegung überraschend ablenken lassen, wenn ihnen Partner von zwei Seiten in ihrer Gewichtsübertragung zu nahe kommen. Die neue Ausgangslage kann*

6 Siehe Update-Video 1 und 2 unter http://www.sebastianmatthias.com/forschung/video-updates-2015/ für einen Einblick in den Probenprozess und die vom Markt abgeleitete Bewegungsqualität ›M‹.

durch die Anzahl der Akteure wieder in die performative Nähe eines anderen oder mehrerer anderer geraten, sodass die Improvisation mit visuellem Entrainment von rotierenden bzw. pendelnden Bewegungen in pluraler Kommunikation erleichtert und im homogenen Umfeld der Marktbewegung fortgeschrieben wird.

Ich verstehe diese vom Markt abgeleitete homogene künstliche Umgebung als Groove-Feld. Die Tänzer und Tänzerinnen können so eine Improvisation entwickeln, die auf der pendelnden/gleitenden Bewegungsqualität basiert. Im Kollektiv wird sie immer wieder ausdifferenziert und treibt die Tanzenden in ihrem somatischen Erleben permanent voran. Für die vier weiteren Bewegungsqualitäten von *synekism / groove space* wurden ebenso präzise Angleichungen definiert, damit für alle choreographischen Strukturen Groove-Felder zwischen den Beteiligten in der Performance etabliert werden können. Die Ausdifferenzierung der Improvisation bleibt bei *synekism / groove space* in einer definierten Bewegungsqualität und setzt sich nicht abwechselnd durch mehrere verknüpfte Bewegungsqualitäten fort. Im künstlichen Groove-Feld ergibt sich zwar eine plurale Fortschreibung, aber sie entwickelt sich nicht zu einem Modus, in dem sich eine resultierende Bewegung im umkreisenden Spektrum verfangen und überraschend in eine ›neue‹ Bewegungsqualität übergehen kann. Der ›in die Zukunft gekippte‹ Zustand von Groove wird nicht erreicht. Choreographisches Über-den-Markt-Wandeln entspricht einem homogenen Groove-Feld, erleichtert Bewegung, kann aber nicht als tänzerischer Groove verstanden werden. In der pluralen Kommunikation und im Angleichen mit einer Bewegungsqualität können die Tänzer und Tänzerinnen stattdessen Verbindungen aufbauen, die für sie fassbar werden und deren Technik ihnen ein Gefühl von Verbundenheit vermitteln kann. *Connection* impliziert in meiner choreographischen Arbeit im zeitgenössischen Tanz Handlungsformen des tänzerischen Grooves in einem künstlich hergestellten Groove-Feld als Modus von spezifischen Angleichungen und Affizierungen. Dieser Modus erzeugt in den Handelnden ein Gefühl von Erleichterung.

Um beide Bewegungsphänomene, in denen ein bewegtes Umfeld für die Wahrnehmenden eine somatische Evidenz herstellt, voneinander zu trennen, rekurriere ich hier auf eine Unterscheidung, die bereits in Kapitel 5.5 skizziert wurde. Groove als verknüpfter Modus von Wahrnehmung und Handlung wurde als ›tänzerisch‹ anstatt als ›choreographisch‹ bezeichnet. Der tänzerische Groove ist insofern nicht choreographisch, als die verknüpften Modi mit ihrer Zufälligkeit im gegenseitigen Verfangen in den parallelen individuellen Dramaturgien nicht fixiert oder in einer spezifischen Abfolge in eine Performance übertragen werden können. Betrachtet man im homogenen Groove-Feld dagegen die sich angleichenden und ablenkenden überkreuzenden Bewegungswege, so kann man diese Art von Groove im Bereich des Choreographischen verorten. Als Raumschrift sind die Wege zwar nicht fixiert – das Bewegungssystem bleibt von einer fixierten Räumlichkeit getrennt –, der qualitative und somatische Charakter ist jedoch konstant und kann in die Aufführung von *synekism / groove space* integriert werden. Hier bezieht sich Choreographie als Organisation auf eine »Form des Wissens von Bewegungsbeziehungen zur Umwelt« (Brandstetter 2005: 54); Groove in der Choreographie nutzt die Bewegungsbeziehungen von Groove-Feldern für künstlerische Zwecke. In diesem Sinne bezeichne ich die Erleichterung und Affizierung von Bewegung im Groove-Feld als *choreographischen Groove*, der von *tänzerischem Groove* im Club abzugrenzen ist. Tänzerischer Groove scheint durch seine mit Musik verknüpfte Bewegungspraxis eng an den Clubkontext gebunden zu sein, wohingegen für den choreographischen Groove eine erweiterte Übertragbarkeit gegeben ist.

Eine Intention, die zu einer ähnlichen Bewegungsqualität führt, ermöglicht also ein homogenes Umfeld, das choreographischen Groove entstehen lässt. Dies verweist auf eine Übertragbarkeit auf Kontexte außerhalb der Bühne, in denen heterogene Akteure mit ihren ähnlichen Bewegungen aufeinandertreffen. Der Schub des Gehens als Bewegungsqualität, wie er in der Installation von *Symphony X* wirksam ist, oder eben das Schlendern auf dem Markt verweist auf Bewegungsqualitäten, die in der Stadt kollektive Bewegung organisieren könnten. Basierend auf ähnlichen periodischen Bewegungsmustern im Nebeneinander auf der Straße, könnte eine Dynamik, vergleichbar der von Groove-Feldern, die eigene Art zu gehen erleichtern und auch die Qualität des Bewegungsflusses bestimmen. Die Gehgeschwindigkeit auf den Straßen einer Stadt wie New York wäre dann als kollektive Leistung gegenseitiger Angleichungen in urbanen Groove-Feldern zu verstehen. Robert Levine stellt fest, dass ein konstantes Lauftempo zu existieren scheint, das spezifisch für jede Stadt definiert werden kann (vgl. Levine 1997: 8). Groove-Felder können eine Erklärung für diese Konstante bieten. Spannung, Dynamik bzw. Gelassenheit des Stadtlebens wären dann nicht als bestimmte Essenz einer Stadt zu verstehen, sondern als Aushandlungen der Qualität von kollektiven Bewegungen. In William H. Whytes Film *The Social Life of Small Urban Spaces* (1980) über die soziale Dynamik urbaner Plätze wird deutlich, dass kollektives Verweilen im öffentlichen Raum durch spezifische räumliche Angleichungen organisiert wird. Whyte zeigt: Wer sich auf einem Platz entspannen will, geht auf Abstand zu den anderen Besuchern des Platzes, der als sozialer Raum von bereits vorhandenen räumlichen Konstellationen bestimmt wird. *Warum sollten sich Besucher dabei aber nicht auch an Bewegungsqualitäten angleichen?* Mit dem Konzept von Groove-Feldern in der Stadt lässt sich auf das körperliche Erleben bestimmter urbaner Räume eine erweiterte Perspektive eröffnen. Wenn auf dem Times Square durch Propriozeption die ausgehandelten Gehgeschwindigkeiten – von fotografierenden Touristen bis hin zu gestressten Geschäftsleuten – in das somatische Erleben treten, färbt sich dadurch die Erfahrung dieses öffentlichen Raumes. Falls Groove-Felder in der Stadt wirksam sind, dann müssten sie auch ohne Bezug zu einer akustischen Matrix (d. h. Musik) ihre Wirkung entfalten können. Aus der Perspektive von *synekism / groove space* liegt es nahe, dass auch an den urbanen Orten, an denen das performte choreographische Material gefunden wurde, choreographischer Groove wirksam wird, dass jedoch nicht der ganze Bewegungskomplex der Clubtanzorganisation als tänzerischer Groove auf sie übertragbar ist. Lynn Loflands *cooperative motility* in urbanen Öffentlichkeiten – eine Handlungsdynamik, in der »strangers work together to traverse space without incident« (Lofland 1998: 29) – wäre dann eine Praxis des öffentlichen Raumes, die nicht derjenigen der kollektiven Improvisation ähnelt, sondern eher Kategorien wie Groove-Feldern mit ihrem verstärkenden und erleichternden Potenzial unterliegt. Die Übertragung der Theorie choreographischer Groove-Felder auf urbane Räume wurde in der Reihe */ groove space* nur im Kontext eines künstlerischen Projekts betrieben; eine wissenschaftliche Analyse steht noch aus.

In den Proben, im Training und in der Performance von *synekism / groove space* stützen sich die Tänzer und Tänzerinnen auf choreographischen Groove ohne musikalische Matrix, und trotzdem nehme ich als Zuschauer in den künstlerischen Praktiken sein Affizierungs- und Erleichterungspotenzial wahr. Es ist denkbar, dass durch die Pendelbewegung der Gewichtsübertragung oder den Schub des Gehens eine zeitliche zyklische Matrix entsteht, die gleich einem Beat auch ohne akustische Impulse der Bewegung inhärent ist. Die Musik wäre dann quasi kinästhetisch hörbar. Im folgenden Abschnitt möchte ich ein homogenes Groove-Feld aus der Performance *chorus / groove space* vorstellen, das ohne zyklische Strukturen und ohne Musik auszukommen scheint und trotzdem Zuschauer dazu animieren kann, sich vom choreographischen Groove mitreißen zu lassen. Die produktive Beziehung zwischen Markt und Performance verweist auf ein Spektrum von Bewegungen innerhalb des homogenen Groove-Feldes, das Zuschauerhandlungen durch Alltagsbewegungen in die Choreographie einzubinden weiß und im Weiteren näher beleuchtet wird.

6.2 *CHORUS / GROOVE SPACE*: GROOVE OHNE ZYKLISCHE ZEITLICHE MATRIX

Chorus / groove space wurde als dritter Teil der Performance-Serie in Freiburg mit dem dortigen Stadttheater erarbeitet. Dabei wurde das experimentelle Setup von *synekism* so abgeändert, dass durch die Einbeziehung eines Laienchors die Auswirkungen eines veränderten quantitativen Verhältnisses zwischen Performern und Zuschauern untersucht werden konnten. Wie schon in der Feldstudie deutlich wurde, blockieren stillstehende Körper das Groove-Feld (FB Chesters), sodass auch in Bezug auf die stillstehenden Zuschauer in *synekism* eine solche Wirkung auf die Performance anzunehmen ist. Im Gegensatz zu den 7 Tänzern und 80 Zuschauer bei *synekism* ist bei *chorus* mit 15 Sängern, 5 Tänzern und 60 Zuschauern das Verhältnis maßgeblich verändert, sodass Zuschauer und Zuschauerinnen von einem bewegten Groove-Feld umringt sein können. Zudem wird unter Verwendung einer zeitgenössischen Komposition von Michael Wolters mit musikalischen Strukturen gearbeitet, die kaum erkennbare zyklische Strukturen – im Sinne von Beats, Elementarpulsationen oder Meter – aufweisen. Im Folgenden möchte ich die Reaktionen der Zuschauer im ersten Teil von *chorus* beschreiben und aus meinen Beobachtungen Aussagen über die Notwendigkeit von Musik für choreographischen Groove ableiten.

Im ersten Teil von chorus / groove space *sollten Bewegungsstrukturen mit einer akustischen Matrix verknüpft werden, die sich (wie in der Beziehung zwischen Bounce und Beat im Club) gegenseitig stützen, aber in der Choreographie ohne Beats oder Pulsationen auskommen. Hierzu wurde auf ein Bewegungssystem zurückgegriffen, das in synekism aus der gemeinsamen Laufhandlung erarbeitet wurde. Die Bewegungsqualität bezieht sich dabei nicht auf den Puls der Schritte, sondern auf den Schub des unteren Rumpfes, der im Laufen zwischen beiden Beinen liegt. Beim langsamen Laufen oder Schlendern muss das Gewicht von einem Bein auf das andere übertragen werden, während bei einer erhöhten Geschwindigkeit das Gewicht durch den Schub zwischen den Beinen ›schwebt‹. Der Bewegungsweg im Schub wird von den Tänzern und Tänzerinnen als künstliche Bewegungsqualität auf den gesamten Körper übertragen, indem sie unterschiedliche Körperteile in einem kleinen Loslassen in den Raum schieben. Um das Gewicht mit wechselnden Körperteilen loslassen zu können, bleiben die Vorwärtsschritte nicht in einem kontinuierlichen und gleichbleibenden Rhythmus. Die Angleichungen im Groove-Feld werden entlang des Bewegungsschubs spezifiziert, sodass bei 20 Performern im gesamten Raum durch diesen Schub Bewegungswirbel entstehen. Dabei bildet sich kein singulärer Schwarm, sondern die Performer gleichen sich einzeln an Teilverläufe der Schubrichtung an, wel-*

che im Raum kleine und große Wirbel generieren. Das Raumgefühl zirkuliert durch die Raumwege und nicht durch Loops in der Musik. In der Singtechnik, die zu diesem Groove-Feld entwickelt wurde, sollten die Choristen mehr Luft als nötig für ihre lang anhaltenden lauten Töne aufwenden. Dabei konnten die Sänger und Sängerinnen die Dauer der Töne selbst wählen. Dieser Schub im Gesang unterstützt das Groove-Feld akustisch sowie für die Sänger auch körperlich, wobei die kontinuierlichen lang anhaltenden überlagerten Töne keine Pulsationen und keine gesetzte Phasenstruktur aufweisen.

Das gerichtete Laufen als choreographische Bewegungsqualität wurde vom Alltagskörper im Transittunnel der U-Bahn abgeleitet. Ein Anliegen war es, eine Bewegungspraxis zu ermitteln, die Performer und Zuschauer teilen können, wenn die Performance in einem offenen Bühnen-Setup stattfindet. In den Performances wird sichtbar, dass viele Zuschauer mit den Performern mitzulaufen beginnen, sich an den Schub der Laufbewegung angleichen und die Kurven der Wirbel mitgehen. Ohne Anweisung oder Kenntnis des Bewegungssystems ließ sich diese Bewegungsaffizierung bis dato in jeder Vorstellung beobachten. Laufen die Zuschauer in einer ähnlichen Qualität durch den Performance-Raum bei *chorus / groove space* mit – um an verschiedenen Orten den Tänzern und Tänzerinnen zuzuschauen oder weil sie sich von der Choreographie mitreißen lassen wollen –, kann ihre Bewegung eine Konstellation ergeben, die wie ein Groove-Feld zwischen Zuschauern und Performern fungiert: Ähnlich wie die Probandin, die sich in die Nähe von potenziellen Referenzpersonen gestellt hat, um deren Wirksamkeit auszuloten, können die Performer an die Laufbewegungen der Zuschauer ›andocken‹ und sich an die Schubbewegungen der Laufenden angleichen. Die Improvisation der Tanzenden wird durch die Zuschauer erleichtert; umgekehrt wird auch die Zuschauerbewegung durch die Performer unterstützt. Eine wechselseitige Erleichterung tritt ein. Die Verlaufsdynamiken im Groove-Feld bleiben in den abstrakten Tanzbewegungen und den Alltagsbewegungen erhalten und gegenseitig wirksam. Die choreographischen Strukturen der Tänzer und Tänzerinnen können so rückwirkend Zuschauer mit ihren Alltagbewegungen affizieren. Ihre Bewegungen können in die Choreographie eingegliedert werden, ohne dass sie selbst zu Performern werden müssen. In diesem Beispiel werden die Bewegungen der Zuschauer bei der Herstellung eines Groove-Feldes nicht allein durch die Musik oder eine choreographische Anweisung strukturiert, sondern die Handlungen im Performance-Raum passen sich in das choreographische Material ein. Die Bewegungen der Zuschauer entstehen aus ihrer Offenheit und ihrem Affiziert-Sein von der Performance. In den sich überkreuzenden Blickbeziehungen im Modus von choreographischem Groove affizieren sich Zuschauer und Performer gegenseitig und bringen so die Aufführung in gemeinsamer und doch individueller Bewegung hervor.

Dabei ist interessant, dass in diesem System weder ein Gleichschritt noch ein Unisono-Bewegungsrhythmus auszumachen ist. Trotzdem lassen sich die Zuschauer auch ohne Gesang von der Bewegung mitreißen (Video *chorus / groove space* 2:10–2:30 min).[7] In dem Moment, in dem der Gesang dazukommt, schließen sich mehr Zuschauer an das Groove-Feld an. Intermodale, korrelierende Informationen erleichtern in *chorus* Entrainmentprozesse. Die akustische Ebene verstärkt das visuelle Entrainment, erweist sich im Rahmen des künstlerischen Experiments aber nicht als Bedingung für eine Bewegungsaffizierung. Daneben harmonisieren sich Zuschauer sogar stimmlich mit dem Gesang, sodass stimmliche Synchronisierung ohne ein System von Pulsationen oder Phasen vollzogen wird. Das akustische Entrainment eines kontinuierlichen Verlaufs verweist auf eine Organisierung der Bewegung durch die dynamische Einheit der Bewegungsqualität und nicht durch den Rhythmus der Schritte.[8] Der choreographische Groove in *chorus / groove space* basiert in diesem Beispiel nicht auf zyklischen Beatstrukturen. Groove existiert hier auch ohne Beat. Auf eine zyklische Struktur, die nach Diederichsen für die performative Freiheit eines Sich-Anschließens nötig sein soll (vgl. Diederichsen 2014: 215), kann die Choreographie verzichten. Das künstlerische Experiment mit gleichbleibenden und nicht-phasischen Verläufen untermauert die Beobachtung von Synchronisierungen entlang von dynamischen Bewegungsverläufen oder bewegten Zuständen. Es verweist auf die Möglichkeit, dass Groove auch ohne Musik existiert. Der zum Mitwippen verleitende Groove wäre demnach nicht nur dem Beat überlassen, sondern ein Phänomen, das sich über qualitative Bewegungsverläufe erstreckt. Als choreographischer Groove hat er mitreißenden Charakter und wie in der Musik eine teilhabende Wirkung. Eine weitergehende wissenschaftliche Erforschung von Groove ohne Beatstruktur oder Musik, wie zum Beispiel im Radsport, sprengt allerdings den Rahmen der vorliegenden Studie; die Anmerkungen hierzu sind lediglich als Ausblick gedacht.

---

7 Siehe dazu die unter http://www.sebastianmatthias.com/forschung/gefuehlter-groove-ergaenzende-materialien/ einsehbare Aufzeichnung.

8 Im zweiten Teil des Stücks fokussiert das Bewegungs-/Musiksystem auf einem übergeordneten Puls – aber ohne Bounce – als Gegenstück zu der Schubbewegung. Das bedeutet, dass die Laufbewegung auch durch Rhythmus organisiert sein kann, aber diese Strukturierung nicht die einzige Möglichkeit darstellt.

6.3 *X / GROOVE SPACE*: CHOREOGRAPHISCHER GROOVE ALS POLITISCHE PRAXIS?

In den bisher 38 Vorstellungen der Reihe */ groove space* in Berlin, Zürich, Hamburg, Tokyo, Basel, Düsseldorf, Freiburg und Jakarta ließ sich – in je unterschiedlicher Ausprägung – beobachten, dass sich die Zuschauer an die Bewegungsdynamiken von Wandeln, Rumhängen, Bouncen und Laufen anschließen und sich so im Performance-Raum ein Groove etabliert, dessen Dramaturgie die Zuschauer mit den Performern gemeinsam durchlaufen. In der wechselseitigen Unterstützung aller an der Aufführung Beteiligten manifestiert sich der interpersonelle Charakter der Performance. Die traditionelle Dichotomie der Performer-Zuschauer-Relation weicht einem Spektrum von Zuschauerhandlungen, in dem Zuschauer in ihrer sich bewegt vollziehenden Wahrnehmung die Performance unterstützen oder als Stillstehende das Bewegungssystem ›von außen‹ beobachten können. Die Abflachung der Hierarchie des Performance-Raums wird durch ein offenes Bühnen-Setup befördert, in dem die Bewegungen der Zuschauer mit ihren eigenständigen Entscheidungen für Groove-Felder genutzt werden können. Die Choreographie wird hierbei als Netzwerk praktiziert. Dadurch, dass sie sich für eine je individuelle Rezeptionsweise entscheiden, generieren die Zuschauer mehr oder weniger kollektive Groove-Felder. Sie werden in den verschiedenen Manifestationen ihrer Wahrnehmung selbst Teil der Aufführung und tragen zu deren Charakter bei. Entscheiden sich die Zuschauer mehrheitlich für eine distanzierte Außenperspektive, sind die Tänzer und Tänzerinnen isoliert und der Aufführungscharakter entspricht eher einer Bühnensituation. Die Performance ist – wie eine Party – an die Bewegungen und Handlungen ihrer Gäste gebunden. Durch Groove-Felder kann choreographischer Groove die Performance von Tanzenden und Rezipierenden in eine Versammlung verwandeln, wobei die gegenseitige Unterstützung in der Performance derjenigen in Clubs nicht unähnlich ist. Den politischen Charakter, der diese Versammlungen auszeichnet, möchte ich im Folgenden am Beispiel von *x / groove space* erläutern und sowohl Fragen als auch Perspektiven für eine Ethik der Interferenz entwickeln.

X / groove space wurde als eine deutsch-japanische Gemeinschaftsproduktion 2016 am Tanzhaus NRW und beim Festival Tokyo mit den bildenden Künstlern Atsuhiro Ito (Licht/Sound-Installation), Yoko Seyama (kinetische Skulpturen/Kostüme), Masaru Iwai (Instruction-Art/Videoinstallation) und dem tänzerischen *groove-space*-Team erarbeitet. Ich möchte hier vor allem auf die Zusammenarbeit mit Masaru Iwai eingehen, dessen Instruction-Art eine neue soziale Ebene in das Performance-Format einführte:

Masaru Iwai ist ein bildender Künstler, dessen künstlerische Praxis meist mit dem Akt des Putzens, Säubern oder Aufräumens in Verbindung steht. Für ihn ist der alltägliche Akt des Putzens ein sozialer Moment, den sich jeder Einzelne als eigene, aber doch kulturell geprägte Praxis angeeignet hat. Bei x / groove space *haben wir den Zuschauern, Tänzerinnen und Tänzern mit zwölf Säcken voll geschreddertem Papier die Möglichkeit gegeben, durch Herumwerfen und ›Schneeballschlachten‹ den Raum lustvoll zu ›verunreinigen‹. In diesem Papierchaos unterbricht die Putzkraft des Theaters das Konzert von Atsuhiro Ito und gibt einer Tänzerin ebenfalls einen Besen; die Performer helfen mit, den Raum mit den an der Seite liegenden Utensilien erst zu fegen und dann den Boden nass zu wischen. Für die Partizipation gibt es keine Ansage und auch keine Bitte mitzuhelfen, allein die Situation legt nahe, dass nach der Party aufgeräumt werden muss. Es wird den Zuschauern schnell klar, dass die sieben Performer und Performerinnen mit der Putzkraft den Raum allein bewältigen können, jedoch auch, dass die Performance erst weitergeht, wenn der Raum ganz von den unzähligen Schnipseln befreit ist. Damit sie nicht so lange warten müssen, bis die Performance fortgesetzt wird, übernehmen in allen Aufführungen einige Zuschauer – aber längst nicht alle – Verantwortung und helfen mit. Diese Partizipation kann ihre Ursache natürlich auch in Gepflogenheiten bzw. erworbenen Manieren haben oder am sozialen Druck der Aufführung liegen, doch stellt sie eine gemeinsame Intention zum Putzen her. Diese Intention möchte ich eher als aus einem Eigeninteresse heraus entstanden verstehen – jeder wünscht sich eine möglichst rasche Fortsetzung der Aufführung – und weniger aus der Verantwortung für eine Gruppe oder aus einer gemeinsamen Idee heraus. Es findet keine Identifikation mit der Versammlung als Ganzer statt, da sich genug Zuschauer der Aufgabe entziehen oder nur hilfreich aus dem Weg gehen. In dieser Situation werden viele Arten des Helfens und Putzens sichtbar. Rhythmisch wird mit Schwung in eine gemeinsame Richtung gefegt oder mit Schub auf allen Vieren zusammengekehrt bzw. gewischt. Die Putztechniken divergieren auch aufgrund der unterschiedlichen japanischen oder europäischen kulturellen Praktiken, wie die Performances in Tokyo und Berlin nahelegen. Man gleicht sich an, sondiert, wo noch Hilfe benötigt wird, und unterstützt gemeinsam die Aufgabe. Die Handlung ändert sich, je nach dem, wer gerade was in der Nähe tut. Durch die Größe und Anzahl der Schnipsel und die Menge der Menschen ist es schwer, eine Übersicht über das gemeinsame Ganze zu erhalten. Jeder Beteiligte koordiniert sich eher mit den Menschen in seiner näheren Umgebung und kniet sich beispielsweise einfach neben Fremden. In den Aufführungen ist zu beobachten, wie fremde Zuschauer sich gegenseitig Schnipsel von ihren Rücken oder aus ihren Haaren entfernen. Insbesondere der Griff in die Haare erzeugt eine Intimität, die in anderen öffentlichen Situationen mit Fremden schwer möglich ist. Diese Handlung erfolgt aus Respekt für eine Person, der man sich vorher nicht vorgestellt hat oder die man nicht um Erlaubnis bitten musste: ein asubjektiver Respekt, menschlich, aber doch auch objekthaft. Am Ende der Aufführung können die Zuschauer ihre Handlungen auf einer Videoprojektion aus der Vogelperspektive nochmals nachvollziehen.*[9]

In der gemeinsamen Putzsituation sehe ich nicht vordergründig den choreographischen Groove oder eine Erleichterung der Bewegungshandlung durch Bewegungsqualitäten, obwohl ich diese auch nicht ausschließe. Aus meiner Perspektive verwirklicht sich im gemeinsamen Putzen jedoch die Ethik der Interferenz, die ich für die Club-Versammlung herausgestellt habe. Das soziale Moment im Putzen bezieht sich nicht mehr auf handelnde Adressierte, die sich gegenüberstehen, sondern generiert sich im nebeneinander Tun. Im Modus von Interferenz der Handlungen sind die Performer und Performerinnen zwar Katalysatoren, die Zuschauer organisieren sich jedoch selbst und zerstreut. Es wird nicht vorgegeben, wer wie und wann etwas zu tun hat. Jeder entscheidet nach seinem Ermessen, wie er helfen möchte. Je nach Situation und Notwendigkeit wechselt man vom Fegen zum Aufkehren, vom Entfernen der Schnipsel zum Verstauen der gefüllten Säcke. Ich verstehe dies als ein Netz von Kommunikationshandlungen, die ohne vorherige Absprache auskommen. Dem Club ähnlich können die Zuschauer die gemeinsame Aktion verlassen – zum Beispiel, um in ein Gespräch zu kommen –, ohne dass dies die Dynamik des gemeinsamen ›Putz-Grooves‹ beenden würde. Das sich gegenseitige Entschnipseln und die verschiedenen Praktiken verweisen implizit auf den Respekt der Zuschauer gegenüber einer Situation in der Versammlung, die nicht an eine bestimmte Person, Gruppe oder kulturelle Norm gekoppelt ist. Der Moment, in dem man sich entscheidet zu helfen, entspricht der Intention, die Tanzfläche zu betreten. Alle in der Aufführung Anwesenden sind voneinander abhängig, da die Performance erst im gesäuberten Raum weitergehen wird. Der asubjektive Respekt entsteht bei den Anwesenden durch die Handlung und die Situation selbst. Die Dynamik des Prozesses konfiguriert und befördert einen respektvollen und unterstützenden Umgang mit der Situation. In der kollektiven Putzsituation wird gleichfalls die Zuordnung nach Kategorien wie Ansehen oder Status innerhalb der Gruppe durch die Interaktion mit der Putzkraft und den Performern unterwandert. Entscheidend ist auch hierbei nicht eine vorhandene Vorstellung von der Versammlung als Ganzer oder eine Identifikation mit allen Teilnehmern, sondern wer in

9 Für die Videoaufzeichnung der Putzsequenz in der Berliner Aufführung siehe auf meiner Homepage: 42:30–54:00 min.

wessen Umfeld wie putzt. In der Premiere in Tokyo haben zum Beispiel ausschließlich weibliche Zuschauer mitgeholfen, was wiederum die Situation spezifisch markiert und die Ethik der Interferenz dementsprechend konfiguriert. Je nach dem, wie sich das Putzen in jeder einzelnen Aufführung verwirklicht, entwickelt sich ein spezifisch geprägtes Kollektiv.

Die Verwirklichungsbewegung bei Performances ist nach Kai van Eikels grundlegend für ihren politischen Charakter: Aristoteles folgend, erklärt van Eikels die »*praxis,* das politische Handeln, habe ihr Ziel in ihrer *energeia*, ihrer Verwirklichungsbewegung – und nicht in etwas ihrer eigenen Wirklichkeit Äußerlichem wie die *poesis*, das Herstellen, das auf ein Produkt abzielt« (van Eikels 2013: 29). Es geht im gemeinsamen Putzen nicht vordergründig um die Bedeutungszuweisung – dass der Raum nun sauber ist oder gemeinsam gereinigt wurde –, die von einem externen Beobachterstandpunkt aus erfolgt, vielmehr darum, dass Menschen etwas zwischeneinander ›haben‹, ein Miteinander im Sinne einer Ethik der Interferenz. Insofern wird die Zuschauerschaft zu einer Übungspraxis, und als Übungspraxis kann dieses Miteinander Teil der politischen und gesellschaftlichen Wirklichkeit werden. Entsprechend sehe ich *groove space* auch in einer Tradition mit dem Lehrstück Brechts (vgl. van Eikels 2013: 245ff.) und Clubtanz als einen Ort, an dem eine politische Wirklichkeit in einer Ethik der Interferenz eingeübt wird. Zu untersuchen wäre hierbei weiterhin, ob dieser asubjektive Respekt wirklich Effekt des Groovens ist oder ob er vom Club oder Theater als sozialem Ort mit doch zum Teil strikten Verhaltens- und Bewegungscodes generiert wird. Ausschlaggebend scheint mir als Übungspraxis, dass die Präsenz und Entscheidung der Anwesenden für das individuelle Handeln bzw. die Wahrnehmungshandlung der Versammelten eine Differenz ausmachen und etwas erleichtern. Der Einzelne handelt nicht aus einem Ideal der Nächstenliebe heraus oder aufgrund einer Identifikation mit einer geschlossenen Gemeinschaft, sondern für sein Wohlergehen. Aus dem Effekt der gegenseitigen Erleichterung verändert sich meine im öffentlichen Raum übliche Beziehung zu fremden Performance- oder Clubbesuchern sowie meine eigene subjektive Position in diesem sozialen Gefüge. *Wie positioniert sich der ›Fremde‹ zwischen Intimität und asubjektivem Objekt?* In *x / groove space* wird aus der Beziehung des Zuschauers mit dem ästhetischen Objekt des Performers eine Subjekt-Beziehung und aus dem Nebeneinander der Zuschauer ein asubjektives Miteinander ohne Zwang zur Bindung. Die Frage nach einer Verschiebung bzw. einem Verschwinden von Subjektivität wird auch in der Clubkultur diskutiert, wie etwa von Gabriele Klein (vgl. Klein 2004: 173), Hillegonda Rietveld (vgl. Rietveld 1998: 166) oder für das »Jazz-Subjekt« von Diedrich Diederichsen (vgl. Diederichsen 2014: 194ff.) skizziert. In einer weiterführenden Studie müssten diese

Beziehung zwischen den Besuchern und das Verschwinden des Subjekts in Bezug auf Groove und eine Ethik der Interferenz weiter untersucht werden.

Durch die Entscheidung für das gemeinsame Putzen, für Lauf- oder Tanzbewegungen bzw. für die Einnahme eines reinen Beobachterstandpunkts entsteht ein Kollektiv mit einer gesellschaftlichen Wirklichkeit. In dieser Versammlung manifestiert sich für mich die politische Praxis von *groove space*, welche die Aufführungen als soziale Situation mit einem gemeinsamen asubjektiven Respekt unter fremden Zuschauern einüben. *Wie aber müsste man die Tanzperformance als Tanzversammlung weiterdenken, um ihre politische Dimension weiterzuführen? Und welche Relevanz hat diese Übungspraxis außerhalb des Clubs bzw. Theaterraums? Kann die Ethik der Interferenz auf andere Bereiche angewendet werden?* Die Untersuchung der politischen Dimension von Groove und der Ethik der Interferenz an anderer Stelle fortzusetzen, wäre in jedem Fall lohnenswert.

7. Schlussbetrachtung: And the dance goes on ...

Groove beschreibt bei rhythmischer Musik meist das Bedürfnis mitzuwippen, zu bouncen oder zu tanzen. Groovige Musik reißt uns mit, erleichtert und strukturiert Bewegung im Zusammenspiel mit dem Gehörten. Dabei gibt es nicht *den einen* Groove, sondern unzählige Arten, zu Musik zu grooven und die individuelle Rhythmuserfahrung subjektiv als somatische Evidenz zu erleben. Diese somatische Evidenz wird im Club in einer kollektiven Tanzpraxis erzeugt, die die Clubkultur maßgeblich prägt. In einem zwischen wissenschaftlicher Untersuchung und künstlerischer Praxis oszillierenden Forschungsdesign habe ich versucht, ein Denkmodell zur Verfügung zu stellen, das beleuchtet, wie tänzerische Organisation und verschränkte Handlungsdynamiken im Club ein Gefühl von Groove kollektiv hervorbringen. Abschließend fasse ich das Denkmodell von Groove im Tanz hier noch einmal zusammen und stelle dabei heraus, wie im Club und in der künstlerischen Arbeit unterschiedlich gegroovt wird. Daran anschließend möchte ich einige weitergehende Forschungsfragen formulieren.[1]

Das Groove-Gefühl lässt sich mit dem verbindenden Konzept der Elementarpulsation fassen. In westafrikanischen Musik- und Tanzkulturen steuert nach Gerhard Kubik »eine verbindende innere Wahrnehmung eines Ablaufs kleinster regelmäßiger Pulseinheiten« (Kubik 1988: 73) die Bewegungsorganisation aller Teilnehmenden. Elementarpulsationen haben dabei keinen Anfang und kein Ende und sind ohne Apriori-Akzentuierung. Die Musizier- bzw. die Tanzpraxis ist durch konstantes Sich-Abgleichen oder Synchronisieren, Sich-Verschieben oder De-Synchronisieren innerhalb des gefühlten pulsierenden Verlaufs charakterisiert. Das Groove-Gefühl ermöglicht ein andauerndes Zusammenspiel zwischen

1 Dieses Kapitel ist in Teilen bereits erschienen in meinem Beitrag »And the dance goes on ... – Groove-Felder und plurale Kommunikation« (vgl. Matthias 2017).

Musikern und Tänzern und lässt die gemeinsame Improvisation sich weiter fortschreiben.

Im Club synchronisieren die Tanzenden ihre Körper mit einer inneren Erwartungshaltung zu den sich überlagernden Rhythmuspatterns. Sie folgen ganz oder partiell im gegenwärtigen Moment der musikalischen Struktur und einem gefühlten strukturierenden Verlauf. Wenn der Kopf – scheinbar von sich aus – beginnt, zum Beat mitzuwippen, sprechen Philipps-Silver, Aktipis und Bryant von akustischem Entrainment (vgl. Philipps-Silver/Aktipis/Bryant 2010). Damit ist das Vermögen der menschlichen Wahrnehmung gemeint, einen externen periodischen Stimulus mit einer motorischen Synchronisierung zu verknüpfen. Diese mitreißende Synchronisierung kann entlang unterschiedlicher sensorischer Modalitäten erfolgen und dient der Wahrnehmungsverarbeitung zeitlicher Prozesse. In virtuosen Improvisationen greifen Tänzer und Tänzerinnen auf ein ihnen bekanntes oder situativ erfasstes Bewegungsrepertoire zurück. Mit Hilfe von akustischem Entrainment werden Bewegungsmotive in ihrem Verlauf in die musikalische Matrix gesetzt. Geordnet durch ein gefühlt flüssiges Zusammenspiel der Bewegungsmotive und die Auswahl der mehrschichtigen Rhythmuspatterns, werden Tanzbewegungen immer wieder variiert und angepasst.

Im Clubtanz kommt es nicht etwa auf die korrekte Setzung der Beine im Raum an, sondern auf wellenartige Übertragungen, die den Körper zwischen den impulsgebenden Setzungen zur musikalischen Matrix hin zu autonomen und öffnenden resultierenden Bewegungen in Schwingung versetzen. Durch die elastische Körperspannung resultieren impulsgebende Bewegungen in anatomischen Konsequenzen wie Raumerweiterungen, Richtungsänderungen, Isolierung oder sogar Veränderungen der Bewegungsdynamik. Diedrich Diederichsen beschreibt es so, dass betonte rhythmische Strukturen sich »von innen anders« (Diederichsen 2014: 217) anfühlen. Nach Diederichsen kann durch diese andere Haltung oder innere Einstellung zur Musik eine andere, autonome, öffnende Funktion der rhythmischen Spur wahrnehmbar werden (vgl. ebd.), die ich als autonome Bewegungsebene verstehen möchte.

Folgt ein Tanzender den Konsequenzen seiner Körperimpulse und spürt den anatomischen Gegebenheiten nach, bringen diese ihn in neue Haltungsrelationen, die er nicht geplant hat. Vermittels einer inneren Haltung, die dies zulässt, können nach Hans Friedrich Bormann, Gabriele Brandstetter und Annemarie Matzke »sich Improvisierende von ihrem eigenen Tun überraschen lassen, also zum Zuschauer und Zuhörer ihrer Handlung und ihrer Konsequenzen« werden (Bormann/Brandstetter/Matzke 2010: 13). Durch den Rückbezug auf die Materialität des Körpers und die Fähigkeit, sich vom Körper überraschen zu lassen, ergibt sich eine Distanz zum eigenen Tun, das mit der Koordinierung zur Musik immer wieder abgeglichen und in das flüssige Zusammenspiel gesetzt werden muss. Dieses Zusammenspiel umfasst einen verknüpften Abgleichungsprozess – zum einen mit der Musik, zum anderen mit dem eigenen Körper.

In meiner Feldforschung wird sichtbar, dass es den Probanden in einer Umgebung mit anderen Tanzenden im Club oder im Kunstkontext leichter fällt, weiterzutanzen. Die Tanzenden verbinden in der kinästhetischen Wahrnehmung bewusst, aber nicht gedanklich kontrolliert akustische und/oder visuelle Eindrücke mit somatischen Stimuli der Propriozeption ihrer Tanzbewegungen relational zu einem Tanzerleben und bringen Groove über Angleichungen kollektiv hervor. Die erleichternden Bewegungsrelationen können nicht ausschließlich auf Adaption von Bewegungssequenzen oder Bewegungs-Unisonos zurückgeführt werden, da auch in heterogenen Bewegungsumfeldern Groove spürbar wird. Demzufolge wird in der Clubpraxis ein Spektrum von adaptiven Bewegungsübertragungen und Entrainmentprozessen wirksam.

Der Unterscheidung von Liz Waterhouse, Riley Watts und Bettina Bläsing folgend, fasse ich *cues* im Entrainment als Koordinierung zeitlicher Anfangspunkte auf, durch die Bewegungsumkehrpunkte mit den metrischen Schlägen des Beats synchronisiert werden. Die Angleichung mit dem qualitativen Verlauf von Bewegung definiere ich in Abgrenzung dazu nach Waterhouse, Watts und Bläsing als *alignment* (vgl. Waterhouse/Watts/Bläsing 2014: 14).

Beim *alignment* muss, anders als bei einer gestischen Bewegungssequenz oder *cues*, nicht die gesamte Wegstrecke abgewartet und erkannt werden. Um eine Synchronisierung zu erreichen, setzt der Kommunikationsprozess stattdessen bei einem qualitativen Bewegungsmodus an. Teilverläufe von Tanzbewegungen unterschiedlicher Referenzpersonen mit korrelierendem, qualitativem Verlauf verdichten und verknüpfen sich zu einem Feld, wobei es keinen Unterschied zu machen scheint, ob ein Bewegungsmodus mit den Armen oder dem Kopf ausgeführt wird.

Konzeptualisiert man Bewegung nicht als retrospektive Konstruktion eines linearen Weges, sondern als dynamische Einheit, dann können die Angleichungen im Bewegungsphänomen von Groove über Bewegungsqualitäten als inhärente Ordnungsstruktur gedacht werden. Die spezifischen Relationen zwischen Kraftaufwand, Bewegungsweg und Zeitstruktur konstituieren den Bewegungsmodus im Bounce, Schwung oder Schub als Bewegungsqualität. Ein einzelner qualitativer Verlauf ist inhärenter Teil des somatischen oder gefühlten Bewegungsbildes des Feldes, das sich bei einer Veränderung der spezifischen Relation in eine andere Qualität transformiert.

Die kurzen visuellen Kontaktaufnahmen im wechselnden Blick zwischen den Referenzpersonen, wie sie auf den Tanzflächen von Elektro-Clubs zu beobachten sind, wirken wie ein kollektiver Bezugsrahmen, auf den sich Tanzende in ihrem Referenzfeld immer wieder stützen können. Das kurzzeitige Angleichen der qualitativen Verläufe verleiht der eigenen Bewegungswahrnehmung einen kurzen Schub und reißt die Tanzenden in ihrer verknüpften motorischen Bewegung im Feld der Bewegungsqualität mit. So generiert das Bewegungsfeld mitreißenden Groove. Dieses wirkmächtige Umfeld – oder Groove-Feld – stützt sich auf einen visuellen Bezugsrahmen von qualitativer Beschaffenheit. Im Handlungsmotiv der Antizipation von *alignment* bewegter Zustände werden hier Improvisation und Bewegung hervorgebracht und Groove konstituiert. Die Bewegungsinteraktion im Groove-Feld ist demnach weniger als eine gegenseitige Vermessung von autonomen Zeiteinheiten oder Bewegungsrhythmen zu denken, sondern als zerstreut ablaufende Kommunikation zwischen Teilverläufen des qualitativen Feldes.

Die flüssige Impulsübertragung generiert einen kinästhetischen Eindruck von den getanzten Bewegungsqualitäten im Feld, der als *blue print* eines bewegten Zustands die Improvisation strukturiert. Eine Verbindung zwischen Groove-Feld und einem Verständnis von Rhythmus als Milieu kann nicht eindeutig nachvollzogen werden und muss von der Forschung noch eingehender untersucht werden.

Die gleichzeitige Synchronisierung mit verschiedenen Personen im Umfeld des Tanzenden im Club verläuft über einen überlagerten Kommunikationsprozess. In der Affizierung der Bewegung wird die Rezeption des Groove-Feldes gleichzeitig durch die Entrainment-Bewegung ›veröffentlicht‹ und wirkt wieder auf das Umfeld zurück. Angleichungen oder *alignments*, die isoliert voneinander räumlich oder im Kraftaufwand abweichende Bewegungsverläufe hervorrufen würden, bringen plural einen dritten – tendenziell de-synchronisierten – Verlauf hervor. Im Prozess einer pluralen Kommunikation, in dem beispielsweise Bewegungen aus verschiedenen Richtungen auf denselben Synchronisierungsprozess einwirken, wird die angleichende Bewegung gleichzeitig abgelenkt und dadurch verändert. In der Differenzierung durch die plurale Angleichung kann sich die Improvisation ungeplant entwickeln. Im parallelen De- und Synchronisieren lässt sich keine Bewegung zu einer Ausgangsreferenz zurückverfolgen.

Die gleichzeitige Referenz bringt im Sinne Michel Serres‘ die Bewegung als Interferenz hervor. Die Angleichung im Groove-Feld vermittelt das Gefühl von *connection* und unterstützender Energie sowie den Eindruck, den Tanz der anderen im eigenen Körper zu spüren. Die Groove-Felder im Club können so als strategische Matrix kollektiven Agierens verstanden werden, die eine erleichternde Wirkung auf die Tanzenden hat. Visuelles Entrainment in Form von *alignment* reißt offenbar wie Musik mit und bedient sich ähnlicher Verarbeitungsprozesse, bei denen visuelle Stimuli mit motorischer Synchronisierung verknüpft werden. Das Denkmodell einer dynamischen Einheit von Bewegungsqualitäten ermöglicht ein Verständnis der Organisation von Synchronisierung außerhalb von zyklischen Strukturen und antizipierten *cues*.

Indem sich Tanzende mit Bewegungsqualitäten in Form von *alignments* immer wieder neu und nur an Teilverläufe plural angleichen, kann visuelles Entrainment in einem zerstreuten Umfeld ohne wiederholenden stabilen Bezugsrahmen gedacht werden und seine antizipierende Wirkung auslösen.

Groove-Felder können auch im Kontext des zeitgenössischen Tanzes Anwendung finden, indem eine qualitative Bewegungsmatrix kollektiven Agierens von Tänzern und/oder Zuschauern hergestellt wird.

Tänzerische Bewegungen, die mitreißen und sich verstärken, haben keine kausal zwingende Wirkungsweise, der Clubber passiv ausgeliefert wären. Tanzende müssen nicht mit ihrem Kopf zu einem Beat mitwippen, verspüren jedoch einen Impuls, ihren Körper zur Musik mitzubewegen. Hört die Musik auf, sind sie immer noch in der Lage, einen Bounce in der Wirbelsäule beizubehalten, wenn es ihre Intention ist, um die Wirkung des Groove-Feldes aufrechtzuerhalten. Die Tanzenden oder Zuschauenden werden also keineswegs ›automatisch‹ oder wie Marionetten von der Musik oder vom Tanz bewegt.

Im Club sind Groove-Felder jedoch nicht so homogen wie im Kontext der künstlerischen Arbeit. Kurzzeitig können sie als solche auch im Club aufscheinen, doch sind im Clubkontext überlagerte Felder die Regel, in denen sich Angleichungsprozesse an verschiedene Bewegungsqualitäten überkreuzen. Das flüssige Wechselspiel zwischen einzelnen Motiven in der Improvisation bietet eine Vielzahl von Anknüpfungspunkten im Bewegungsumfeld. Ein Groove-Feld mit seiner erleichternden Wirkung durch visuelles Entrainment stabilisiert oder potenziert sich durch die Anzahl und Dauer der korrelierenden Teilverläufe. Umgekehrt kann das Feld nach einem kurzen Moment wieder zerfallen, wenn die Partner zu einer anderen Bewegungsqualität wechseln. Zur weitergehenden Unterstützung kann ein Groove-Feld dann wieder zwischen anderen Partnern aufscheinen, die vorher nicht ins Umfeld eingewirkt haben. Meine Bewegungsstudien ergaben, dass ein Groove-Feld immer mindestens drei Personen umfasst.

Das Groove-Feld erleichtert nicht nur die Bewegung, sondern die Gruppe der Tanzenden potenziert die Konsequenz der gemeinsam getanzten Bewegungsqualität im Körper. Die Impulsübertragung wird kollektiv verstärkt, sodass sich die resultierende Bewegung stärker ausdifferenziert und erweitert. Der Bewegungsimpuls leitet sich zwar von der Musik ab, aber in der Konsequenz der kollektiv verstärkten Impulsübertragung kann er eine Eigenständigkeit erlangen, welche nicht dem akustischen Entrainment folgt. Vergleichbar einem Ornament entwickelt die Bewegung eine erweiterte Materialität im Vollzug – z. B. vom Schwung zum Schub –, die die Beschaffenheit der Ursprungsbewegung ausdifferenziert.

Durch die Materialität des Körpers – seine Elastizität und seine anatomische Struktur – entsteht in der kollektiven Verstärkung eine Erweiterung oder ein ›Mehr‹ mit eigener Präsenz und Performanz. Dieser performative Überschuss, der sich zur formalen Eigenständigkeit einer neuen Bewegungsqualität entwickelt, wird durch die Verstärkung der impulsgebenden Bewegung durch das Groove-Feld generiert, ohne dass eine neue Bewegung bewusst zur Musik getanzt wird.

An dieser Stelle divergieren die künstlerischen Beispiele von den Prinzipien des Clubs. Deshalb unterscheide ich beim Phänomen Groove eine tänzerische und eine choreographische Variante. In der Herleitung der These dieser Untersuchung wurde Groove als choreographisches Phänomen gedacht, das im Clubtanz und in der zeitgenössischen Tanzperformance gleichermaßen wirksam wird. Die Hypothese, Groove sei übergreifend als choreographisch zu verstehen, kann unter Berücksichtigung meiner wissenschaftlichen und künstlerischen Befunde nicht bestätigt werden. Im Club ruft eine Ausdehnung des Raumwegs der Bewegung zum Beispiel eine Körperkoordination hervor, die mit ihrer neuen Qualität neue Bewegungsmotive zur Musik anstößt und der Improvisation neue Wendungen gibt. Die Tanzenden benötigen dafür die Freiheit, ihre Bewegungsqualität zu wechseln, und verharren, anders als im homogenen künstlerischen Groove-Feld, nicht bewusst in einer Qualität. Im Club werden überlagerte Groove-Felder wirksam, die ein Spektrum von Bewegungsqualitäten umfassen. Zur Herstellung von tänzerischen Grooves braucht es die Intention aller, gemeinsam zu tanzen und die Bewegungsmotive zu variieren. Während choreographischer Groove sich weitgehend auf die Dynamik des Groove-Feldes bezieht, geht die Handlungsdynamik im tänzerischen Groove darüber hinaus und erweitert das Konzept, das in der Arbeitshypothese angedacht wurde.

Tanzende adaptieren nicht nur Ideen aus dem Rhythmenpluralismus für ihre eigene Improvisation. Das ›Neue‹, das seinen Weg in die Improvisation findet, entwickelt sich aus den Übertragungsmechanismen der flüssigen Impulsübertragung in überlagerten Groove-Feldern: Wenn sich die Bewegungsqualität in der verstärkten Bewegung verändert, kann diese ›neue‹ ausdifferenzierte Bewegungsqualität der resultierenden Bewegung auf ein überlagertes korrelierendes Groove-Feld in der Umgebung treffen. Stößt die ›neue‹ Bewegungsqualität auf ihr entsprechende Teilverläufe, so kann diese – aus der Impulsübertragung generierte Bewegung – vom Umfeld mitgerissen werden. Im Wechselspiel kann eine mitreißende Synchronisierung stattfinden und die resultierende Bewegung als ein neues impulsgebendes Bewegungsmotiv etabliert werden, bevor sie als solches vom Tanzenden erkannt worden ist. Angesichts der Dynamik des gemeinsamen Tanzens erzeugt die Verstärkung des Groove-Feldes eine Konsequenz im Körper der Tanzenden, welche die bewusste Intention, zur Musik zu tanzen, wie ein Motor vor sich hertreibt. Indem sich Ornamenten in überlagerten Groove-Feldern verfangen, kann sich eine Endlosschleife stabilisieren, in der die noch nicht bewusst getanzte Bewegung durch die kollektive Verstärkung in die Improvisation drängt. Es entsteht ein Gefühl von Groove, in dessen Rahmen sich der Körper als unstillbare Quelle der Bewegungsgenerierung manifestiert.

Bei der gleichzeitigen Übertragung von Bewegungen kann diejenige verstärkt werden, die bereits in der impulsgebenden Bewegung angelegt war und die erst durch den eigenen Tanz bei einem anderen Akteur produktiv werden konnte. Tanzende im Club nehmen im Kommunikationsprozess keine festgelegte Position ein, von der eine abgeschlossene Information ausgeht, um bei einem Empfänger anzukommen. Die Übertragung kann im pluralen Groove-Feld nicht sequenziell gedacht werden. Die Synchronisierungsmechanismen werden zeitgleich wirksam, sodass Tanzende sich im Modus des tänzerischen Grooves gleichzeitig in den Positionen des Neugenerierten, des Unterstützenden und des Mitgerissenen befinden. Für Groove müssen alle Positionen besetzt werden, wodurch für den pluralen Kommunikationsprozess eine kritische Anzahl an Teilnehmenden notwendig wird. Groove als Modus der Interferenz ermöglicht ein Zusammenspiel zwischen überlagerten Groove-Feldern, in denen sich plurale Räume konstituieren. Er manifestiert sich in jedem Körper anders und gleichzeitig plural in der Gruppe. Fehlt die Intention, gemeinsam zu tanzen und selber zum Generierenden zu werden, kann im künstlerischen Kontext keine Verknüpfung zwischen zur Musik getanzter, verstärkter und zulassender Handlung entstehen. Bei der Bewegungsinteraktion vollzieht sich in der Verlaufsdynamik keine Filterung in der Veröffentlichung im Entrainment, wie in der Arbeitshypothese formuliert, sondern die Übertragungsdynamik der Groove-Felder selektiert die Bewegungsornamente, die in der Improvisation als Bewegungsmotiv durch ihre Angleichbarkeit fortgeschrieben werden. Im Gegensatz zum künstlerischen Kontext kann im Club durch die gemeinsame Intention zu tanzen etwas Verändertes und zugleich Körpereigenes emergieren, das die Improvisation vorantreibt. In der sich fortschreibenden Improvisation können Tanzende den sich verändernden Bewegungsqualitäten nachspüren.

Die flüssige Tanzimprovisation funktioniert in Verknüpfung mit korrelierenden musikalischen Informationen wie ein Fluchtpunkt, der immer schon aus der Gegenwart der inneren Wahrnehmung im Verfangen der Bewegung im Groove-Feld in eine Zukunft drängt und den Tanzenden mit der Erfahrung dorthin mitreißt. So könnte bei der Groove-Erfahrung von einem Modus ausgegangen werden, bei dem sich drei kontinuierliche Informationsflüsse in Wahrnehmung und Handlung überkreuzen und gegenseitig bestärken. Die beispielsweise mit den Beinen vollzogene akustische Verarbeitung der zyklischen Musik, die verstärkende Synchronisierung des Tanzes im Umfeld, die in der Angleichung auch Differenzierungen hervorruft, und das Nachspüren der Impulse des eigenen Körpers, der in der flüssigen Ausarbeitung der Bewegungsmotive die Wahrnehmung immer wieder mit neuen Haltungsrelationen und Körpererfahrungen konfrontiert, verbinden sich zu einer verknüpften Endlosschleife, welche die Clubber immer weitertanzen lässt.

Tänzerischer Groove als körperliches Emergenzphänomen vollzieht hierbei keinen kompositorischen Fortschritt, keine lineare Evolution und keine narrative Struktur, in der die Tanzenden am Ende zu einem erweiterten tänzerischen Material oder einem emotionalen Höhepunkt gelangen. Tanzende kommen immer wieder zum Bounce, Schwingen oder Schlagen zurück, ohne dass diese sich hierbei verändern müssen. Der tänzerische Groove umkreist ähnliches Bewegungsmaterial – und zwar nicht, um neues zu entwickeln, sondern um einen Zustand zwischen einem kollektiv verstärkten und einem differenzierten Bewegtsein mit seiner erlebten Gegenwart und seiner zukünftigen Implikation individuell zu erreichen. Dieser Zustand ist die Erfahrung eines mäandernden somatischen Stromes ohne Ziel im eigenen Körper.

Tänzerischer Groove hat als verflochtener Kommunikationsprozess zwischen De- und Synchronisierungen keinen Anfang und kein Ende. Als kollektive Handlungsdynamik findet er seine Grenze potenziell nur in der Verausgabung oder einem Verschwinden der Endlosschleifen durch den Zusammenbruch von einem der drei Informationsflüsse. In der mäandernden Fortschreibung der Improvisation bei gleichzeitigem Ineinandergreifen von pluralen Informationsflüssen folgen die Tanzenden keinem vorher festgelegten Plan, keiner Idee oder Anweisung. Im Sich-Anschließen an die Musik und einem Zulassen der resultierenden Bewegung können Tanzende eine Freiheit erleben, die eine Verschiebung der Wahrnehmung von der eigenen Subjektivität hin zu den Bewegungen der anderen Tanzenden nach sich zieht. In der zerstreuten Synchronisation von sich angleichenden Körperteilen mit Teilverläufen im Groove-Feld findet die Kommunikation weniger zwischen Individuen als etwa im Wechselspiel von Arm- und Rumpfbewegungen statt. In Groove-Feldern mit ihrem zerstreuten Bewegungsbild müssen die Co-Akteure im Club nicht als Personen in Erscheinung treten oder als solche imaginiert werden. Die Tanzfläche generiert damit weniger die Vorstellung einer Gemeinschaft von Individuen als ein Wirkungsfeld von Performanzen. Mit den Extremitäten getanzte Bewegungsornamente gleichen sich nicht nur Personen mit einer imitierenden Bewegung an, sondern auch diejenige Bewegung wird über ihre Bewegungsqualität verstärkend synchronisiert, die in anderen Körperteilen bei anderen Clubbern lokalisiert ist. Diese Synchronisierung wird den Tanzenden meist nicht bewusst oder bezieht sich auf eine von ihnen intendierte Bewegungsfolge. Der individuelle Körper ist zwar eine Entität, jedoch zugleich disparat, da seine einzelnen Extremitäten gleichzeitig an unterschiedliche Interferenzen anknüpfen. Das soziale Moment bezieht sich nicht nur auf Handelnde, die sich potenziell gegenüberstehen, sondern generiert sich im Modus von Interferenz aus den disparaten Bewegungsebenen in den Körperteilen, die mit Bewegungsfetzen aus der Improvisation der anderen Tanzenden Verbindungen eingehen. Die Partizipation an der Erfahrung der anderen Clubbesucher bezieht sich nicht auf eine persönliche Teilhabe einer spezifischen Person, sondern wird in den zerstreuten Groove-Feldern asubjektiv. Die Tanzerfahrung ist abhängig von mehreren Tanzenden, ohne die es keine Groove-Erfahrung geben kann. Sie erzeugt folglich einen asubjektiven Respekt unter den Teilnehmern der Versammlung. Die Frage nach einer Verschiebung von Subjektivität in der Clubkultur, wie sie von Gabriele Klein (vgl. Klein 2004: 173), Hillegonda Rietveld (vgl. Rietveld 1998: 166) oder für das »Jazz-Subjekt« von Diedrich Diederichsen (Diederichsen 2014: 194ff.) skizziert wird, muss an anderer Stelle beantwortet werden. Die noch ausstehende Erforschung eines ›Club-Subjekts‹ aus tänzerischer Perspektive verspricht zudem neue Erklärungsansätze für das Verhältnis von Tänzern und Zuschauern.

Nach meinen Erfahrungen mit der Performance-Reihe */ groove space* können im Kontext der performativen Kunst Groove-Felder und plurale Kommunikation zwischen Tänzern und Tänzerinnen sowie Zuschauern und Zuschauerinnen außerhalb der verknüpften Handlungsdynamik entstehen und choreographischen Groove als eine Matrix kollektiven Agierens mit somatischer Evidenz herstellen. Diese Wirkweise des Groove-Feldes kann für die Choreographie nutzbar gemacht werden. Indem Akteure sich von der unterstützenden Wirkung des Groove-Feldes mitreißen lassen, kann dessen somatische Evidenz auch ohne Musik beibehalten werden. Musik wäre dann nur ein strukturierender Aspekt der Groove-Erfahrung, der dazu verhilft, dass Bewegungsqualitäten leichter miteinander korrelieren. Diese Korrelation, die von Entrainment und kollektiver Erfahrung ermöglicht wird, kann auch ohne Musik künstlich hergestellt werden und einen Zustand zwischen einer inneren Gegenwart und einer homogenen Fortschreibung hervorbringen, wie in der Reihe */ groove space* zu beobachten ist. In diesem Sinne möchte ich abschließend feststellen, dass es die innere Wahrnehmung einer qualitativen Bewegung ist, die das Gruppenphänomen im Club herstellt und Groove als kollektives Erleben im Club sowie in der Kunst ermöglicht.

Als Bewegungsphänomen lässt sich Groove in den Choreographien der Performance-Reihe */ groove space* in unterschiedlichen Setups auch künstlich, außerhalb seiner clubspezifischen stilistischen Merkmale erzeugen. Aus der Perspektive des choreographischen Grooves ergibt sich eine Übertragbarkeit auf urbane Räume, die als Erklärungsmodell für die Herstellung des spezifischen Gefühls einer Stadt oder eines urbanen Raums fungieren kann. Dies näher zu analysieren, wäre ein Ausgangspunkt für weitere wissenschaftliche Untersuchungen.

Die vorliegende Analyse von tänzerischem Groove als Modus der Wahrnehmung und Aushandlung von Tanz als Gruppenphänomen schließt eine Forschungslücke im Bereich der elektronischen Musik- und Tanzkultur. In dieser Arbeit wurde die Untersuchung im spezifischen Kontext von Techno und Minimal-Techno durchgeführt. Die Erforschung der Organisationsstrukturen in anderen musikalischen Stilen der Clubkultur wie etwa Hip-Hop ist dagegen weiterhin ein wissenschaftliches Desiderat. Neben der Untersuchung von Gruppenbewegungen im urbanen Raum wäre es weiter interessant herauszufinden, ob Aspekte von tänzerischem Groove auch in anderen Kontexten wirksam sind, wie z. B. in der Dynamik der nonverbalen Kommunikation, aber auch im Sport, in weiteren Tanzstilen oder im Hinblick auf Fluchtbewegungen.

Aus der Perspektive von gefühltem Groove eröffnet sich ein Forschungsfeld, das untersuchen könnte, wie Bewegungen, die uns umgeben, unser kinästhetisches Erleben beeinflussen und die individuelle Bewegung erleichtern können. Der wechselseitige Charakter dieses Phänomens verweist zudem darauf, wie die individuelle Bewegung und die eigene Einstellung zum Handeln diese Gruppenbewegungen verändern. Die Handlungsfähigkeit aus der Perspektive von Groove bei anderen sozialen Choreographien bleibt wissenschaftlich und künstlerisch zu erforschen. Die Anwendungsgebiete des Denkmodells der Bewegungsinteraktion im Groove sind noch nicht ausgeschöpft.

Bibliographie

MONOGRAPHIEN:

Anderson, Benedict (1991), *Imagined Communities – Reflections on the Origin and Spread of Nationalism*, London: Verso/New Left Books.

Arbeau, Thoinot (1980), *Orchésographie*, Hildesheim: Olms Verlag.

Arendt, Hannah (1998), *The Human Condition*, Chicago: University of Chicago Press.

Bartenieff, Irmgard/Lewis, Doris (1980), *Body Movement – Coping with the Enviroment*, Amsterdam: Gordon and Breach Publishers.

Berliner, Paul F. (1994), *Thinking in Jazz – The Infinite Art of Improvisation*, Chicago: University of Chicago Press.

Bourdieu, Pierre (1970), *Zur Soziologie der symbolischen Formen*, Frankfurt am Main: Suhrkamp.

Bourdieu, Pierre (1976), *Entwurf einer Theorie der Praxis. Auf der ethnologischen Grundlage der kabylischen Gesellschaft*, Frankfurt am Main: Suhrkamp.

Buckland, Fiona (2002), *Impossible Dance – Club Culture and Queer Worldmaking*, Middleton, CT: Wesleyan University Press.

Butler, Judith (1990), *Bodies That Matter – On the Discursive Limits of Sex.* New York: Routledge.

Butler, Mark J. (2006), *Unlocking the Groove: Rhythm, Meter, and Musical Design in Electronic Dance Music*, Bloomington: Indiana University Press.

Butler, Mark J. (2012), *Electronica, Dance and Club Music* (Library of Essays on Popular Music), Farnham: Ashgate.

Broughton, Frank/Brewster, Bill (2002), *How to DJ (properly): The Art and Science of Playing Records*, London: Bantam Press.

Callois, Roger (1958), *Les jeux et les hommes*, Paris: Gallimard.

Caillois, Roger (1961), *Man, Play, and Games*, New York: Schocken Books.

Csíkszentmihályi, Mihály (1998), *Flow. Das Geheimnis des Glücks*, Stuttgart: Klett-Cotta.

Deleuze, Gilles (1989), *Kino 1. Das Bewegungs-Bild*, Frankfurt am Main: Suhrkamp.

Deleuze, Gilles/Guattari, Felix (1993), *Tausend Plateaus: Kapitalismus und Schizophrenie*, Berlin: Merve.

Diederichsen, Diedrich (1999), *Der lange Weg nach Mitte – Der Sound und die Stadt*, Köln: Kiepenheuer & Witsch.

Diederichsen, Diedrich (2014), *Über Pop-Musik*, Köln: Kiepenheuer & Witsch.

Fikentscher, Kai (2000), *»You Better Work!« Underground Dance Music in New York City*, Hanover, NH: Wesleyan University Press.

Fischer-Lichte, Erika (2004), *Ästhetik des Performativen*, Frankfurt am Main: Suhrkamp.

Foster, Susan Leigh (2011), *Choreographing Empathy – Kinesthesia in Performance*, London: Routledge.

Gehrke, Sebastian Matthias (2010), *falling into groove – das Groovephänomen aus der Perspektive des Tanzes*, unveröffentlichte Masterarbeit, Berlin: Freie Universität Berlin.

Gibson, James Jerome (1966), *The Senses Considered as Perceptual Systems*, Boston: Houghton Mifflin.

Goetz, Rainald (1998), *Rave*, Frankfurt am Main: Suhrkamp.

Goffman, Erving (1963), *Behavior in Public Places: Notes on the Social Organization of Gatherings*, New York: The Free Press.

Jackson, Phil (2004), *Inside Clubbing: Sensual Experiences in the Art of Being Human*, New York/Oxford: Bloomsbury Academic.

Jeschke, Claudia (1999), *Tanz als BewegungsText: Analysen zum Verhältnis von Tanztheater und Gesellschaftstanz (1910–1965)*, Tübingen: Niemeyer.

Keil, Charles/Feld, Stephen (1994), *Music Grooves*, Chicago: Universtiy of Chicago Press.

Klein, Gabriele (2003), *Is this real? – Die Kultur des HipHop*, Frankfurt am Main: Suhrkamp.

Klein, Gabriele (2004), *Electronic Vibration: Pop Kultur Theorie*, Wiesbaden: VS Verlag für Sozialwissenschaften.

Klingmann, Heinrich (2010), *Groove – Kultur – Unterricht. Studien zur pädagogischen Erschließung einer musikkulturellen Praktik*, Bielefeld: transcript.

Kubik, Gerhard (1988), *Zum Verstehen afrikanischer Musik*, Leipzig: Reclam.

Laban, Rudolf von (1991), *Choreutik – Grundlagen der Raumharmonielehre des Tanzes*, Wilhelmshaven: Florian Noetzel.

Lampert, Friederike (2007), *Tanzimprovisation – Geschichte, Theorie, Verfahren, Vermittlung*, Bielefeld: transcript.

Latour, Bruno (2005), *Von der Realpolitik zur Dingpolitik oder Wie man Dinge öffentlich macht*, Berlin: Merve.

Levine, Robert N. (1997), *A Geography of Time: On Tempo, Culture, and the Pace of Life*, New York: Basic Books.

Lofland, Lyn H. (1998), *The Public Realm: Exploring the City's Quintessential Social Territory*, New York: Transaction Publishers.

London, Justin (2004), *Hearing in Time – Psychological Aspects of Musical Meter*, Oxford: Oxford University Press.

Madrid, Alejandro L. (2008), *Nor-tec Rifa! Electronic Dance Music from Tijuana to the World*, New York: Oxford University Press.

Malbon, Ben (1999), *Clubbing. Dancing, Ecstasy and Vitality. Critical Geographies*, London: Routledge.

Massumi, Brian (2002), *Parables of the Virtual: Movement, Affect, Sensation*, Durham: Duke University Press.

Mauss, Marcel (1978), *Soziologie und Anthropologie*, Band 2: *Gabentausch – Todesvorstellung – Körpertechniken*, Frankfurt am Main: Ullstein.

Monson, Ingrid (1996), *Saying Something – Jazz Improvisation and Interaction*, Chicago: University of Chicago Press.

Noe, Alva (2004), *Action in Perception*, Cambridge: MIT Press.

Ott, Michaela (2010), *Affizierung. Zu einer ästhetisch-epistemischen Figur*, München: edition text + kritik.

Paul, Elliot (1953), *Waylaid in Boston*, New York: Random House.

Peters, Sibylle (2011), *Der Vortrag als Performance*, Bielefeld: transcript.

Pfleiderer, Martin (2006), *Rhythmus: psychologische, theoretische und stilanalytische Aspekte populärer Musik*, Bielefeld: transcript.

Pikovsky, Arkady/Rosenblum, Michael/Kurths, Jürgen (2003), *Synchronization – A Universal Concept in Nonlinear Sciences*, Cambridge: Cambridge University Press.

Rheingold, Howard (2005), *Smart Mobs – The Next Social Revolution*, Cambridge: Basic Books.

Rietveld, Hillegonda C. (1998), *This Is Our House: House Music, Cultural Spaces and Technologies*, Aldershot/Brookfield: Ashgate.

Schuller, Gunther (1989), *The Swing Era – the Development of Jazz, 1930–1945*, Oxford: Oxford University Press.

Serres, Michel (1992), *Hermes II. Interferenzen*, Berlin: Merve.

van Eikels, Kai (2013), *Die Kunst des Kollektiven: Performance zwischen Theater, Politik und Sozio-Ökonomie*, München: Wilhelm Fink.

Whyte, William H. (1980), *The Social Life of Small Urban Spaces*, New York: Project for Public Spaces Inc.

Wicke, Peter (2001), *Von Mozart zu Madonna. Eine Kulturgeschichte der Popmusik*, Frankfurt am Main: Suhrkamp.

Wulf, Christoph (2005), *Zur Genese des Sozialen. Mimesis, Performativität, Ritual*, Bielefeld: transcript.

AUFSÄTZE IN SAMMELBÄNDEN:

Auhagen, Wolfgang (2008), »Rhythmus und Timing«, in: Herbert Bruhn/Reinhard Kopiez/Andreas C. Lehmann (Hg.), *Musikpsychologie*, Reinbek bei Hamburg: Rowohlt, S. 437–457.

Beer, Bettina (2003), »Systematische Beobachtung«, in: Bettina Beer (Hg.), *Methoden und Techniken der Feldforschung*, Berlin: Dietrich Reimer Verlag, S. 119–141.

Benjamin, Walter (1980), »Das Kunstwerk im Zeitalter seiner technischen Reproduzierbarkeit (2. Fassung)«, in: Rolf Tiedemann/Herrmann Schweppenhäuser (Hg.), *Gesammelte Schriften*, Bd. 1.2, Frankfurt am Main: Suhrkamp, S. 471–508.

Beyer, Vera/Spies, Christian (2011), »Einleitung. Ornamente und ornamentale Modi des Bildes«, in: dies. (Hg.), *Ornament. Motiv – Modus – Bild*, München: Wilhelm Fink, S. 12–23.

Bormann, Hans-Friedrich/Brandstetter, Gabriele/Matzke, Annemarie (2010), »Improvisieren: eine Eröffnung«, in: dies. (Hg.), *Improvisieren: Paradoxien des Unvorhersehbaren. Kunst – Medien – Praxis*, Bielefeld: transcript, S. 7–19.

Brandstetter, Gabriele (2002), »Figur und Inversion – Kartographie als Dispositiv von Bewegung«, in: dies./Sibylle Peters (Hg.), *De Figura: Rhetorik – Bewegung – Gestalt*, München: Wilhelm Fink, S. 247–264.

Brandstetter, Gabriele/Brandl-Risi, Bettina/van Eikels, Kai (2007), »Übertragungen: Eine Einleitung«, in: dies. (Hg.), *Schwarm(E)Motion – Bewegung zwischen Affekt und Masse,* Freiburg: Rombach Verlag, S. 7–54.

Brandstetter, Gabriele (2017a), »Die Szene des Virtuosen – Zu einem Topos von Theatralität«, in: Brandstetter, Gabriele/Brandl-Risi, Bettina/van Eikels, Kai (Hg.), *Szenen des Virtuosen,* Bielefeld: transcript, S. 23–56.

Brandstetter, Gabriele (2017b), »Wirbel der Zeit – Synchronisierungen in *Work/Travail/Arbeid* von Anne Teresa De Keersmaker«, in: dies./Kai van

Eikels/Anne Schuh (Hg.), *De/Synchronisieren? Leben im Plural*, Hannover: Wehrhahn, S. 153–169.

Brüstle, Christa/Ghattas, Nadja/Risi, Clemens/Schouten, Sabine (2005), »Zur Einleitung: Rhythmus im Prozess«, in: dies. (Hg.), *Aus dem Takt*, Bielefeld: transcript, S. 9–30.

Csíkszentmihályi, Mihály (1988), »The *Flow*-Experience and Its Significance for Human Psychology«, in: ders. (Hg.), *Optimal Experience: Psychological Studies of Flow in Consciousness*, Cambridge: Cambridge University Press, S. 15–35.

De Lahunta, Scott/Barnard, Phil (2005), »What's in a phrase?«, in: Johannes Birringer/Josephine Fenger (Hg.), *Tanz im Kopf: Jahrbuch 15 der Gesellschaft für Tanzforschung*, Münster, Hamburg, London: LIT Verlag.

Hall, Joanna (2013), »Rocking the Rhythm: Dancing Identities in Drum 'n' Bass Club Culture«, in: Sherril Dodds/Susan C. Cook (Hg.), *Bodies of Sound: Studies Across Popular Music and Dance* (Ashgate Popular and Folk Music Series), Farnham, U.K.: Ashgate, S. 103–116.

Hanna, Thomas (1995), »What is Somatics?«, in: Don Hanlon Johnson (Hg.), *Bone, Breath, and Gesture: Practices of Embodiment*, Berkeley: North Atlantic Books, S. 339–352.

Johnson, Allen/Sackett, Ross (1998), »Direct Systematic Observation of Behavior«, in: Bernard H. Russell (Hg.), *Handbook of Methods in Cultural Anthropology*, Walnut Creek: Altamira Press, S. 301–332.

Kleist, Heinrich von (1997), »Über das Marionettentheater, Berliner Abendblätter«, in: ders., *Sämtliche Werke*, Band II/7, Brandenburger Ausgabe, hg. von Roland Reuß und Peter Staengle, Basel: Stroemfeld, S. 317–332.

Kopiez, Reinhard (2005), »Musikalischer Rhythmus und seine wahrnehmungspsychologischen Grundlagen«, in: Christa Brüstle/Nadja Ghattas/Clemens Risi/Sabine Schouten (Hg.), *Aus dem Takt*, Bielefeld: transcript, S. 127–148.

Lippens, Volker (2007), »Analyse des Bewegens und der Bewegung. Perspektiven einer Bewegungshandlungsanalyse im Tanz«, in: Gabriele Brandstetter/Gabriele Klein (Hg.), *Methoden der Tanzwissenschaft – Modellanalysen zu Pina Bauschs ›Le Sacre du Printemps‹*, Bielefeld: transcript, S. 101–129.

Matthias, Sebastian (2014), »groove relations – Bewegungsqualitäten als Ordnungsstruktur partizipativer Versammlungen in Clubtanz und zeitgenössischer Choreographie«, in: Regula Valérie Burri/Kerstin Evert/Sibylle Peters/Esther Pilkington/Gesa Ziemer (Hg.): *Versammlung und Teilhabe. Urbane Öffentlichkeiten und performative Künste,* Bielefeld: transcript, S. 51–73.

Matthias, Sebastian (2015), »groove feeling – somatischer Sound und partizipative Performance«, in: Wolf-Dieter Ernst/Anno Mungen/Nora Niethammer/Berenika Szymanski (Hg.), *Sound und Performance*, Würzburg: Königshausen & Neumann, S. 591–607.

Matthias, Sebastian (2017), »And the dance goes on … – Groove-Felder und plurale Kommunikation«, in: Gabriele Brandstetter/Kai van Eikels/Anne Schuh (Hg.), *De/Synchronisieren? Leben im Plural*, Hannover: Wehrhahn, S. 187–195.

O'Shaughnessy, Brian (1995), »Proprioception and the Body Image«, in: Jose Luis Bermudez/Anthony J. Marcel/Naomi M. Eilan (Hg.), *The Body and the Self*, Cambridge: MIT Press, S. 175–204.

Olaveson, Tim (2004), ›Connectedness‹ and the Rave Experience. Rave as New Religous Movement?«, in: Graham St. John (Hg.), *Rave Culture and Religion*, London, New York: Routledge, S. 85–106.

Pfleiderer, Martin (2005), »Groove Me. Populäre Musik und systematische Musikwissenschaft«, in: Till Knipper/Martin Kranz/Thomas Kühnrich/Carsten Neubauer (Hg.), *Form Follows Function. Zwischen Musik, Form und Funktion.* Beiträge zum 18. internationalen studentischen Symposium des DVSM (Dachverband der Studierenden der Musikwissenschaft), Hamburg: Bockel Verlag, S. 343–363.

Schickhaus, Wolfgang (1989), »Der swingende Beat«, in: Ekkehard Jost (Hg.): *Darmstädter Jazzforum*, Hofheim: Wolke Verlag, S.190–198.

Streeck, Jürgen/Knapp, Mark L. (1992), »Interaction of Visual and Verbal Features«, in: Fernando Poyatos (Hg.), *Advances in Nonverbal Communication*, Amsterdam, Philadelphia: Benjamins, S. 3–23.

Thaut, Michael H. (2010), »Perception of Music and Rhythm – a Neuroscientific Perspective on the Music of Igor Stravinsky«, in: Monika Woitas/Annette Hartmann (Hg.), *Strawinskys »Motor Drive«*, München: epodium, S. 15–29.

van Eikels, Kai (2007), »Schwärme, Smart Mobs, Verteilte Öffentlichkeiten«, in: Gabriele Brandstetter/Christoph Wulf (Hg.), *Tanz als Anthropologie*, München: Wilhelm Fink.

Waterhouse, Elizabeth (2010), »Dancing Amidst The Forsythe Company – Space, Enactment and Living Repertory«, in: Birgit Wiens/Gabriele Brandstetter (Hg.), *Theater ohne Fluchtpunkt: das Erbe Adolphe Appias: Szenographie und Choreographie im zeitgenössischen Theater*, Berlin: Alexander Verlag, S. 153–181.

AUFSÄTZE IN ZEITSCHRIFTEN:

Bergold, Jarg/Thomas, Stefan (2012), » Participatory Research Methods: A Methodological Approach in Motion«, in: *Forum: Qualitative Sozialforschung / Forum: Qualitative Social Research* 13, Nr. 1, Art. 30, http://nbn-resolving.de/urn:nbn:de:0114-fqs1201302.

Butterfield, Matthew (2010), »Participatory Discrepancies and the Perception of Beats in Jazz«, in: *Music Perception. An Interdisciplinary Journal* 27, Nr. 3, S. 157–175.

Calvo-Merino, B./Jola, C./Glaser, D. E./Haggard, P. (2008), »Toward a Sensorimotor Aesthetics of Performing Art«, in: *Consciousness and Cognition* 17, Nr. 3, S. 911–922.

De Bruyn, Leen/Leman, Marc/Moelants, Dirk/Demey, Michiel (2009), »Does Social Interacion Activate Music Listeners?«, in: *Computer Music Modeling and Retrieval. Genesis of Meaning in Sound and Music*. Lecture Notes in Computer Science, Bd. 5493, S. 93–106.

Ekman, Paul/Friesen, Wallace (1969), »The Repertoire of Nonverbal Behavior, Categories, Origins, Usage, and Coding«, in: *Semiotics* 1, S. 49–98.

Fahrig, Stephan/Witte, Kerstin (2005/06), »Untersuchungen zur Koordination der Interaktion im Ruderzweier ohne Steuermann«, in: *BISp-Jahrbuch – Forschungsförderung*, Jg. 2005/06, S. 129–134.

Hagendoorn, Ivar (2004), »Some Speculative Hypotheses About the Nature and Perception of Dance and Choreography«, in: *Journal of Consciousness Studies* 11, Nr. 3–4, S. 79–110.

Hall, Edward T. (1963), »A System For the Notation of Proxemik Behavior«, in: *American Anthropologist* 65, S. 1003–1026.

Janata, Petr/Tomic, Stefan T./Haberman, Jason M. (2012), »Sensorimotor Coupling in Music and the Psychology of the Groove«, in: *Journal of Experimental Psychology*: General, Bd. 141, Nr. 1, S. 54–75.

Madison, Guy (2006), »Experiencing *Groove*. Induced by Music: Consistency and Phenomenology«, in: *Music Perception* 24, Nr. 2, S. 201–208.

Novak, Thomas P. (2003), »The influence of Goal-Directed and Experiential Activities on Online *Flow* Experiences«, in: *Journal of Consumer Psychology*, Bd. 13, Nr. 1–2, S. 3–16.

Olaveson, Tim/Takahashi, Melanie (2003), »Music, Dance and Raving Bodies: Raving as Spirituality in the Central Canadian Rave Scene«, in: *Journal of Ritual Studies* 17, S. 72–96.

Patel, A. D./Iversen, J. R./Bregman, M. R./Schulz, I./Schulz, C. (2009), »Experimental Evidence for Synchronization to a Musical Beat in a Nonhuman Animal«, in: *Current Biology* 19(10), S. 827–830.

Paxton, Steve (1977), im Interview mit Elizabeth Zimmer, in: *Contact Quarterly* 3, Nr. 1, S. 11.

Phillips-Silver, Jessica/Aktipis, C. Athena/Bryant, Gregory A. (2010), »The Ecology of Entrainment: Foundations of Coordinated Rhythmic Movement«, in: *Music Perception* 28, S. 3–14.

Pressing, Jeff (2002), »Black Atlantic Rhythm: It's Computational and Transcultural Foundation«, in: *Music Perception* 19, S. 285–310.

Rizolattio, Giacomo/Craighero, Leila (2004), »The Mirror-Neuron-System«, in *Annu. Rev. Neurosience* 27, S. 169–192.

Schoenfeld, M. A./Noesselt, T./Poggel, D./Tempelmann, C./Hopf, J.-M./ Woldorff, M. G./Heinze, H.-J./Hillyard, S. A. (2002), »Analysis of Pathways Mediating Preserved Vision After Striate Cortex Lesions«, in: *Ann Neurol.* 52(6), S. 814–824.

Verfaillie, Karl/Daems, Anja (2002), »Representing and Anticipating Human Actions in Vision«, in: *Visual Cognition* 9 (1–2), S. 217–232.

Waterhouse, Elizabeth/Watts, Riley/Bläsing, Bettina E. (2014), »Doing *Duo* – a Case Study of Entrainment in William Forsythe's Choreography ›*Duo*‹ «, in: *Frontiers in Human Neuroscience* 8, Artikel 812, o. S.

Zbikowski, Lawrence M. (2004), »Modelling the *Groove*: Conceptual Structure and Popular Music«, in: *Journal of the Musical Association* 129, Nr. 2, S. 272–297.

LEXIKONARTIKEL:

Asanger, Roland (2001), »Trance«, in: Gerd Wenninger (Hg.), *Lexikon der Psychologie*, Bd. 4, Heidelberg: Spektrum Akademischer Verlag, S. 333.

Brandstetter, Gabriele (2005), »Choreographie«, in: Erika Fischer-Lichte/Doris Kolesch/Matthias Warstatt (Hg.), *Metzler Lexikon der Theatertheorie*, Stuttgart, Weimar: Metzler, S. 52–55.

»Ekstase« (2004), in: Hartmut Häcker/Kurt-H. Stapf (Hg.), *Dorsch Psychologisches Wörterbuch*, Bern: Huber, S. 237.

Fuchs, Wolfgang (2004), »Partizipation«, in: Ulrich Bröckling/Susanne Krasmann/Thomas Lemke (Hg.), *Glossar der Gegenwart*, Frankfurt am Main: Suhrkamp, S. 197–203.

Jost, Ekkehard (2003a), »Groove«, in: Wolf Kampmann (Hg.), *Reclams Jazzlexikon*, Stuttgart: Reclam, S. 617–619.

Jost, Ekkehard (2003b), »Pattern«, in: Wolf Kampmann (Hg.), *Reclams Jazzlexikon*, Stuttgart: Reclam, S. 659.

Jost, Ekkehard (2003c), »Swing«, in: Wolf Kampmann (Hg.), *Reclams Jazzlexikon*, Stuttgart: Reclam, S. 674–677.

Meggle, Georg (2011), »Kommunikation«, in: Petra Kolmer/Armin Wildfeuer (Hg.), *Neues Handbuch philosophischer Grundbegriffe*, Bd. 2, Freiburg: Verlag Karl Alber, S. 1293–1302.

Pfleiderer, Martin (2006), »Groove (Glossar)«, in: ders. (Hg.), *Rhythmus: psychologische, theoretische und stilanalytische Aspekte populärer Musik*, Bielefeld: transcript, S. 339–355.

Runggaldier, Edmund (2011), »Handlung«, in: Petra Kolmer/Armin Wildfeuer (Hg.), *Neues Handbuch philosophischer Grundbegriffe*, Bd. 2, Freiburg: Verlag Karl Alber, S. 1145–1159.

»somatisch« (1997), in: Werner Scholze-Stubenrecht (Hg.), *Duden – Fremdwörterbuch*, Bd. 5, Mannheim: Bibliographisches Institut, S. 756.

»Trance« (2004), in: Hartmut Häcker/Kurt H. Stapf (Hg.), *Dorsch Psychologisches Wörterbuch*, Bern: Huber, S. 965.

»Trance« (2007), in: Wilhelm Arnold/Hans Jürgen Eysenck/Richard Meili (Hg.), *Herders Lexikon der Psychologie*, Bd. 3, Erfstadt: Verlag HOHE, S. 2343.

Widmaier, Tobias (2004), »Groove«, in: Albrecht Riethmüller (Hg.), *Handbuch der musikalischen Terminologie*, Stuttgart: Franz Steiner, Handapparat.

INTERNETQUELLEN:

Alle besprochenen Choreographien von Sebastian Matthias sowie sämtliche Videodokumente zur hier vorliegenden Studie sind unter www.sebastian matthias.com einsehbar.

Ergänzende Materialien (Bewegungsprotokoll Berghain, Bewegungsprotokoll Chesters Music Inn, Laborexperimente [LE]/Laborexperimente Video [LEV], Fragebogen 1 ://about blank, Fragebogen 2 Chesters Music Inn, Bewegungsprotokolle 2010) finden sich ebenfalls auf der Website unter http://www.sebastianmatthias.com/forschung/gefuehlter-groove-ergaenzende-materialien/.

Tanzender Kakadu (o. J.), https://www.youtube.com/watch?v=N7IZmRnAo6s (letzter Zugriff: 07.01.2015).

DJ Mag (2015), http://www.djmag.com/content/poll-clubs-2015-berghain-panorama-bar bzw. http://www.djmag.com/node/7996 (letzter Zugriff: 02.03.2016)

Electric Slide (o. J.), http://www.youtube.com/watch?v=dv2qKpna3lM (letzter Zugriff: 18.04.2014).

Gies, Frédéric (2013), *Seven Thirty in Tights*, http://fredericgies.com/ (letzter Zugriff: 08.01.2015).

Post, Hans-Maarten (2011), »Shellshocked, But Extremely Alive – Five dancers in an Abstract Maelstrom that Sweeps You Away«, in: *Utopia Parkway*, 21.07.2011, https://utopiaparkway.wordpress.com/2011/07/21/shellshocked-but-extremely-alive-five-dancers-in-an-abstract-maelstrom-that-sweeps-you-away-meg-stuarts-violet/ (letzter Zugriff: 22.03.2016).

Reynolds, Craig (2001), *boids*, http://www.red3d.com/cwr/boids/ (letzter Zugriff: 06.01.2015).

Stuart, Meg (2011), *Violet*, http://www.damagedgoods.be/violet (letzter Zugriff: 28.12.2012).

Turner, Zeke (2014), Brooklyn on the Spree – Brooklyn Bohemians Invade Berlin's Techno Scene, in: *New York Times*, 21.02.2014, http://www.nytimes.com/2014/02/23/fashion/Brooklyn-Bohemians-Berlin-Techno-Scene.html?_r=0 (letzter Zugriff: 02.04.2014).

Verrückter Salon im Phaeno (o. J.), Wolfsburg: http://www.phaeno.de/ausstellung/ (letzter Zugriff: 10.02.2016).

Danksagung

Diese künstlerisch-wissenschaftliche Forschungsarbeit ist im Rahmen meiner Dissertation am Graduiertenkolleg »Versammlung und Teilhabe – Urbane Öffentlichkeiten und performative Künste« entstanden. Das Kolleg wurde getragen von einer Kooperation aus HafenCity Universität Hamburg, K3 – Zentrum für Choreographie | Tanzplan Hamburg und dem FUNDUS Theater. Die Promotion wurde im Fach Kultur der Metropole an der HafenCity Universität im Dezember 2016 vollzogen. Mein Dank gilt der Behörde für Wissenschaft und Forschung der Freien und Hansestadt Hamburg als Förderer des Kollegs sowie den Mitgliedern des Kollegs für die Ermöglichung einer einzigartigen künstlerisch-wissenschaftlichen Forschungssituation und für die Diskussionen, kritischen Anmerkungen und die gemeinsame Zeit. Insbesondere möchte ich Kerstin Evert für ihren Zuspruch, ihre Ideen und ihre unermüdliche Arbeit danken, ohne die dieses Projekt nie vollendet worden wäre. Mein spezieller Dank geht an Kai van Eikels, der mit seinen kritischen Anmerkungen und seiner Forschung ein wichtiger Bezugspunkt für mich gewesen ist, sowie an Gesa Ziemer für ihre Betreuung und Unterstützung. Sibylle Peters, Stefanie Lorey, Dorothea Griesbach, Elise von Bernstorff und Margarita Tsomou waren außerdem für diese Arbeit wichtige Bezugspartner. Ich danke auch besonders Gabriele Brandstetter und Mariama Diagne von der Freien Universität Berlin, die es mir ermöglichten, einen Teil meiner Forschung am Institut für Theaterwissenschaft mit ihren Studierenden durchzuführen. Das führt mich zu allen Probanden, ohne deren Tanz, kritische Hinterfragungen und Lust am Groove diese Forschungsarbeit nicht möglich gewesen wäre. Daneben schulde ich Män-tse, dem ://about blank und Teengirl Fantasy Dank für ihre Hilfe. Unendlich dankbar bin ich auch Mira Moschallski für all ihre Unterstützung und ihren Beistand auf so vielen Ebenen.

Die Forschung wäre natürlich auch nicht ohne die an *Danserye* und der Reihe *groove space* beteiligten Künstler entstanden, die in den letzten Jahren meine Gedanken, Entscheidungen und Interessen maßgeblich geprägt haben. Hervorzuheben sind Isaac Spencer, Lisanne Goodhue, Deborah Hofstetter, Jan Burkhardt und Marcus Droß, mit denen ich meine choreographischen Konzepte entwickelt habe. Mein Dank gilt außerdem Jubal Battisti, Harumi Terayama, Idan Yoav, Kiriakos Hadjiioannou, Zen Jefferson, Oskar Landström, Rachell Bo Clark, Michael Wolters, Paul Norman, Arne Schmidt, Benjamin Walter, Manon Awst, Eva Berendes, Tamer Fahri Özgönenc, Tanja Rühl, Nino Baumgartner, Iswanto Hartono, Cut and Rescue, Irwan Ahmett, Tita Salina, Dinyah Latuconsina, Masaru Iwai, Atsuhiro Ito, Yoko Seyama, Andreas Harder, Didiet Maulana, Nina Witkiewicz, Marie Perglerova, Judith Steinmann und allen Produzenten und Förderern, ohne die die Choreographien nicht hätten entwickelt werden können. Herausheben möchte ich hier Franziska Werner (Sophiensäle Berlin), Amelie Deuflhard (Kampnagel Hamburg), Bettina Masuch (Tanzhaus NRW), Roger Merguin (Gessnerallee Zürich) sowie Anna Wagner (Theater Freiburg bzw. Mousonturm Frankfurt), Katrin Sohns (Goethe Institut Jakarta), Masahiko Yokobori (Festival Tokyo/Goethe Institut Tokyo) und Keiko Kodaka (Goethe Institut Tokyo). Da die Choreographien in offenen Bühnensettings stattfanden, möchte ich auch den Mitgliedern der Zuschauergruppen sowie sämtlichen Zuschauern für ihre Teilhabe und ihre Entscheidungen in den Aufführungen danken. Ich bedanke mich bei allen Beteiligten für die Einräumung der Nutzungsrechte für die Forschungsveröffentlichung und bei Ryosuke Kikuchi für die Bildrechte.

Darüber hinaus möchte ich Elisabeth Waterhouse, Eike Wittrock, Frederike Neißkenwirth, Wolf-Dieter Ernst, Gabriele Klein, Juliane Wieland für ihre Hilfe und Unterstützung danken. Und ganz herzlich Kirsten Maar, Moritz Buchner und vor allem Sabine Bayerl für das kluge und geduldige Lektorat. Zuletzt möchte ich mich bei Liele Saul, Heidi Gehrke und Antonio Facenda für ihren Beistand, ihre Geduld, ihr Verständnis und ihre Wärme bedanken.

Theater- und Tanzwissenschaft

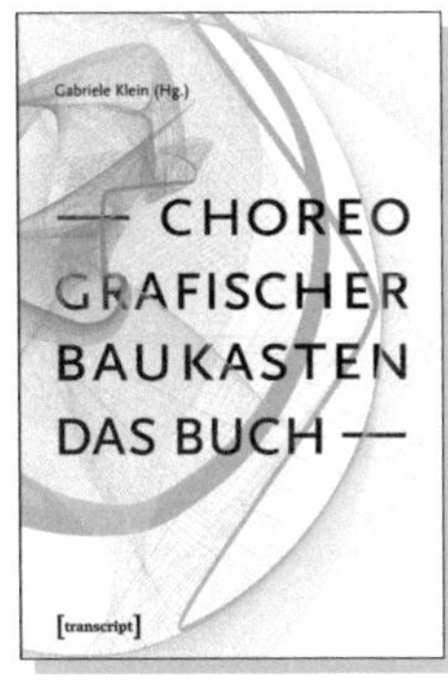

Gabriele Klein (Hg.)
Choreografischer Baukasten. Das Buch

2015, 280 S., kart., zahlr. Abb.
29,99 € (DE), 978-3-8376-3186-9
E-Book: 26,99 € (DE), ISBN 978-3-8394-3186-3

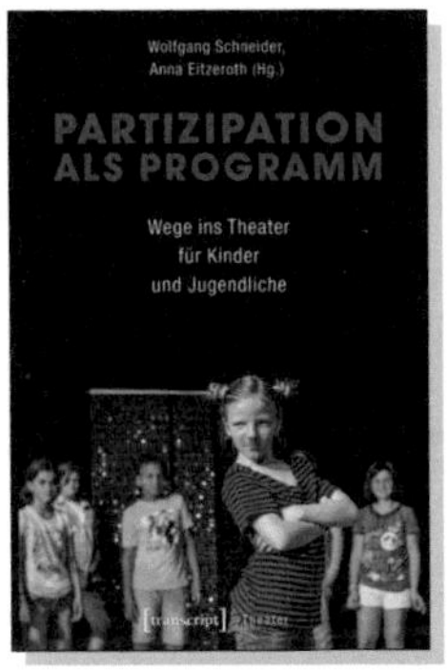

Wolfgang Schneider, Anna Eitzeroth (Hg.)
Partizipation als Programm
Wege ins Theater für Kinder und Jugendliche

Oktober 2017, 270 S., kart.
29,99 € (DE), 978-3-8376-3940-7
E-Book: 26,99 € (DE), ISBN 978-3-8394-3940-1

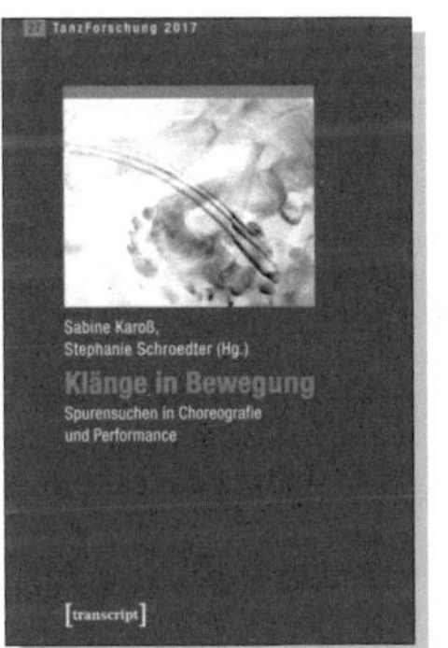

Sabine Karoß, Stephanie Schroedter (Hg.)
Klänge in Bewegung
Spurensuchen in Choreografie und Performance.
Jahrbuch TanzForschung 2017 Bd. 27

Oktober 2017, 234 S., kart.
29,99 € (DE), 978-3-8376-3991-9
E-Book: kostenlos erhältlich als Open-Access-Publikation
ISBN 978-3-8394-3991-3

Leseproben, weitere Informationen und Bestellmöglichkeiten finden Sie unter www.transcript-verlag.de